신화 속에 깃든 백제의 역사

신화 속에 깃든 백제의 역사

2017년 4월 4일 초판 1쇄 인쇄
2017년 4월 10일 초판 1쇄 발행

지은이 이장웅

펴낸이 권혁재

편 집 권이지

인 쇄 동양인쇄주식회사

펴낸곳 학연문화사
등 록 1988년 2월 26일 제2-501호
주 소 서울시 금천구 가산디지털1로 168 우림라이온스밸리 B동 712호
전 화 02-2026-0541
팩 스 02-2026-0547
E-mail hak7891@chol.net

ISBN 978-89-5508-369-9 93910

신화 속에 깃든 백제의 역사

이장웅

학연문화사

첫머리에

필자는 어릴 때부터 내가 여기에 왜 있으며 무슨 의미와 역할을 하는 것인지, 이 세계가 존재하는 원리와 세상의 진리에 대해 궁금해 하고 이를 탐구하고자 했다. 그래서 신비로운 우주의 세계에 빠져 천문학자의 꿈을 꾸기도 했고, 문화재를 남긴 선조들의 모습에 끌려 답사를 좋아하다가 인간에 대한 진정한 탐구는 역사 속에 담겨 있다는 생각에 그것을 전공하였다.

그중에서도 고대사와 백제에 관심을 갖게 된 것은 한국 문화의 기원과 관련하여 우리의 정체성을 가장 잘 보여주는 국가로 생각되었기 때문이다. 우리 고대사에서 백제는 문헌자료가 상대적으로 풍부한 신라와 고분 벽화 등으로 인지도가 높은 고구려에 비해 알려진 자료가 매우 적지만, 한번 유물이 발굴되면 세상을 떠들썩하게 할 정도의 매력과 저력을 지닌 나라이다. 사람들은 강인한 고구려와 소박한 신라 문화에 비해 세련된 백제 문화를 이야기한다. 삼국 중에서 패망한 아련한 이미지로 가장 많이 알려졌으며, 아직 제대로 알려진 역사가 많지 않은 신비스런 국가. 그러면서 열린 정신으로 중국과 일본을 비롯한 여러 나라들과 대외교류를 매우 활발히 펼쳐 백제에는 다양한 민족들이 함께 공존하였고, 외부 문화를 빠르게 흡수하여 자기화시켰으며, 이를 다른 나라에 전파하는 데에도 공을 들인 모습은 현재 우리의 나아가야 할 방향 제시도 하고 있다고 본다.

백제사는 우리 민족의 원류와 그 형성 과정에서도 중요한 위치를 차지한다. 지배층은 북방 부여 및 고구려 지역의 예맥족과 연결되고, 기존 토착세력은 마한 등 한족과 연관된다는 점에서, 백제는 부여 계통과 한 계통의 갈등과 통합 속에 이루어졌다는 한민족의 형성 과정을 그대로 살펴볼 수 있는 중요한 정체성을 지닌 국가이기도 하다. 백제사의 큰 줄기 속에는 멀리 북쪽의 부여사와 고구려사로부터, 신라와 가야는 물론 바다 건너의 왜에 이르기까지 한국 고대사의 모든 시간적·공간적 범위가 포함되어 있다.

역사는 시간과 공간 속에 자리한 인간에 대한 기록이다. 그런데 이처럼 시간과 공간의 한계 속에 있는 인간에게 종교는 이를 뛰어넘을 수 있는 매우 특별한 역할을 해왔다. 이는 과학 물질 문명이 지배하는 현재에도 마찬가지이다. 사회가 과학화될수록 오히려 그 반대급부로 종교의 역할은 지대해지고 많은 이들의 감성을 자극하고 있다.

필자는 부모님이 독실한 기독교인 관계로 어릴 때부터 종교를 접할 기회가 있었으며, 종교라는 것이 얼마나 인간에게 중요한 것인지를 깨달을 수 있었던 커다란 경험이 되었다. 다만 진리로 가는 다양한 길에 대한 탐구를 무력하게 만드는 배타적인 유일신 사상의 종교는 서양 중세 암흑기와 현대 과학 문명을 일구어낸 기반이 되었던 만큼이나 많은 가치를 억압하는 것이었고, 이후 필자는 다양한 사상과 종교에 관심을 가지게 되었다. 특히 한국 고대사를 이해하는 데는 불교, 유교, 도교와 함께 이들 종교 사상이 들어오기 이전 토착신앙의 내용인 신화와 제사가 무엇보다 중요하다고 생각하였다. 역사학은 정치, 경제, 사회, 문화를 모두 다루는 종합적 인문학이라 할 수 있으며, 이들이 모두 담긴 고대인의 정신을 이해하는 정수는 바로 말로 표현된 신화와 몸짓으로 표출된 제사라고 생각한다.

필자가 1997년에 관측한 헤일-밥 혜성
(고려대학교 아마츄어천문회
연천 심방계곡 촬영)

중국 장사(長沙) 마왕퇴(馬王堆)에서 발견된 백서(帛書)
『천문기상잡점(天文氣象雜占)』중에는 2000여년 전에
그려진 세계 최초의 혜성 그림 29폭이 있다.

적은 자료 속에서 그 속에 담긴 이면의 역사와 당시 사람들의 정신을 이해하고자 할 때, 신화는 가장 훌륭한 자료이자 다루기 힘든 자료이다. 신화는 역사와 문학의 경계에 있는 자료이기 때문에, 이를 어떻게 이해하여 인간의 역사 복원에 이 용할 수 있을지가 문제인 것이다. 필자는 이러한 역사와 문학의 자료에 함께 매력을 느껴, 한국사학과에 입학하여 공부하면서 국어국문학과를 이중 전공하여 함께 공부하였고 '우리 문학 연구회'라는 문학 동아리에 들어가 회장을 맡기도 했다.

최근의 영화와 드라마들은 역사의 시간을 거슬러 시공간을 이동하는 내용이 인기가 많다. 그것이 종교적이건 우연이건 최신 물리학 이론에 의한 것이건. 인터스텔라, 인셉션 등 크리스토퍼 놀란 감독의 시공간 이동이 평행우주론 등 물리학 이론에 바탕을 둔 것이라면, 프랑스 작가 기욤 뮈소의 원작 소설과 이를 바탕으로 한 영화 "당신, 거기 있어줄래요" 등은 종교적 신비주의에 의해 시공간을 이동한다. 중국 드라마 보보경심과 이를 한국에서 각색한 보보경심 려, 푸른 바다의 전설, 도깨비 등은 우연과 판타지의 성격이 강해 보인다.

그중에서 필자는 2017년 1월 초에 한국에서 개봉한 일본 애니메이션 "너의 이름은."을 매우 감명 깊게 보았다. 여기서 이토모리 마을 미야미즈 신사의 미츠하는 과거의 전통과 신화를 이어주는 할머니와 함께 인연과 시간의 상징인 끈목을 만들고 무녀로써 의례를 거행한다. 이 마을은 가까이 접근한 혜성의 갈라진 핵이 충돌하여 사라지지만, 시간을 거스르는 염원으로 주민을 대피시키면서 사람들은 모두 살아나게 된다. 그러나 시공간을 초월할 정도로 강렬했던 염원과 기억도 점차 잊혀지고, 남아있는 것은 찾고 있는 것이 무엇인지 모르면서 필사적으로 무언가를 찾고 있다는 기억 뿐. 마지막에야 가까스로 운명의 끈을 붙잡은 이들이 서로를 확인하고 세계의 진리가 무엇인지 기억하고자 끊임없이 되뇌이는 질문, "너의 이름은."

이 애니메이션 속에는 이 마을이 오래전에도 모두 불에 타서 역사 기억이 모두 사라졌는데, 이전부터 전해오는 의례만이 계속 남아 이를 통해 역사를 알 수 있다는 내용이 있다. 사라지는 기억의 역사는 이처럼 의례와 함께 전해지는 신화 속에 아로새겨져 살아 전해질 수 있는 것이다. 그런 점에서 신화는 거침없이 흘러가는 시공간 속 한가닥 진리의 실이라 할 수 있다.

우리나라의 현재 정치 상황도 바로 신화를 어떻게 이해해야 하는지에 대한 것이라고 생각한다. 사상 초유의 대통령 탄핵을 야기시킨 국정 농단의 종교적 배경, 논란이 계속되고 있는 국정 교과서 문제, 위대한 고대사를 원하는 대중들과 이에 영합하는 유사 사학자들의 문제 등에 대한 이해는 바로 신화와 같은 인간의 무의식과 집단 심성을 통해 알 수 있다고 생각한다. 무엇이 왜 잘못된 것이며, 잘못된 상황은 왜 벌어지게 되었는지, 그렇다면 우리는 어떤 방향으로 나가는 것이 올바른 것인지에 대한 해답은 바로 신화에 대한 이해 속에 담겨 있다고 본다.

역사란 과거와 현재의 끊임없는 대화(상호작용)라는 카의 오래된 언급과 역사는 과연 진보하는지에 대한 오래된 물음. 허리띠 졸라매고 경제 발전을 위한 근면 성실로 이루었던 지난 산업혁명이 더 이상 먹히지 않고 정체되는 현상과, 알파고로 대표되는 인공지능에 의한 4차 산업혁명. 이 모든 상황에 대해 신화는 깊은 무의식 속에서 잠재된 이미지를 통해 그 해답을 넌지시 말해주고 있다고 본다. 특히 엘리아데 등 종교 신화학자들의 의견은 필자가 한국 고대의 신화 자료를 통해 당시 역사와 사람들이 가졌던 생각을 이해하고 현재 우리 인간의 심성을 이해하는 데에 많은 시사점을 주었다.

이 책의 내용은 필자가 박사논문에 수록하지 않고 학술지에 발표한 백제의 신화와 관련된 5편의 논문을 수정 보완하여 엮은 것이다. 석사 논문에서 시작된 백제 신화에 대한 정리를 석사 졸업 후 10년이 넘게 지난 지금에야 이것으로 어느 정도 마무리를 한다고 생각한다.

1장 "한민족韓民族의 기원起源에 대한 여러 가지 문제"는 2010, 「한민족韓民族의 기원起源에 대한 제문제諸問題」, 『국제고려학회 서울지회 논문집』13을 수정 보완한 글이다. 이 글을 신화를 통해 백제의 역사를 살펴본다는 이 책에서 가장 앞에 배치한 것은, 백제의 정체성이 바로 우리 한민족의 정체성과 가장 깊이 연관된다고 생각하기 때문이다. 백제에는 부여 고구려 계통의 동명 신화와 함께 고조선 계통의 곰 신화도 전해지고 있는 상황에서 이에 대한 이해를 위해서도 앞서 이해되어야 할 것이다.

2장 "백제百濟 한성기漢城期 동명東明·온조溫祚 신화神話와 북부여北扶餘·졸본부여卒本扶餘"는 2008, 「백제百濟 계통系統 자료資料로 본 졸본부여卒本扶餘의 동명신화東明神話」, 『백산학보白山學報』81을 수정 보완한 글이다. 이 글은 2006년에 나온 석사논문 "백제百濟 한성기漢城期 왕실王室의 변동變動과 건국신화建國神話의 변화變化 과정過程"의 1장 부분을 대폭 보완하여 발표했던 필자의 첫 논문으로, 백제 건국신화의 주류인 동명-온조 신화와 북부여·졸본부여의 관계를 통해 백제 동명의 실체를 밝히고자 하였다. 그러나 어려운 주제에 관해 복잡한 논리 전개를 하다 보니 심사 결과도 좋지 않아 힘들게 게재했던 글이다.

3장 "백제百濟 시조始祖 구태仇台·비류沸流 전승傳承의 성립과 동부여東扶餘·고구려高句麗·공손씨公孫氏 정권"은 2016, 「백제百濟 시조始祖 구태仇台·비류沸流 전승傳承의 성립과 고구려高句麗·공손씨公孫氏 관계」, 『백제문화百濟文化』55를 수정 보완한 글이다. 이는 2006년의 석사논문 「백제百濟 한성기漢城期 왕실王室의 변동變動과 건국신화建國神話의 변화變化 과정過程」 중 2장 부분의 주제 의식을 가지고 새롭게 쓴 것이다. 2008년에 이미 이 주제를 가지고 논문을 투고하였으나 역시 심사 결과가 좋지 않아 게재를 포기하였고, 이후 백제 한성기 건국신화에 대한 관심을 한동안 접고 웅진기와 사비기로 관심을 확대하는 계기가 되었던 글이다. 결국 『백제百濟 사비기泗沘期 국가제사國家祭祀와 불교사원佛敎寺院』으로 박사논문을 쓴 이후인 2016년에야 다시 그때의 글을 대폭 손질하여 발표한, 필자로서는 우여곡절이 많은 글이다.

4장 "백제百濟 웅진기熊津期 곰 신화神話와 공주公州 혈사穴寺"는 2010, 「백제百濟 웅진기熊津期 곰 신앙의 역사적 전개와 혈사穴寺」, 『사총史叢』71을 수정 보완한 글이다. 신종원 선생님의 곰과 신神에 관한 글과 웅진기 불교 및 사상을 고민하는 속에서 나오게 되었다. 나중에 이 논문 별쇄본을 신종원 선생님께 드리자 본인께서 심사하셨다고, 자네가 쓴 것이냐면서 선생님과는 다른 의견을 개진한 이 글에 대해 격려해 주신 기억이 있다.

5장 "백제百濟 사비기泗沘期 마한馬韓 서동薯童(무강왕武康王) 신화神話 수용과 익산益山 미륵사彌勒寺"는 2012, 「백제百濟의 마한馬韓 서동薯童(무강왕武康王) 신화神話와 익산益山 미륵사彌勒寺」, 『역사민속학』38을 수정 보완한 글이다. 이는 신종원 선생님의 이 주제 관련 글에 크게 계발되고, 거기에 엘리아데의 신화 이론을 적용하여 쓴 글이다. 여기에는 우리들 내면 속에 꿈으로 크게 자리한 선화공주 설화와 미륵사지 서탑에서 나온 사리봉안기 속 기록의 좌평 사택적덕의 딸이라는 역사적 현실의 괴리를 어떻게 해결해야 할 것인가에 대한 고민이 담겨 있다. 필자가 신화와 역사를 바라보려는 시각과, 앞으로의 연구 방향을 설정하는 데에 있어 가장 공을 들여 애착이 가는 글이기도 하다.

필자가 연구자로서 첫 번째 책을 간행하면서 가장 기억에서 떠나지 않는 것은 모든 역사는 현대사이며, 마한의 위치나 연구하는 것이 어떻게 역사학이 되는지 의문이라 하셨던 대학교 1학년 때 강만길 선생님의 말씀이다. 고대사에 관심을 가진 필자의 공부는 항상 이에 대한 고민과 수없는 자문자답의 과정이었다. 역사는 나선형으로 발전하며, 역사의 폭포수에서 그곳에 쓸려 들어가지 않고 그 옆에 커다란 눈을 마련하여 바라보는 것이 역사가라는 말씀 역시 기억한다.

박사논문을 쓰고 조광 선생님을 찾아갔을 때, 박사학위는 공부할 수 있는

라이선스를 받은 것이므로 이제부터 열심히 공부하라는 말씀을 하셨다. 그러면서 모든 연구에는 시기가 있는 것이므로 박사논문을 얼른 책으로 내라는 말씀도 하셨다. 필자의 이 책 간행에는 그 말씀에 힘입은 바가 크다. 다만, 박사논문의 경우 좀 더 시간을 두고 보완해야 한다고 생각하여, 먼저 그 일부분들을 떼어 좀 더 자세히 분석한 논문 발표를 진행하고 있다.

한국 고대의 제사를 기반으로 하여 신화, 불교, 그리고 한류 열풍에 이르기까지 다양한 학문 분야에 관심을 가지고 열린 마음으로 아이디어를 제시하시는 지도교수 최광식 선생님은 필자의 롤 모델이시다. 필자가 석사 논문 준비 발표를 할 때 백제의 신화와 제사에 대하여 넓게 발표하자, 선생님께서는 석사 때는 백제 신화로 하고 박사 때는 제사로 하라고 하시면서, 선생님께서 "고대한국의 국가와 제사"를 하셨다면 필자는 "백제의 신화와 제사"를 하면 되겠다는 말씀을 하셨다.

사료의 실증적이고 엄정한 연구를 강조하시는 박대재 선생님은 역사학 방법론과 원사료를 보는 눈에 대한 많은 생각할 거리를 주신다. 언제나 가까이에서 차가운 듯 따뜻하게 보살펴주시는 박대재 선생님께서는 고대사팀 맏이의 역할을 다해야 한다며 필자를 격려해 주셨다.

박현숙 선생님께서는 석사 때부터 필자의 글이 이것저것 군더더기가 많아 이해하기 힘든데 지금도 여전히 그러하다면서 논문 쓰기에 대한 많은 조언을 해주셨다. 정운용 선생님께서는 석사논문 심사 때부터 박사논문 예비심사까지 객관적 입장에서 세밀한 조언과 격려를 해주셨다.

개항기 최덕수 선생님께서는 필자의 대학 1학년 시절부터 많은 보살핌을 주셨다. 철모르던 필자가 당시 처음 생긴 답사 수업 시간에 왜 근대사 선생님께서 답사 수업을 하시냐는 말도 했었는데, 그런 필자가 박사논문을 들고 찾아가자 또 얼마나 구라를 쳤냐 하시면서 따뜻하게 맞아주시던 모습을 기억한다. 그런 선생님께서 올해 정년을 맞이하신다니 감회가 새롭다.

일제시대 정태헌 선생님께서는 석사과정 때 필자가 답사 수업 조교를 하면서부터 많이 살펴주셨고, 고려시대 이진한 선생님께서는 고려답사회라는 선배님들의 답사 모임에 필자를 소개시켜 주셨으며, 박사논문 심사 때 귀중한 말씀도 해주셨다. 부족한 필자를 항상 애정어린 눈으로 지켜봐주시는 조선시대 강제훈 선생님의 따뜻한 술잔도 잊을 수 없다.

한성백제박물관의 여러 학술행사에 자문위원으로 참여해주시면서 필자의 직장 생활에 대한 안부까지 걱정해주시는 백제사의 대가 노중국 선생님께서 또 한명의 백제사 박사가 나왔다면서 청해주신 악수를 잊지 못한다. 따뜻한 마음으로 필자의 박사논문을 심사해주신 양기석 선생님, 권오영 선생님께도 감사드린다.

필자의 석사논문과 박사논문 발표 때 모두 토론을 맡아주셨던 양정석 선배님, 멀리서 올라오셔서 박사논문 토론을 맡아주셨던 이용현 선배님, 고려답사회 우영준 선배님, 항상 삶의 지혜를 주시는 류호천 선배님, 한일관계사의 대가 김현구 선생님, 조명철 선생님, 송완범 선생님, 언제나 열정이 넘치시는 홍성화 선생님, 멀리 강원도에서도 필자를 걱정해주시는 홍영호 선생님, 학회 때마다 자주 필자의 발표에 대해 토론해주시는 조경철 선생님께도 감사드린다.

학계 연구자와 직장에서의 역할에 대한 많은 이야기들을 해주시는 한성백제박물관 이인숙 관장님, 조영훈 소장님, 김기섭 선생님, 동료로서 힘들 때마다 보살펴주신 박중균 선생님, 정치영 선생님께 감사드린다.

맛난 술과 개그로 필자를 든든하게 후원해주는 해동한국사 신영식 형兄, 전한길 형兄, 개구쟁이 여행자 항공우주연구원 고주용 형兄. 이원배·윤성호·박종영·지원구 형兄, 동기 박수정·박서영·서명일, 후배 고구려 기상 김철민, 강아지 친구 신범규, 하야시 임동민, 담배인간 박찬우, 문군 문민기, 살림꾼 강나리, 펜 수집광 최슬기, 일본 전문가 신수진, 영문초록 써주느라 고생한 이종록, 골골이 이주영, 의욕 충만 정아영, 감성 소설가 신진혜. 우리 문학 연구회 사람들 그리고 멋진 책을 만드느라 고생하신 학연문화사 권혁재 사장님과 권이지님 모두 감사드린다.

이 책이 나오기까지는 필자의 우주에 대한 관심에서부터 힘을 북돋워주었고, 문화유적 탐방을 통해 역사학의 가치를 알게 하였으며, 종교가 인간에 미치는 영향에 대해 크게 고민하게 해주었던 부모님의 영향이 가장 컸음을 밝히고 싶다. 초등학교 5학년 때 문화유적 탐방을 통해 우리 문화재에 대한 관심을 키우게 해주신 황의수 선생님을 잊지 못한다.

거대한 우주 속에서 이 시간과 공간에 필자와 인연을 맺게 된 모두에게 눈길을 보내면서, 애니메이션 "너의 이름은."에서 감명 깊게 남은 할머니의 대사로 머리말을 마친다.

"우리가 만드는 끈목도 하느님의 솜씨. 시간의 흐름 그 자체를 나타내는 거지. 더욱 모여 형태를 만들며, 뒤틀리고 얽히고, 때로는 돌아오고, 멈춰서고 또 이어지지. 그게 바로 무스비結び(매듭, 또는 산령産靈(만물을 낳는 신령)). 그게 바로 시간."

목 차

제 1 장

한민족의 기원에 대한
여러 가지 문제

민족民族이란 말은 전근대시기 동아시아 한자문화권에서는 사용하지 않았으며, 19세기 후반 일본인들이 서구의 Nation을 번역하면서 만들어낸 조어造語이다. 그러므로 민족을 근대 자본주의 사회의 산물로 보는 견해가 강하게 주장되어 왔다. 그러나 민족이란 단어는 없었지만 이에 해당하는 실체는 이미 근대 이전에 형성되었다는 견해도 있다. 여기에는 우리 민족이 BC 12세기 무렵 예濊 · 맥貊 · 한족韓族이 외부로부터 주민 이동의 결과로 등장함과 함께 형성되었다는 견해가 있으며,[1] 신석기시대 주민이 농경화한 것으로 보는 견해도 있다.[2]

삼국인이 통합된 신라 중대(통일신라)를 민족 확립기로 보는 설에서는 통일 국가의 출현에 따라 영역과 언어, 문화 및 주민이 확립되었다는 점에 주안점을 두고 있다.[3] 이에 의하면, 각각 하나의 종족이었던 예 · 맥 · 한족 사회에서 새로운 정치체 형성의 움직임이 전개되어 고조선이 발전하면서 그 세력 하의 주민집단들 간에 융합이 진행되었고, 고조선 멸망 후 각지에서

---

1) 金廷鶴, 1964, 「韓國民族形成史」, 『韓國文化史大系』1, 高麗大學校 民族文化研究所.
   金貞培, 1973, 「韓國民族과 濊貊」, 『韓國民族文化의 起源』, 高麗大學校出版部.
2) 김원룡, 1983, 「한국민족형성과 선사시대」, 『한국학입문』, 학술원.
   林炳泰, 1986, 「韓國無文土器의 研究」, 『韓國史學』7.
3) 孫晋泰, 1948, 『朝鮮民族史概論』, 乙酉文化社.
   신용하, 1985, 『民族理論』, 文學과 知性社.
   盧泰敦, 1991, 「한국민족 형성과정에 대한 이론적 고찰」, 『韓國古代史論叢』1.

성장한 국가들을 중심으로 여러 개의 고대 민족 단위들이 형성되어 갔으며, 삼국시대에 이르러 이들 간의 교류로 동질화가 진전되어 삼국 통일과 함께 삼국민을 아우른 차원의 동족의식을 지닌 보다 큰 단위의 민족이 형성된 후, 고려초 발해인의 합류로 민족의 틀이 확정되었다고 한다.[4]

여기서는 장기간의 중세 지방분권적 봉건사회의 역사적 경험을 갖고 있는 서양사에서 추출된 민족 이론을 상이한 사회구성과 역사 발전 단계를 거친 동양사회, 특히 한국사에 무비판적으로 적용하는 것은 재고의 여지가 있다는 의견[5]을 받아들여, 근대적 민족 개념이[6] 아닌 공통의 언어, 문화, 지역, 혈연의식을 가지면서, 동질적인 집단으로서의 자의식을 지녀 독립된 통일체를 형성하려는 지향성을 띠고 있는 역사적으로 형성된 인간 공동체로 민족을 정의한 개념[7]을 가지고, 우리 민족의 조상으로 공감되고 있는 예맥족이 등장하는 시점을 한민족의 형성 시기로 보아, 예맥족이 등장하기까지의 과정을 한민족의 기원 문제로 살펴보고자 한다.

지금까지 고고학과 인류학에 기초한 한민족의 기원에 대한 견해는 남방설, 북방설, 자체형성설 등이 있다. 북한에서는 자체형성설을 주장하면서 한민족의 기원을 구석기시대까지 끌어올리고 있는데, 이 견해에서는 특히 구석기 문화의 주체였던 화석 인골 자료[8]를 주로 이용하고 있다. 아직까지 한반도에서는 남쪽사람원숭이군(南方猿人, Australopithecus)과 곧선사람(直立原人, Homo erectus)의 화석이 발견되지 않았으나, 상원 검은모루 유적을 포함하

---

4) 盧泰敦, 1991, 「한국민족 형성과정에 대한 이론적 고찰」, 『韓國古代史論叢』1, pp. 34~38.
5) 정운용, 1994, 「보론 : 한민족의 형성」, 『한국사』2, 한길사.
6) 이영호, 1989, 「한국근대 민족문제의 성격」, 『역사와 현실』 창간호.
7) 盧泰敦, 1991, 「한국민족 형성과정에 대한 이론적 고찰」, 『韓國古代史論叢』1, pp. 11~15.
8) 손보기, 1983, 「人種과 住居地」, 『韓國史論』12, 國史編纂委員會.

여 홍적세 중기의 전기 구석기시대 유적들이 존재하므로, 곧선사람의 화석
은 발견될 것으로 생각된다.

한반도와 가까이 있는 요동반도 영구현營口縣 금우산金牛山 동굴과 본계시本
溪市 묘후산廟後山 동굴 유적에서는 북경원인北京猿人과 비교되는 곧선사람의
화석이 발견되었으며,[9] 단양군 상시리 바위그늘에서도 발달된 곧선사람 또
는 옛슬기사람early Homo sapiens의 특징을 지니고 있는 윗머리뼈가 나왔다고
한다.[10] 중기 구석기시대의 유적 중 평양 덕천시 승리산 동굴(덕천사람)과
평양 역포구역 대현동 동굴(역포사람)에서는 슬기사람(古人, Homo sapiens)의
특징을 지닌 사람화석이 나왔다. 승리산 유적에서는 하악골과 어금니 둘이
발견되었고, 대현동 유적에서 7-8살 정도의 어린아이 머리뼈 일부가 발굴되
었다. 후기 구석기시대 유적 중 평남 덕천시 승리산동굴(승리산사람), 평양
시 용곡리 동굴(용곡사람), 만달리 동굴(만달사람), 중리 금천 동굴(금천사람),
청원 두루봉의 흥수굴(흥수아이), 북창군 풍곡리의 검은넝 동굴(풍곡사람) 등
에서는 슬기슬기사람(新人, Homo sapiens sapiens)의 화석이 발견되었다.

북한학계에서는 이들 구석기시대의 승리산사람·만달사람 등이 신석기
시대에 이르러 한반도를 중심으로 한 동북아 지역에 형성되어 살았던 '조선
옛류형사람'으로 발전하여 신석기문화 및 청동기문화를 창조하였으니, 이
들이 현대 조선 사람의 직계 조상이라고 말하면서, 민족 혈통의 단혈성과
현재까지 민족의 계속성을 주장하고 있다.[11] 그러나 북한학자들의 이러한
민족단혈성론民族單血性論에 대해서는 내용의 타당성 및 신뢰성에 많은 의문

요동 금우산(金牛山) 동굴 인골　　금우산인(金牛山人) 복원　　요동 본계시(本溪市) 묘후산(廟後山) 동굴 유적

단양 상시 슬기사람 윗머리뼈　　　　평남 덕천 승리산 동굴 유적　　　　승리산사람 복원도

평양 역포사람 머리뼈 화석과 복원도

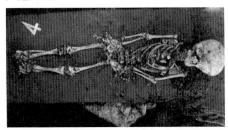 

충북 청원 두루봉 흥수굴 흥수아이 출토 모습 및 복원도

이 제기되고 있다.[12]

한국 학계에서는 북방설이 주도적이라 할 수 있는데, 이에 의하면 한반도에는 소수의 구석기인들이 거주하였지만 기후의 변화로 소멸되거나 다른 지역으로 이동하게 되어 수 천년 동안 문화적 공백을 이루다가 시베리아의 바이칼호 부근에서 발생한 고아시아족Paleo-Asian이 남하하여 한반도에 정착하고 빗살무늬토기(有文土器, 櫛文土器) 문화를 남겼다고 한다.[13] 이들 수렵-채집 경제를 담당하던 고古아시아족의 유문토기인有文土器人들은 청동기와 농경문화를 배경으로 하는 알타이계 예맥족, 또는 퉁구스족인 무문토기인無文土器人의 내습으로 쫓겨나거나 동화되어 사라졌기 때문에, 한민족의 체질과 문화도 두 차례에 걸쳐서 교체되었다고 한다.[14]

이외에도 후기 구석기 말 동북아시아에 확산된 잔돌날細石刃 기술을 지닌 몽골로이드계 집단이 기원진 1만년대 중반 무렵 한반도에 정착하면서 문화적 차별화가 시작되었다고 보는 세석인문화기원설細石刃文化起源說,[15] 한민족의 원형을 시베리아에서 한반도로 이주해 온 신석기인으로 파악하는 시베리아 기원설,[16] 한민족의 형성이 즐문 수렵·어로·채집인, 무문 농경인, 요령 청동인 등 세 집단의 문화적인 융합과 혼혈을 통해 이루어졌지만 신석기인들보다 무문토기시대의 농경인 집단이 한민족의 기본 줄기가 되었다고 보는

12) 金貞培, 1989,「韓民族의 起源과 國家形成의 諸問題」,『國史館論叢』 1, pp. 5~11.
    이선복, 1991,「民族單血性 起源論의 檢討」,『北韓의 古代史硏究』(歷史學會編), 일조각.
13) 金貞培, 1972,「古朝鮮의 民族構成과 文化의 複合」,『白山學報』 12.
14) 金貞培, 1973,『韓國民族文化의 起源』, 高麗大學校出版部.
    金元龍, 1973,『韓國考古學槪說』, 一志社.
15) 이선복, 1996,「동북아시아 구석기 고고학과 민족 기원론」,『韓國 民族의 起源과 形成』(上), 小花, pp. 15-72.
16) 한영희, 1996,「한민족의 기원」,『韓國 民族의 起源과 形成』(上), 小花, pp. 73~117.

무문농경인설無文農耕人說,[17] 한민족의 기층문화로 동북아 계통의 수렵어로문화, 북방계의 화전경작 잡곡재배문화, 남방계의 수도재배문화, 알타이계의 유목문화 등이 복합된 한문화복합론韓文化複合論[18] 등이 제시되고 있다.

고고학 자료를 통해 신석기문화가 시베리아에서 기원한다거나 청동기문화가 카라수크 문화와 관련된다는 의견,[19] 동이족이 중원中原의 북서쪽으로부터 산동山東과 요령遼寧 지역을 거쳐 한반도 내부로 장기간에 걸쳐 이동하였다는 견해는[20] 자료의 유사성이 단순한 문화 요소의 전파인지 종족의 이주인지 불확실하게 처리된 부분이 있다. 이에 따라 고고학적으로 민족 문화의 기원을 막연히 북방으로 설정한 것은 민족의 정체성을 중국과 다른 것으로 설정하려는 일종의 인종주의적인 자기규정이자 민족주의 이념의 표현이며, 북방 문화란 개념도 그 실체가 극히 의심스러운 것이라는 의견도 있다.[21]

최근에는 한국의 신석기문화 및 청동기문화와 관련된 유적과 유물이 중국 길림吉林, 요령遼寧, 내몽고内蒙古 지역에서 많이 발견되었으므로,[22] 한민족의 기원 문제와 관련하여 중국 동북지방의 청동기 문화에 대해 더 많은 관

---

17) 노혁진, 1996,「청동기시대」,『韓國 民族의 起源과 形成』(上), 小花, pp. 119~183.

18) 金宅圭, 1996,「歲時의 構造와 韓文化複合 -한민족 기층문화의 다원성에 대한 한 고찰」,『韓國 民族의 起源과 形成』(下), 小花.

19) 金廷鶴, 1966,「考古學上으로 본 韓國民族」,『白山學報』1.
　金貞培, 1972,「古朝鮮의 民族構成과 文化의 複合」,『白山學報』12.

20) 金庠基, 1948,「韓・濊・貊 移動考」,『史海』1; 1986,『東方史論叢』, 서울대학교출판부.

21) 李盛周, 1996,「青銅器時代 東아시아 世界體系와 韓半島의 文化變化」,『韓國上古史學報』23; 2007,『青銅器・鐵器時代 社會變動論』, 학연문화사, p. 166.

22) 李亨求, 1990,「韓國民族文化의 시베리아起源說에 대한 再考-韓國古代文化의 起源에 관한 序說」,『東方學志』69; 1991,『韓國古代文化의 起源』, 까치; 2004,『한국 고대문화의 비밀 -발해연안에서 찾은-』, 김영사.
　복기대, 2002,『요서지역의 청동기시대 문화연구』, 백산자료원.
　오강원, 2006,『비파형동검문화와 요령 지역의 청동기문화』, 청계.

심을 기울여야 할 것이다.

민족이란 인종과 같은 유전적·생물학적 분류 개념이 아니므로[23] 사회·문화·역사적 개념으로 파악해야 한다는 의견이 있지만,[24] 동북아시아에서 출토된 고인류 화석의 머리뼈 특징을 현대 동북아시아 주민들의 머리뼈 특징과 비교하여 한민족의 기원을 찾은 연구도 주목된다. 이에 의하면 구석기시대 머리뼈는 지역에 따라 각기 다른 형태를 보여주며, 신석기시대 머리뼈는 후기 구석기시대 머리뼈와 형태와 크기에서 큰 변화를 보이고 있으면서 산동 용산문화 담당자와 비슷한 특징을 가지고 있다고 한다. 청동기시대 머리뼈는 신석기시대 머리뼈와 별 차이를 보이지 않으므로 커다란 유전자의 이동이 없었던 것으로 보이며, 중국 하북성, 길림성, 요령성 출토 머리뼈들과 가까운 특징이 나타난다고 한다. 이에 따라 한국인의 뿌리는 추운 시기에 동북아시아에 퍼져 있던 후기 구석기 사람의 한 갈래로, 빙하기가 끝나면서 한반도에 고립된 이래 새로운 유전인자가 유입되어, 신석기시대에 한국인이 처음 형성되기 시작했다고 한다.[25]

유전학에서도 한민족의 기원에 대한 새로운 견해가 제시되었다. 중국·일본·몽골·인도네시아·필리핀·태국·베트남 등 8개국 남성 1천 2백 60명을 대상으로 Y염색체를 분석한 김욱의 유전학 연구에서는, 'SRY465' 유전자 중 'T'대립인자가 몽골 남성의 경우는 3%밖에 나타나지 않았지만, 한국 남성은 30%나 지니고 있었으며, 일본남성은 32%, 인도네시아 남성들은

23) 전장석, 1959, 「조선 원시사 연구에서 제기되는 몇 가지 문제」, 『민속학 론문집』(민속학연구총서 제2집), 과학원출판사, pp.170-171.
24) 정운용, 1994, 「보론 : 한민족의 형성」, 『한국사』 2, 한길사.
25) 박선주, 2004, 「한민족의 기원과 형성」, 『단군학연구』 11.

33%가 가지고 있었으니, 한국인은 몽골이나 티베트 같은 동북아시아 계통은 물론, 중국 중남부 지역의 어떤 민족으로부터 상당한 영향을 받았음을 보여준다고 하였다.[26]

한편, 민족의 체질적 기원 연구에서 2009년 7월 Nature에 발표된 서정선의 논문에 의하면 한국인의 DNA는 북방계와 남방계의 혼합형으로 추정된다고 한다. 세포핵의 개인별 유전자 변이(SNP)를 분석한 결과는 60-70%가 남방계로 나타났다고 하며, 이에 의하면 아프리카에서 출발한 현생 인류의 조상이 인도 북부를 거쳐 동남아시아에 정착한 후, 동북쪽으로 이동한 한 갈래 집단이 만주를 거쳐 한반도에 정착했다고 한다. 한편, 여성의 난자를 통해 다음 세대에 전달되므로 모계혈통을 규명할 수 있다는 미토콘드리아 DNA를 분석한 2009년 12월 science 논문에 의하면, 한국 여성의 60-70%가 북방계 유전자를 보유하고 있다고 한다. 따라서 이 두 주장을 종합하면 한국인의 기원은 남북의 혼합계열로 풀이되어 뚜렷한 결론을 도출할 수 없는 것이 특징이라 한다.[27]

이밖에 언어학적 접근도 있으나,[28] 기록으로 남지 않은 언어에 대한 연구는 추정일 뿐이며 역으로 언어학자들이 한국어의 기원과 형성과정을 논하기 위해 고고학에서 제시된 결론에 매달리고 있다고 한다. 형질인류학적 접근도 그 자체의 독자적 증거와 연구 결과를 통해 한국인의 기원을 밝히기보다는 고고학적으로 제시된 내용을 선험적 전제로 하고 있으므로, 이들 분야

---

26) Kim, W. , Shin, D. J. , Harihara, S. , Kim, Y. J., 2000, *Y chromosomal DNA variation in East Asian populations and its potential for inferring the peopling of Korea*, *JOURNAL OF HUMAN GENETICS 45-2, SPRINGER.*

27) 최정필, 2010, 『고고학과 한국상고사의 제문제』, 주류성, p.188.

28) 金周源, 1991, 「韓國語의 系統과 形成에 대한 연구사적 考察」, 『韓國古代史論叢』 1.

에서의 결론을 이용하여 고고학적 자료를 해석하는 것은 순환논리의 오류라 하기도 한다.[29] 여기서는 이를 어느 정도 받아들여 고고학과 문헌자료를 위주로 살펴보고자 한다.

---

29) 이선복, 2004, 「민족기원에 대한 두 관점-외래기원론과 토착기원론」, 『공학기술』 11-3, p.101.

Ⅰ. 신석기시대 토기 문화의 기원 문제

우리 신석기문화의 기원을 시베리아에서 찾았던 것은 중서부지방의 빗살무늬토기부터이다. 일제시대에 중서부의 빗살무늬토기를 둥근바닥의 포탄형 기형器形과 빗살무늬라는 유사성 때문에 시베리아의 토기에서 기원을 찾은 이래 빗살무늬토기의 시베리아 기원설이 오랫동안 통용되어 왔으며, 바이칼에서 기원한 고시베리아족(고아시아족)이 빗살무늬토기를 전파한 종족으로 해석되기도 했다. 그러나 한반도와 북방 유라시아의 빗살무늬토기는 같은 명칭을 사용하고는 있지만, 구체적인 무늬의 형태와 시문 방법 뿐 아니라 토기의 제작 방법에도 차이가 있어, 양자의 연계성은 점차 부정되었다.[30]

1960년대까지만 해도 한반도 신석기시대는 빗살무늬토기有文土器로 대표되었고, 시작도 6천년 전을 넘지 못하였다. 그러나 부산 동삼동패총 발굴결과 최하층에서 덧무늬토기隆起文土器가 발견되면서 1970년대에는 덧무늬토기가 빗살무늬토기에 선행하는 토기임이 인정되었다. 또한 1980년대에는 양양 오산리유적의 발굴로 오산리식 평저토기로 대표되는 아가리무늬토기[31] 역시 선先빗살무늬토기의 한 형식으로 설정되었고, 방사성탄소연대를 받아들여 이들 덧무늬토기와 아가리무늬토기가 기원전 5천년대에 빗살무늬토

---

30) Nelson, S. 1973. *Chulmun Period Villages on the Han River in Korea: Subsistence and Settlement.* Ph.D. Dissertation. University of Michigan. pp.31~33.

31) 현재 고고학계에서는 아가리 둘레에 여러 가지 누른무늬(刺突紋)를 넣은 토기를 뜻하는 아가리무늬토기를 刺突·押印紋 토기(동해안의 오산리식 토기와 남해안의 영선동식 토기)로 부르고 있으며, 남해안의 빗살무늬토기는 새긴 무늬의 沈線文 토기(수가리식 토기)로 명명하고 있다(안승모, 2003, 「고고학으로 본 한민족의 계통」, 『한국사 시민강좌』 32, 일조각, p.92).

부산 동삼동패총 출토 덧무늬토기(隆起文土器)

부산 동삼동패총 출토 빗살무늬토기(櫛文土器)

양양 오산리 출토 덧무늬토기(隆起文土器)

양양 오산리 출토 아가리무늬토기(押印文土器)

기보다 먼저 들어와 동해안 쪽에 퍼져 있었다고 파악되었다.[32] 그리하여 우리 학계에서도 빗살무늬토기의 시베리아 기원설 대신 동북아시아에서 어로 수렵을 기본경제로 하는 고아시아족의 아가리무늬토기押印文土器 문화권을 설정하여, 그 아가리무늬토기에 한반도 서해안에서 생선뼈무늬를 첨가해서 만든 것이 빗살무늬토기라 보기도 했다.[33] 이에 따라 남해안과 영동 지역에서는 신석기시대 토기가 덧무늬토기에서 아가리무늬토기를 거쳐 빗살무늬

---

32) 김원룡, 1986, 『韓國考古學槪說』第三版, 일지사, p. 29.
33) 김원룡, 1986, 『韓國考古學槪說』第三版, 일지사, p. 40.

청도 오진리 바위그늘 유적

토기로 변천하는 과정이 밝혀졌다. 하지만 중서부지방에서는 빗살무늬에 앞서는 아가리무늬토기 단계가 별도로 존재하지 않기 때문에 여전히 기원 문제에 대한 논란이 남는다.

어쨌든 이에 따라 신석기시대가 8천년전까지 소급될 수 있게 되었지만, 구석기시대가 끝나는 12,000년 전부터 8천년 전까지는 여전히 공백이 남게 된다. 거창 임불리, 홍천 하화계리 등에서 출토되는 후기 형식의 잔돌날細石刃을 중심으로 중석기시대를 설정하기도 하지만,[34] 시베리아와 극동지역에서 잔돌날 문화는 이미 12,000년 전부터 거의 소멸되는 단계에 접어들기 때문에 유럽식의 중석기문화를 설정할 수 없다는 주장[35]도 있다.

1990년대에 이러한 공백을 메워줄 수 있는 자료가 제주濟州 고산리高山里 유적과 청도淸道 오진리梧津里 바위그늘 유적에서 발견되었다. 고산리는 절대연대측정 결과와 일본·흑룡강의 초창기 토기와의 비교에서 1만년 전까지 연대가 올라갈 수 있는 한국 最古의 토기유적으로 밝혀졌다. 그리하여 고산

---

34) 최복규, 1993, 「홍천 하화계리 중석기 시대 유적의 조사 연구」, 『博物館紀要』 9, 단국대학교 중앙박물관.

35) 이동주, 2002, 「우리나라 初期 新石器文化의 原流와 性格」, 『전환기의 고고학 1』, 학연문화사, pp.63-64.

리의 원시 무문토기를 '고토기古土器', 그 문화를 '고신석기古新石器' 단계로 설정하기도 한다.[36] 그러나 고산리와 유사한 유적이 제주도 외에는 아직 보이지 않는 문제가 있다.

우리의 빗살무늬토기를 비롯한 동북아의 신석기시대 토기가 시베리아를 거쳐 전래되었다는 견해가 있으나, 시베리아에서 토기의 출현은 극동이나 중국 동북지방보다 빠르지 않다고 한다. 하지만 흑룡강 연안을 중심으로 한 시베리아 극동지역에서는 13,000-10,000년전경 잔돌날細石刃 문화文化의 마지막 흐름 속에서 현재까지 동북아시아에서 가장 빠른 토기가 출현하고 있다. 이 지역 초기 토기문화는 조흔문條痕文이나 원공문圓孔文, 지그재그문連續弧線紋이라는 요소에서 공통성을 찾을 수 있으며, 중류역에서는 덧무늬토기라는 독특한 요소가 돌연히 등상하고 있다. 따라서 동북아시아 토기의 발생과 기원은 흑룡강 중류역의 덧무늬토기와 하류역의 무문양無文樣 조흔문토기條痕文土器라는 두 계통으로 분리된다고 한다.[37] 그렇다면 이제 한반도 신석기문화의 기원에 대해서는 빗살무늬토기가 아니라, 그 이전의 신석기 토기인 덧무늬토기와 아가리무늬토기 및 원시 무문토기를 가지고 논의해야 할 것이다.

덧무늬토기의 기원에 대해서는 일본 규슈九州로 보는 남방기원론과 흑룡강 중류역에 위치한 노보페트로프카 유적에서 기인한다는 북방기원론이 있다. 일본 규슈九州설은 덧무늬토기가 일본 규슈九州에 가까운 한반도 남해안 지역 패총 유적에서 집중적으로 출토되고 있으며, 해수면 상승이 시작되어 패각층이 형성되기 시작한 6,000여년 전후라는 연대도 유사하다는 것이다.

---

36) 임효재, 1997, 「신석기시대의 시기구분」, 『한국사』 2, 국사편찬위원회, p.306.
37) 李東注, 2007, 「우리나라 初期 新石器文化의 原流와 性格」, 『韓國 新石器文化의 源流와 展開』, 세종, p.145.

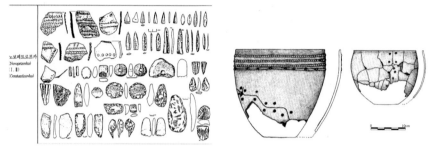

흑룡강 중류 노보페트로프카 유적 출토 유물과 덧무늬토기

그러나 덧무늬토기는 패각층 형성 이전 단계부터 출토되며, 한반도 남해안
지역만의 편협한 분포가 아니라 거의 전국적인 양상을 보이면서 중국 동북
지역에서도 동일유형의 유적들이 확인되고 있다고 한다. 그리고 흑룡강 유
역설의 근거인 노보페트로프카 유적의 연대가 최초 보고 당시의 BC 5,000
년기 말에서 4,000년기 초가 아닌 13,000-9,000년전으로 확인되었기 때문
에 우리나라 덧무늬토기의 연대도 당연히 상향되며, 일본 규슈九州의 덧무늬
토기도 이러한 동북아시아 초기 신석기문화의 확산과정에서 성립되었을 가
능성이 높다고 한다.[38] 또, 흑룡강 중류역에 돌연히 나타나는 덧무늬토기 문
화는 종장縱長 몸돌의 전통과 함께 바이칼 서쪽 지역에서 이동하였을 가능성
이 크다고 하였다.[39] 그리고 아가리무늬 토기는 기본적으로 덧무늬토기의
형태와 문양 모티브를 계승하고 있으며, 단지 무늬를 만드는 방법이 동북지
방의 영향으로 덧무늬에서 누른무늬로 바뀐 것이라 한다.[40]

---

38) 李東注, 2007, 「우리나라 初期 新石器文化의 原流와 性格」, 『韓國 新石器文化의 源流와 展
開』, 세종, pp. 149-150.
39) 이동주, 2002, 「우리나라 初期 新石器文化의 原流와 性格」, 『전환기의 고고학 1』, 학연문화
사, p. 108.
40) 안승모, 2003, 「고고학으로 본 한민족의 계통」, 『한국사 시민강좌』 32, 일조각, pp. 92-93.

제주 고산리 출토 덧무늬토기　　제주 고산리 출토　　제주 고산동굴 출토
　　　　　　　　　　　　　　원시 무문토기　　　누른무늬토기

　　제주 고산리 유적에서는 덧무늬토기와 함께, 식물성 섬유가 다량 혼입된
원시 무문토기, 즐치상櫛齒狀의 도구에 의해 시문한 지그재그문이 빽빽히 압
날押捺된 평저토기平底土器, 구연부口緣部 아래에 구멍이 뚫린 원공문토기圓孔文
土器가 출토되었다. 이들은 대체로 덧무늬토기 단계와 원시 무문토기 계통의
고산리식 토기 단계로 시기가 구분될 가능성이 크며, 고산리식 토기에서 지
그재그문이나 원공문과 같은 요소들이 함께 공반되는 특징은 흑룡강 하류
역 오시포프카 문화 후반 단계의 곤챠르카 유적과 아주 흡사하다고 한다.
그리고 식물성 섬유가 많이 포함된 고산리식 토기는 하동河東 목도리牧島里
유적, 부산釜山 범방패총凡方貝塚, 청도淸道 오진리梧津里 하층에서 나타나는 조
흔문토기條痕文土器들과 계통이 이어지는 것으로 판단된다고 한다. 그 원류
문제에 대해서는, 덧무늬토기가 흑룡강 중류역의 노보페트로프카 유적을
중심으로 하므로 시기적으로 선행하며, 고산리식 토기는 흑룡강 하류역 오
시포프카 문화의 조흔문토기條痕文土器 전통을 이어받고 있으므로 뒷시기로
볼 수 있는데, 시베리아·극동 지역 초기 신석기문화는 이들 두 계통의 문화

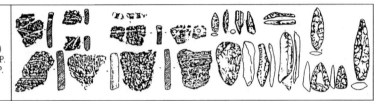

흑룡강 하류 곤챠르카 유적 출토 유물

제주 고산리 출토 토기 ① 덧무늬토기 ② 원시무문토기

가 별도로 존재하면서 동해안을 따라 동·서로 각기 전파되었다고 한다.[41]

한편, 요서(흥륭와興隆窪), 요하평원(신락新樂 하층), 요동반도(소주산小珠山 하층), 길장吉長지구(좌가산左家山 1기), 압록강(후와後窪 하층, 미송리 하층)의 연속호선문토기連續弧線紋土器 문화권을 설정하는 견해도 있다. 지그재그무늬之字紋로도 불리는 연속호선문토기는 요령에서는 요서가 가장 빠르고, 이어서 요하평원과 길장지구에서 출현하며, 요동반도와 압록강 하류역은 다소 늦다고 하며, 한반도 빗살무늬토기의 주 문양인 물고기뼈 무늬는 바로 이 지그재그무늬에서 파생된 무늬로 생각된다고 한다.[42] 기원전 4천년기가 되면, 연속호선문이 전개된 지역이 요하평원을 경계로 동·서의 지역차가 현저해

---

41) 李東注, 2007, 「우리나라 初期 新石器文化의 原流와 性格」, 『韓國 新石器文化의 源流와 展開』, 세종, pp. 152~162.
42) 안승모, 2003, 「고고학으로 본 한민족의 계통」, 『한국사 시민강좌』 32, 일조각, p. 93.

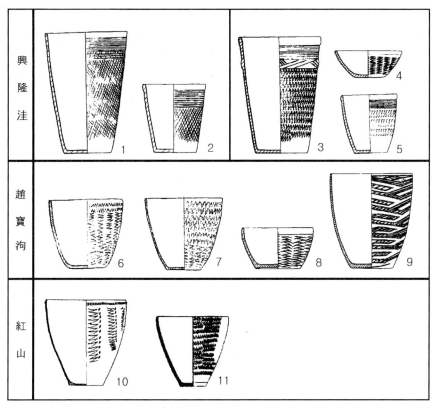

興隆洼		
趙寶溝		
紅山		

요서지역 지그재그무늬(之字紋)토기(임상택, 2014) (1-5:白音長汗, 6-9:趙宝沟 10:蛇陵山, 11:牛河梁)

진다. 서요하 지역은 채도彩陶를 수반하는 홍산문화로 이행하면서 이후 소하연문화小河沿文化, 하가점하층문화로 이어진다. 그리고 요하평원과 요동지역은 새김무늬를 특징으로 하는 토기로 변화되고 문양을 넣은 부위가 축소되는 양상이 나타난다.

한반도에서는 중서부와 남부지방에서 둥근 바닥의 토기가, 두만강 유역에서 납작 바닥의 토기가 만들어져 상이한 전개양상을 보이게 된다. 구체적으로는 신석기시대 토기의 기형과 문양의 차이점에 따라 한반도 지역의 문

흥륭와(興隆窪) 출토
연속지자문(連續之字紋) 통형관

신락(新樂) 하층 출토 지자문(之字紋) 토기

화영역을 4-5개 정도로 나누어볼 수 있으니, 중국 동북 지방·발해 연안·
청천강 이북에 위치하는 용천 신암리형 문화, 연해주 남부 지방·송화강과
흑룡강 유역·한반도 동북 지방에 위치하는 서포항형 문화, 청천강 이남의
서부 지방과 한강유역에 위치하는 서울 암사동형 문화, 한반도 남부 지방·
대마도·서부 큐슈九州 지방에 위치하는 동삼동형 문화 등이 그것이다. 그런
데 이들을 이질적인 문화의 소산으로 볼 수 있음에도 서로 지역적으로 이웃
해 있기 때문에 동질적 주민 집단의 문화로 취급하고 있다는 점에서, 한반
도에서 멀리 떨어진 시베리아 지역에서 비슷한 형태의 토기가 발견된다면
양 지역문화의 유사성을 논할 수 있다는 견해가 있다.[43]

---

43) 한영희, 1996, 「한민족의 기원」, 『韓國 民族의 起源과 形成』(上), 小花, pp. 90~93.

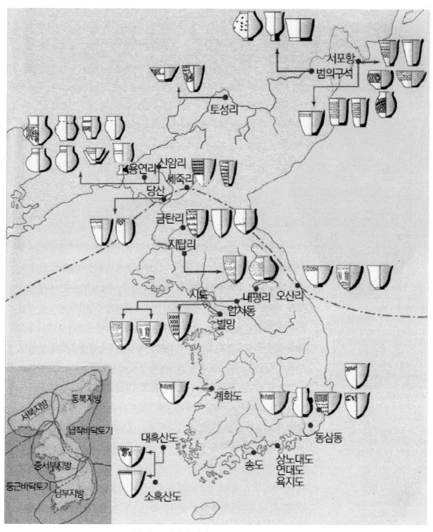

한반도 신석기시대 토기의 지역별 분포도

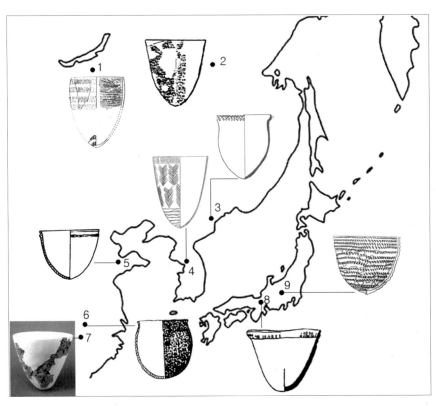

동아시아 첨저·원저 토기 분포도(임상택, 2014)
(1:우스찌 카렌가 2:그로마투하 3:보이스만 4:지탑리 5:后李 6:彭頭山 7:玉蟾岩 8:武者谷 9:下宿)

II. 신석기시대 고아시아족과 청동기시대 알타이계 예맥족 교체설의 문제

이 장에서는 지금까지 한민족의 기원 문제에서 주류를 점하고 있던 신석기시대 주민의 고아시아족설과, 이들이 청동기문화를 담당한 퉁구스족 또는 알타이계 예맥족에 의해 동화·흡수되었다는 주민 2단계 교체설에 대하여 중점적으로 살펴보고자 한다.

이에 따르면 시베리아에는 신래족新來族이 진입하기 이전에 고아시아족이 거주하고 있었으며, 뒤에 우랄어와 알타이어를 사용하는 민족들에게 밀려나기 시작했다고 한다. 이러한 민족의 이동은 한국의 선사문화에도 작용하여 시베리아와 거의 동일한 민족과 언어상의 이원적 요소를 형성했다고 한다. Jakobson은 고아시아족의 거주지가 우랄-알타이 세계로 침식당하는 과정에서 고아시아어와 퉁구스어와의 혼합을 들고 있고, Okladnikov는 Primore와 Amur 지역 주민의 언어가 처음에는 분명히 고아시아어였지만 후에는 Tungus-Manchu어가 사용되기 시작했다고 논술하였다. 시베리아의 원주민으로 인정되는 고아시아족을 어느 시대의 종족으로 상한을 잡아야 할 것인지는 명확하지 않으나, Shirokogoroff가 기술한 민족제집단民族諸集團의 지리적 분포 가상도를 보면, 서기전 3천년기의 동북아에는 고아시아족이 존재하고 있으므로 고아시아족이 신석기시대에 시베리아의 광대한 지역에 산재한 것으로 볼 수 있다고 한다. 한편 Levin은 근대 Tungus 및 Lamut의 문화와 신석기시대 및 청동기시대 바이칼 주민간의 공통적인 특징이 나타나는 것은, 퉁구스어를 쓰는 그룹이 고아시아족의 문화를 흡수했기

때문이라 하였다.[44]

　한반도의 신석기문화는 중국과 다르면서 시베리아와 유사성을 인정하여
왔으므로 그 담당 주민을 고아시아족으로 볼 수 있으며, 그 중에서도 흑룡
강 유역에 위치하는 Gilyarks가 한국의 신석기문화와 깊은 관계에 있다고
한다. 언어상으로 E. A. Kreynovich는 Gilyarks어가 한국어 및 만주어와 연
결된다고 하였고, 고구려 어휘 속에도 Gilyarks어와 일치하는 몇 가지 예가
있다고 한다.[45] 이는 고고학적으로 신석기문화가 시베리아와 연결된다는
점과 함께 한국어의 기원도 신석기시대의 고아시아어에서 출발한 것으로
볼 수 있다고 한다.[46] 이 견해에서는 『삼국지三國志』 위서魏書 동이전東夷傳 고
구려조高句麗條에 나오는 ‘동이구어東夷舊語’가[47] 고아시아어를 가리키는 것으
로 볼 수 있다면서, 신석기시대 고아시아인의 언어가 고구려 언어 속에 남
아있었던 것으로 보았다.

　주민 교체설에 따르면, 신석기문화의 유문토기有文土器(빗살무늬토기)는 우
리나라의 주요 강변과 해안지대에서 발견되며 고아시아족이 남긴 유물이
다. 이 유문토기인은 뒤에 들어오는 무문토기인無文土器人에게 밀려나 흡수되
어 버리고, 무문토기인無文土器人은 한반도의 거석문화를 남기는 민족으로 성
장한다고 하였다. 무문토기無文土器(민무늬토기)는 한반도와 만주 등지에 분
포되어 있는데, 유문토기有文土器와는 반대로 구릉지대에 많이 퍼져 있다. 반

---

44) 金貞培, 1973, 『韓國民族文化의 起源』, pp. 160~168.
45) 李基文, 1968, 「高句麗語와 그 特徵」, 『白山學報』 4, p. 137.
46) 金貞培, 1973, 『韓國民族文化의 起源』, p. 169.
47) 東夷의 옛 말에 의하면 부여의 別種이라 하는데, 말이나 풍속 따위는 부여와 같은 점이 많았
　　으나, 그들의 기질이나 의복은 다름이 있다. [東夷舊語以爲夫餘別種 言語諸事 多與夫餘同 其
　　性氣衣服有異] 〈『三國志』 魏書30 東夷傳 高句麗〉

안드로노보 토기   카라수크 토기

월도半月刀의 존재는 바로 농경을 증명하며, 신석기시대의 유문토기有文土器가
밑이 뾰족하거나 둥근 것과 달리 무문토기無文土器의 밑이 편편하다는 것은
이들의 정착생활을 한층 뒷받침한다. 이는 종족적으로도 고아시아족이 선
주先主하던 이 땅에 알타이족이 들어오는 것과 시기를 같이 하는 것이며, 단
군조선=신석기시대(문화)=곰을 숭배한 고아시아족이 새로운 종족의 등장과
문화에 의해 흡수된다 하였다. 그 시기는『삼국유사三國遺事』를 통해 대략 BC
12세기의 소위 기자조선箕子朝鮮의 개시와 맞물리는데,[48] 기자조선箕子朝鮮을
인정하든 부인하든 간에 그 주체적인 주민은 전단계와 다른 주민이며 문화
도 신석기시대의 유문토기有文土器가 아닌 무문토기無文土器로 전환된 사회였
다고 한다.[49] 아울러 시베리아의 문화는 아파나시에보 기期→안드로노보 기
期→카라수크 기期→타가르 기期로 이어지는데, 밑이 좁은 토기는 안드로노
보 기期에서 카라수크 기期로 넘어가는 과정에서 나타나며, Kiselev의 설을
따라 BC 1300-BC 700년경으로 추정되는 이 카라수크 문화가 한국의 청동

―――――――――

48) 주나라 무왕이 즉위한 기묘년(기원전 1122년)에 기자를 조선에 봉하니 단군은 이에 장당경
으로 옮겼다가 뒤에 돌아와 아사달에 숨어서 산신이 되었으니 나이가 1908세였다.[周武王
卽位己卯 封箕子於朝鮮 壇君乃移於藏唐京 後還隱於阿斯達爲山神 壽一千九百八歲]〈『삼국
유사』권1 기이1 고조선〉
49) 金貞培, 1973,『韓國民族文化의 起源』, 高麗大學校出版部, pp.180~184.

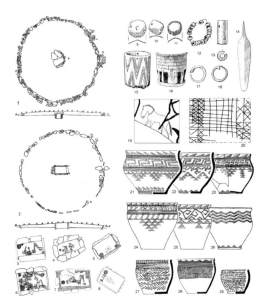

안드로노보 문화의 무덤과 유물(보꼬벤코, 2012)

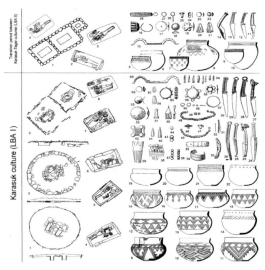

카라수크 문화의 무덤과 유물(보꼬벤코, 2012)

기문화와 연결된다고 하였다.[50]

그리고 소위 기자조선의 주민은 고아시아족이 아닌 알타이계의 무문토기인으로 보면서, 이들이 중국 사서에 자주 오르는 예맥濊貊이라 하였다. 이들 무문토기인은 늦어도 BC 13세기 이전에는 한반도에 모습을 나타냈으며, BC 12세기에는 중국사서에 예맥濊貊으로 그 민족 성분이 뚜렷하게 나타난다고 한다. 문헌에도 조선朝鮮이나 부여夫餘 등을 예맥족이 세운 나라라 하였으므로, 예맥이 곧 한국 민족의 선조가 된다고 하였다. 아울러 이 시기에 무문토기와 함께 비파형동검琵琶形銅劍을 제작·사용했던 예맥족濊貊族이 중심이 되어 세운 고조선古朝鮮은 기자조선箕子朝鮮이란 명칭보다 예맥조선濊貊朝鮮으로 이해하는 것이 실상에 부합된다고 하였다.[51]

하지만 이러한 한반도 신석기문화新石器文化 담당자와 청동기문화青銅器文化 담당자간의 주민교체설에 대해서는 정영화,[52] 전경수,[53] 이선복,[54] 최정필[55] 등의 비판적 검토가 이루어진 바 있다. 주민교체설은 그 기본 전제가 검증되지 않았고 비판적 검토도 없이 도식적으로 사용되어져 왔기 때문에 신석기문화新石器文化 및 청동기문화青銅器文化 담당자들이 각각 가칭 고아시아족 및 예맥/퉁구스족이었는지는 좀더 구체적인 검토가 요망되며, 여기에 사용된 종족 명칭인 고아시아족의 개념이 무엇을 의미하는지도 명확하지 않다

---

50) 金貞培, 1973,『韓國民族文化의 起源』, 高麗大學校出版部, pp. 128~131.
51) 金貞培, 1999,「東北亞의 琵琶形銅劍文化에 대한 綜合的 硏究」,『國史館論叢』88.
52) 정영화, 1980,「考古學的 側面에서 본 韓民族의 起源」,『民族文化의 源流』, 한국정신문화연구원.
53) 전경수, 1984,「韓國民族文化의 起源硏究에 대한 方法論의 批判的 檢討」,『韓國史論』14.
54) 이선복, 1991,「民族單血性 起源論의 檢討」,『北韓의 古代史硏究』(歷史學會編), 일조각.
    이선복, 1991,「신석기·청동기시대 주민교체설에 대한 비판적 검토」,『韓國古代論叢』1.
55) 崔楨苾, 1991,「人類學上으로 본 韓民族 起源에 대한 批判的 檢討」,『韓國上古史學報』8.

고 한다.[56]

　고아시아족의 개념이 국내에 소개된 것은 러시아 학자의 연구에서부터인데, Levin은 길약족의 기원과 관계된 논의에서 1883년에 소련학자 Shrenk가 언어학에 기초하여 처음으로 캄차달, 길약, 축치, 코략 등을 고아시아족으로 분류하였다고 기술하고 있다. Levin은 동북아시아의 종족을 분류하면서 고아시아족을 하나의 하부下部 인종단위人種單位로 인정하는 인상을 주고 있는데, 대체로 퉁구스족 언어를 사용하는 집단이 이주하기 이전에 동북아시아에 존재하던 종족을 의미하는 것으로 보고 있다고 한다. 그리고 이들은 후에 이주해 온 퉁구스 집단과 상당수 혼합되었으나, 그 일부는 아직도 유카길, 캄챠달, 축치 등 많은 민족 속에 남아있다는 사실을 추정해 낼 수 있다고 하였다. 1900년대 이후 대다수의 러시아 학자들이 분류한 고대 인종집단에는 고아시아족의 명칭이 보이지 않으면서 이를 언어명칭으로 사용하였으며, Shirokogoroff는 고아시아어 분포를 한반도까지 포함시킨 점이 특색이라 한다. 이로 보아 19세기 말엽 언어학에 기초하여 분류된 고아시아족의 개념이 일부 학자에 의하여 잠시 동안 하부 인종단위로 채택되었으나, 뒤에 고시베리아족의 개념이 새롭게 대두되면서 하부 인종단위와 언어단위가 일치하지 않았기 때문에 고아시아족은 형질인류학적으로 종족의 의미가 사라졌다고 한다.[57]

　국내학자들이 고아시아족이란 용어를 채택한 결정적 이유는 Shirokogoroff의 영향이라고 생각되는데, 그가 1928년에 발표한 "북방퉁구

---

56) 崔槇苾, 1991,「人類學上으로 본 韓民族 起源研究에 대한 批判的 檢討」,『韓國上古史學報』8, p. 21.
57) 崔槇苾, 1991,「人類學上으로 본 韓民族 起源研究에 대한 批判的 檢討」,『韓國上古史學報』8, p. 22. ; 2005,「신석기 연구의 제문제」,『先史와 古代』22, p. 175.

스의 사회조직"에 의하면 퉁구스족이 기원전 3천년 경 동북으로 이동하기 이전에 고아시아족은 산동반도, 한국, 만주, 그리고 동북 시베리아 전반에 걸쳐 거주하였다고 한다. 이들은 후에 퉁구스족의 이동으로 차츰 밀려나거나 동화되었지만, 축치, 캄챠카를 위시한 태평양 연안과 한반도에는 퉁구스의 영향을 받지 않고 기원 이후까지 생존해온 것으로 기술하고 있다.[58] 그는 민족의 형질적 분류를 구체적으로 시도하지 않았으나, Shrenk가 창안한 고아시아족 명칭을 사용하면서 언어학적 계보에서 현재의 길약, 캄챠달, 축치족을 이에 포함시키고 있다. 신석기시대에 고아시아족이 한반도와 만주, 동북 시베리아에 분포하였다고 주장하는 그는, 이를 입증하기 위한 뚜렷한 논리의 전개 없이 비엔나학파로 대표적인 전파주의자인 Schmidt의 논문과 간략한 고고학적 자료를 인용하고 있을 뿐이라 한다. 그러므로 Shirokogoroff가 말하는 고아시아족의 지리적 분포는 언어학에 기초한 상상에 지나지 않는다고 하였다.[59] 그렇지만 고아시아족, 고시베리아족 등의 명칭은 시베리아 일대에 살던 옛 주민의 의미를 포괄하므로, 한반도에 살던 신석기시대의 주민을 광의의 고아시아족이나 고시베리아족 속에 포함시켜 논의해도 무방하다는 견해도 있다.[60]

신석기시대 주민의 북방계설과, 이들이 보다 발달된 청동기문화의 인종에 의해 동화 내지 흡수되었다는 주민 2단계 교체설을 부정하는 견해에서는, 구석기시대 말기 한반도와 주변지역에 문화 및 형질적으로 다른 수많은

58) Shirokogoroff, S. M., 1966, *Social Organization of the Northern Tungus, Oosterhout N.B.- the Nertherland.*(최정필, 2005, 「신석기 연구의 제문제」, 『先史와 古代』 22, p.176 재인용)
59) 최정필, 2005, 「신석기 연구의 제문제」, 『先史와 古代』 22, p.176.
60) 한영희, 1996, 「한민족의 기원」, 『韓國 民族의 起源과 形成』(上), 小花, pp.93-94.

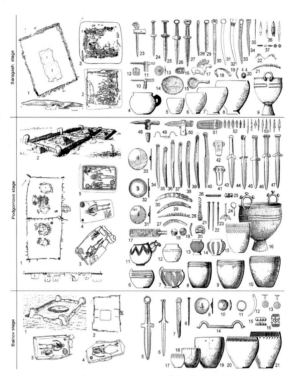

타가르 문화의 무덤과 유물(보꼬벤코,2012)

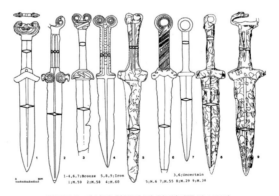

오르도스 지역의 청동검 및 철검(이종선,1989)

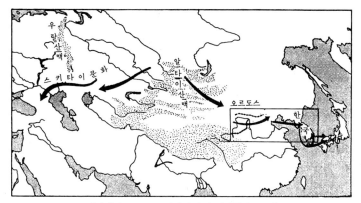

시베리아 오르도스 지역과 한반도(이종선, 1989)

집단들이 형성되어 교류한 결과, 이후 수천년 동안 언어적·문화적·형질적으로 동질성을 보여주는 보다 큰 집단들이 동북아시아 각 지역에 서서히 형성되었으며, 신석기시대 한반도 주민도 이들 집단 중 하나로 보았다.[61]

고아시아족설을 주장하는 학자들에 의하면 한반도의 후기 구석기시대와 신석기시대 사이에는 문화적 공백을 인정해야 하지만, 제주도 고산리와 양양 오산리 유적 하층에서 검출된 절대연대가 후기 구석기와의 시간적 간격을 많이 좁혀 놓아, 중석기시대 문제에 대한 과거의 인식이 점차 바뀌게 되었다고 한다.[62]

한반도 청동기 문화의 기원을 시베리아 지역으로 보려는 견해에 대해서도, 카라수크-타가르의 미누신스크 청동기가 오르도스 청동기에 영향을 주고 일부 요소가 우리의 청동기문화까지 파급된 사실은 부정할 수 없지만,

---

61) 이선복, 1991, 「신석기·청동기시대 주민교체설에 대한 비판적 검토」, 『韓國古代史論叢』 1, pp. 41~66.
62) 최정필, 2005, 「신석기 연구의 제문제」, 『先史와 古代』 22, p. 177.

역삼동식 토기　　　　　　가락동식 토기　　　　　　가락동식 토기

그렇다고 이것이 우리 청동기문화의 기원을 말해주는 것은 아니며, 북방 초
원지대를 경유한 청동유물이나 양식의 교류와 전파라는 측면에서 보아야
한다는 의견도 있다.[63]

　무문토기인은 벼·보리·밀·조·기장·수수·콩·팥 등 다양한 작물을
재배한 농경민이었고, 무덤으로 고인돌을 축조하였으며, 석기에서도 대패
날·끌·자귀 등의 목공구와 함께 화살촉, 돌검, 반달칼 등이 새롭게 등장한
다. 이처럼 문화요소 전반에서 남한의 무문토기문화는 기존 빗살무늬토기
문화와 매우 다르기 때문에 양자를 계승적 관계로 보기는 어려울 것이다.
토기를 기준으로 남한의 전기 무문토기 문화는 구멍무늬토기 문화(역삼동
식)와 겹아가리토기 문화(가락동식)로 구분된다. 과거에는 전자를 두만강 유
역의 심발형 토기와, 후자를 대동강 유역의 팽이형 토기와 연결했으나, 최
근에는 두 형식 모두 압록강-청천강 유역의 무문토기가 원산만을 따라 남하
한 것으로 보고 있다.[64]

63) 안승모, 2003,「고고학으로 본 한민족의 계통」,『한국사 시민강좌』32, p.89.
64) 박순발, 1999,「흔암리유형 형성과정과정 재검토」,『호서고고학』1.
　　참고로 한반도에서 발견되는 무문토기 유형의 특징과 출토 지역은 다음과 같다.

시기	3000B.C.	2000B.C.	1000B.C.	0	500
편년체계(초원)	초기청동기	중기청동기	후기청동기	스키타이 흉노	튜르크
미누신스크	아파나시예보	안드로노보	카라숙	타가르 테신기	타쉬트익
서부 시베리아	바이릭기	크로토보 사무스	이르멘	볼셰레치예 흉노기	
동부 시베리아	글라즈코보	도로닌·오논	드보르쪼이	판석묘 흉노	
알타이	아파나시예보	카라콜	카라숙	파지릭 後파지릭	쿠드리게
하북 북부	龍山文化	大砣頭	(圓方3기)(張家園上層) 初道溝 백부 옥황묘	燕 漢	위진남북조
요서	홍산문화	하가점하층	魏營子 중원계매납청동기 카라숙청동기군 십이대영자문화 (양하·풍가촌)	하가점상층 전국계	삼연
요동	소주산	편보 고태산 쌍타자1기	望花 쌍타자3기 석붕 마성자	석관묘 한문화	고구려
한반도	금강식토기				
연해주	자이사노프카	마르가리토프카 카라숙계석검	시니가이	리도프카 아누치노 얀콥스키 크로우노프카	폴체 말갈
아무르중류	보즈네세보		(예보론) 사르골, 원저토기	우릴 폴체	말갈

유라시아 극동 지역 고고문화 교차 편년(강인욱, 2009)

신암리식 토기 : 호형(壺形)토기가 발달, 압록강 하류역
미송리형 토기 : 긴 목과 가로 붙은 손잡이와 침선문, 압록강 및 대동강유역과 요동 길림
공귀리형토기 : 동체부에 고리모양 손잡이가 세로로 부착, 압록강 상류역과 길림 지역
팽이형토기 : 팽이와 유사한 모양, 옹(甕)과 호(壺)가 조합, 대동강 유역
가락동식 토기 : 이중구연에 단사선문이 결합, 금강 유역
역삼동식 토기 : 공렬문과 구순각목문으로 조합된 토기, 적색마연토기, 남한 전역

하지만 이에 따라 빗살무늬토기 집단이 소멸되었다고 보기 어려우며, 농경민의 남하에 따른 토지 이용 방법이 변화하면서 빗살무늬토기 집단이 무문토기 집단의 생산체계를 받아들여 급속히 무문토기 문화로 흡수되었다는 주장도 제기되었다.[65] 곧, 북한의 무문토기 문화는 대동강·압록강·두만강 유역의 세 지역군으로 구분되는데, 대동강 유역의 팽이형토기 문화는 남한과 마찬가지로 무덤, 석기 등 여러 문화요소에서 기존 빗살무늬토기 문화와 다른 점이 많지만, 토기는 신석기시대 말기의 금탄리 2문화층에서 이미 팽이형 토기와 유사한 형태의 무늬없는 토기가 주류를 이루고 있다는 점에서 주민의 교체가 아니라 빗살무늬토기 집단이 요동의 농경문화를 적극 수용하여 팽이형토기 문화를 창조한 것으로 보기도 한다. 두만강 유역의 무문토기 문화는 연해주의 리도프카 문화와 석기와 토기 등의 문화요소에서 공통점이 많은데, 리도프카 문화도 연해주 빗살무늬토기 문화인 자이사노프카 문화의 마지막 단계와 문화적 연속성이 확인되며, 두만강 유역도 마찬가지라고 한다. 압록강 하류 지역은 요동반도와 하나의 문화권으로 통합되는데, 요동반도에서 전환기에 해당하는 대표적인 유적인 쌍타자双砣子의 어느 단계부터 청동기시대로 볼 것인지 논란이 계속되고 있으니, 이는 각 단계가 연속적·계승적 성격이 강하다는 것을 말해준다고 한다.

그러나 동북아 모든 지역에서 신석기-청동기시대로의 계승적 전환이 증명된 것은 아니다. 길장吉長 지구에서는 신석기시대 좌가산左家山 3기 문화에

흔암리식 토기 : 가락동식 토기와 역삼동식 토기의 요소가 혼합, 남한 전역
송국리식 토기 : 부푼 동체부에 외반(外反)하는 구연부, 호서·호남·서부 경남지역
점토대 토기 : 구연부에 단면 원형이나 삼각형의 점토띠를 부착, 남한 전역
65) 안승모, 2003, 「고고학으로 본 한민족의 계통」, 『한국사 시민강좌』 32, p.87.

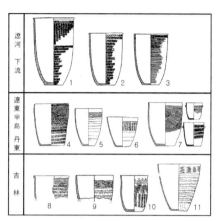

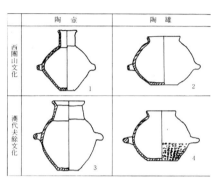

요동 및 길림 지역 지(之)자문 토기 문양 배치
(임상택, 2014)(1-3:新樂 4-6:小珠山 7:後洼 8-10:
左家山 11:西斷梁山)

서단산문화와 부여문화의 토기

서 청동기시대 서단산유형 사이에 천년이 넘는 공백이 있으며, 흑룡강 일부 지역에서도 그러하다.

그리고 팽이형토기, 공열토기, 이중구연토기 등 무문토기의 몇몇 유형이 신석기시대 후기부터 나타나고 있는 것만으로 양자의 계승성이 증명된 것도 아니다. 팽이형토기와 남경유적의 신석기 말기 토기의 계승관계에 대해서도 반대되는 의견이 있고, 동북지방의 신석기 말기에 나타나는 공열토기와 무문화양상無文化樣相도 무문토기 집단과의 접촉에 의한 것으로 보는 입장이 있는 등 양 시대의 계승과 단절 관계에 대해서는 많은 다른 견해들이 제시되고 있다.[66] 그러므로 신석기시대 후기에서 청동기시대 초기에 걸쳐 북부지역에서 일어나는 교체 현상이 동일 주민에 의한 자연스러운 진화과정

---

66) 노혁진, 1996, 「청동기시대」, 『韓國 民族의 起源과 形成』(上), 小花, pp. 131~144.

인지, 주민이 다른 무문토기 문화와의 접변현상으로 나타난 것인지의 문제가 해결된 것은 아니다. 일본의 경우도 후기 구석기시대와 조몬縄文 시대의 주민은 고몽골로이드였고, 현재 일본인의 원형이 되는 신몽골로이드가 아시아 대륙에서 한반도를 거쳐 야요이弥生 이후에 유입된 것으로 해석하고 있으므로,[67] 한반도에서도 신석기시대와 청동기시대의 주민이 고몽골로이드(고아시아족)와 신몽골로이드(퉁구스족/알타이계 예맥족)로 구분될 가능성은 여전히 남아있다고 볼 수 있다.[68]

---

67) 佐佐木高明, 1991,『日本史誕生』(日本の歴史 1), 集英社, pp. 262~268.
68) 安承模, 1997,「韓民族과 農耕文化의 起源에 대한 批判的 小考」『인문연구논집』2, pp. 74-75.

Ⅲ. 요령·내몽고 지역 청동기 문화의 문제

이전까지 신석기문화와 청동기문화의 시베리아 기원설에 관심을 기울였다면,[69] 최근에는 한반도에 보다 가까우면서 한민족의 활동 범위와 보다 밀접한 요령·내몽고 지역의 신석기문화와 청동기문화에 대한 관심이 증가하고 있다.[70] 그러므로 여기서는 이 지역의 대표적인 청동기 문화인 하가점하층문화夏家店下層文化, 하가점상층문화夏家店上層文化, 비파형동검문화琵琶形銅劍文化(능하문화凌河文化)를 중심으로 간단히 살펴보고, 이들 문화와 고조선의 관계를 살펴보고자 한다.

하가점하층문화夏家店下層文化는 내몽고 동남부-요서 지역의 전기 청동기시대를 대표하는 문화로, 이 지역의 신석기문화인 홍산紅山—소하연문화小河沿文化를 직접적인 기원으로 하며, 거기에 용산문화龍山文化의 요소가 일부 가미되어 형성되었다고 한다.[71] 하가점하층문화는 정주성定住性이 강한 문화로 평가되고 있는데,[72] 그러한 배경은 농경이 보편적으로 발전하였기 때문이다.[73] 하가점하층문화는 BC 25세기경에 발생하였으며, 노로아호산努魯兒虎山 서쪽 지역에서는 BC 11세기경에 하가점상층문화로 교체되며, 동쪽 즉 요서지역

---

69) 金貞培外, 2007, 『오르도스 청동기문화와 한국의 청동기문화』, 한국고대학회 학술대회 발표문.
70) 복기대, 2002, 『요서지역의 청동기시대 문화연구』, 백산자료원.
   오강원, 2006, 『비파형동검문화와 요령 지역의 청동기문화』, 청계.
   우실하, 2007, 『동북공정 너머 요하문명론』, 소나무.
   문안식, 2012, 『요하문명과 예맥』, 혜안.
71) 李經漢, 1980, 「試論夏家店下層文化的分期和類型」, 『中國考古學會第一次年會論文集』.
72) 遼寧省博物館, 1980, 「1979年朝陽地區文物普查發掘的主要收穫」, 『遼寧文物』1980-1.
73) 李宇峰, 1987, 「簡談夏家店下層文化的農業」, 『古代農業』1987-1.

홍산문화 우하량 여신묘 현황과 복원 모습

에서는 그보다 앞서 BC 14-12세기경에 위영자문화魏營子文化로 교체되었다.[74]

홍산문화 유적의 제단祭壇, 여신묘女神廟, 돌무지무덤으로 보아 홍산문화의 후기 단계에 이미 예제禮制가 확립되고 계급사상이 형성되었으며, 이를 발판으로 하여 하가점하층문화기에는 나라가 발전하게 되었다는 견해가 있다.[75] 소병기蘇秉琦는 '고문화고성고국古文化古城古國'이라는 개념에 의하여 신석기시대부터 철기시대에 이르기까지 요서지구에서 계승 발전된 문화의 진행과정을 3시기로 나누어 살펴본 바 있는데,[76] 최근 중국학계에서는 이를 발전시켜 홍산문화를 고국古國 단계로, 하가점하층문화를 소병기蘇秉琦가 설정한 고국古國 단계를 넘어선 방국方國 단계로 보면서, 나아가 중원의 상商 왕조와 연결되는 선주先周 문화로 파악하려는 견해가 제시되고 있다.[77] 한국학계에서도 적봉 상기방영자, 삼좌점, 지가영자의 하가점하층문화 석성 유적들을 분석하여, 한곳에 동시에 만 명 이상이 거주하는 대형 도시가 존재했

---

74) 복기대, 2002, 『요서지역의 청동기시대 문화연구』, 백산자료원.
75) 何賢武, 1987, 「從紅山文化的最新發現看中國文明的起源」, 『遼寧大學學報』 4.
76) 蘇秉琦, 1986, 「遼西古文化古城古國-兼談當前田野考古工作的重点或大課題-」, 『文物』 8.
77) 郭大順·張星德, 2005, 『東北文化與幽燕文明』, 江蘇教育出版社.

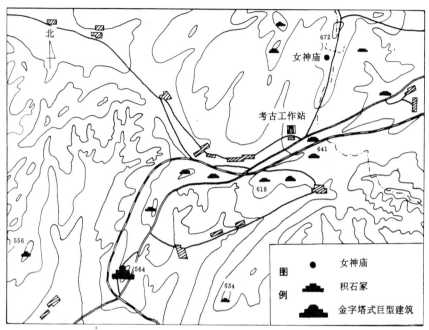

북

672

女神廟 ●

考古工作站

641

618

556

564

034

圖
例

● 女神廟

积石冢

金字塔式巨型建筑

홍산문화 우하량 일대 돌무지 무덤(적석총)과 여신묘 분포도

을 가능성이 높고, 이를 움직이는 별도의 조직이 있었을 것이므로, 이 일대
의 유적과 다른 지역의 대형 유적들이 서로 연합하여 이미 고도로 분화된
국가 단계에 진입한 것으로 추정하는 견해가 있다.[78]

기원전 10세기경부터 요동, 요서를 포괄하는 요령·내몽고 지역과 한반
도의 청동기문화는 상주商周 청동기문화靑銅器文化와는 구별되는 청동단검문
화로 바뀌게 된다.[79] 이 문화는 남부시베리아 청동기문화와의 연결 속에서

---

78) 복기대, 2008, 「시론 주거유적으로 본 하가점하층문화의 사회성격」, 『先史와 古代』 29,
    pp. 138-139.
79) 이강승, 1979, 「요령지방의 청동기문화」, 『韓國考古學報』 5.

우하량 여신묘 출토 여신 두상

적봉 삼좌점 석성 유적

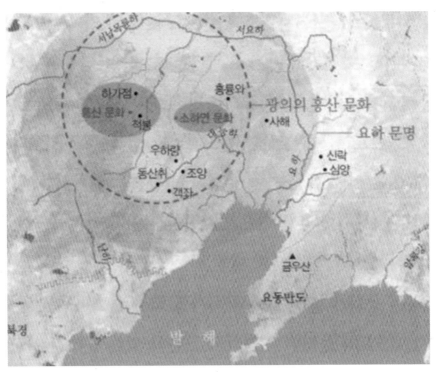

홍산문화, 소하연문화, 하가점하층문화 분포권

내몽고 동남부 지역의 하가점상층문화夏家店上層文化, 요서와 요동 지역의 비파형동검문화, 길림지역의 서단산문화西團山文化, 한반도 청동기문화 등으로 구분되는 양상을 보이며 발전하였다.

하가점상층문화夏家店上層文化는 기원전 11세기경 시베리아계 청동기문화 의 유물 요소가 몽고 지역을 거쳐 내몽고 동남부 일대로 대거 파급되면서, 이들 문화 요소와 이 지역에 전해오던 하가점하층문화夏家店下層文化, 위영자 식魏營子式 유적군遺蹟群, 익북지역冀北地域 청동기문화靑銅器文化, 고태산문화高台 山文化의 일부 요소가 흡수되어 노로아호산努魯兒虎山 서쪽 지역에 형성된 문화 이다. 이 문화는 북방지역 청동기문화, 특히 초원지대에서의 농업과 목축업 에 끼친 영향이 크다.

한편, 노로아호산 동쪽 지역에서는 기원전 14-12세기경에 청동기와 토기 에서 하가점하층문화와 성격을 전혀 달리하는 새로운 유물 복합인 위영자 식魏營子式 유적군遺蹟群이 출현한다. 그러나 위영자식 유적군은 요서 지역에 서 지속적인 발전을 이루지 못하고 곧 소멸한다.

　　임병태, 1991, 「고고학상으로 본 예맥」, 『韓國古代史論叢』1.
80) 金貞培, 1973, 『韓國 民族文化의 起源』, 高麗大出版部.
81) 靳楓毅, 1987, 「夏家店上層文化及其族屬問題」, 『考古學報』87-2.
　　朱泓, 1989, 「夏家店上層文化居民的種族類型及相關問題」, 『遼海文物學刊』1989-1.
82) 靳楓毅, 1982, 「論中國東北地區含曲刃青銅短劍的文化遺存」上·下, 『考古學報』82-4·83-1.
　　박진욱, 1987, 『비파형단검문화에 관한 연구』, 과학백과사전출판사.
83) 李健才, 1985, 「關于西團山文化族屬問題的探討」, 『社會科學戰線』, 85-2.
　　오강원, 2008, 『서단산문화와 길림 지역의 청동기문화』, 學研文化社.
84) 塔拉, 2007, 「夏家店上層文化青銅器綜述」, 『夏家店上層文化의 靑銅器』, 東北亞歷史財團,
　　pp. 13~26.

위영자 유형이 나타나는 시기의 제사 유구인
객좌(喀左) 북동촌(北洞村) 고산(孤山) 유적

객좌(喀左) 북동촌(北洞村) 고산(孤山) 유적에서
상나라 말 주나라 초 청동 예기가 출토되는 모습.
고죽(孤竹)이 새겨진 술그릇과 기후(箕侯)가
새겨진 솥(方鼎) 등이 발견되었다.

1~4. 朝陽 十二臺營子, 小波赤, 木頭溝, 袁臺子, 5~7. 建坪 大拉罕溝, 炮手營子, 樂涑營子, 8. 喀左 和尙溝, 9. 凌源 安杖了,
10. 錦西 烏金塘, 11. 北票 何家溝, 12. 阜新 胡頭溝, 13. 義縣 花兒樓, 14~16. 西豊 誠信村, 忠厚屯, 阜豊屯, 17~18. 淸原
李家堡, 門臉, 19~21. 撫順 大甲邦, 大伙房, 祝家溝, 22~23. 本溪 新城子, 梁家村, 24. 遼陽 二道河子, 25~26. 鳳城 東山,
西山, 27. 普蘭店 雙房, 28~33. 大連 崗上, 小潘家村, 雙砣子, 雙台溝村, 趙王村, 34. 평남 상원, 35. 황남 연안 금곡동

대릉하~서북한지역 전기 비파형동검문화 주요 유적과 문화유형(박준형, 2012)

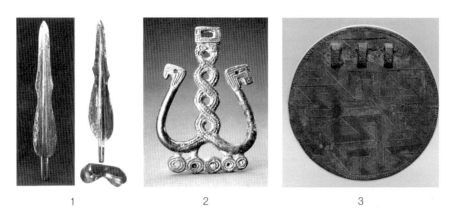

조양 십이대영자 출토 청동기(1.비파형동검, 2.쌍훼문동기, 3.다뉴기하학문경)

적봉(赤峰) 지가영자(遲家營子) 석성 내부의 암각화

극십극등기(克什克騰旗) 각로영자(閣老營子) 암각화

그리고 이 요서 서북부 지역에는 기원전 10세기 후반-9세기경에 시베리아계 유물 요소가 내몽고 동남부-요서 서북부지역으로 파급되는 과정에서 비파형동검문화琵琶形銅劍文化가 형성된다.[85] '공병식동검銎柄式銅劍'은 노합하老哈河를 중심으로 한 지역에서 집중적으로 발견되고, 비파형동검은 대릉하大

85) 오강원, 2006, 「비파형동검문화의 형성 과정과 문화적 배경」, 『비파형동검문화와 요령 지역의 청동기문화』, 청계.

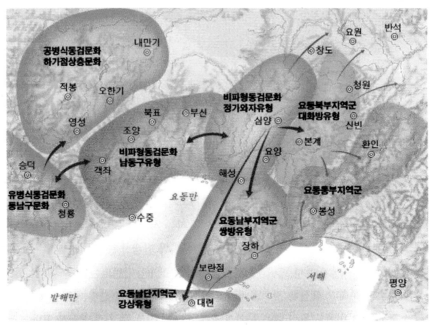

요령성 지역의 기원전 6~5세기경 문화권(오강원 안)

凌河·소릉하小凌河 유역에서 집중적으로 출토된다는 점에서,[86] 노합하老哈河 유역流域은 공병식동검문화銎柄式銅劍文化 지역地域(하가점상층문화)으로, 대릉하 大凌河·소릉하小凌河 유역은 비파형동검문화琵琶形銅劍文化 지역地域(능하문화凌河 文化)으로 각각 구분할 수 있다.[87] 곧, 석관묘石棺墓와 비파형동검과 기하무늬 동경(다뉴세문경多紐粗紋鏡)을 포함하고 있는 요서遼西의 노로아호산 이남 대릉 하大凌河 유역의 조양朝陽 십이대영자十二臺營子 유형은 하가점상층문화와 다르 면서 예맥濊貊을 담당주민으로 하는 '요서 비파형동검문화'의 '십이대영자유

---

86) 劉冰, 1992, 「試論夏家店上層文化的靑銅短劍」, 『內蒙古文物考古』 1992-1.
87) 복기대, 2002, 『요서지역의 청동기시대 문화연구』, 백산자료원.

형문화+二臺營子類型文化'로 볼 수 있다.[88]

이러한 요령·내몽고 지역의 청동기 문화를 문헌의 고조선과 연결시켜 보려는 견해가 있다. 곧, 고조선古朝鮮의 초기 중심지와 활동무대가 요하유역과 밀접하다는 점에서, 하가점하층문화 자체를 고조선 문화로 보려는 설이 제기되기도 했다.[89] 그러나 아직 하가점하층문화의 성격이나 담당 주민의 족원族源이 분명치 않으므로, 그 문화권의 범위 모두를 고조선의 정치권으로 보기에는 무리가 있다.[90] 그렇지만 이 문화가 초기 고조선 사회의 형성에 어느 정도 영향을 주었다는 점은 충분히 고려되어야 할 것이며, 요동지역에도 하가점하층문화와 병행하여 청동기문화가 개화되는 시기에는 초기국가가 출현하였으리라 생각되므로, 단군조선의 건국 연대도 이와 관련하여 재검토되어야 할 것이라는 의견이[91] 주목된다. 최근에는 내몽고 적봉 일대에서 발견된 방패형 또는 검파형 암각화(한국형 암각화)를 근거로 하여 하가점하층문화가 중원문화와 상관없이 한국의 고대 문화와 직접 연결될 가능성을 언급한 연구도 있다.[92]

특히 고조선 건국의 한 축을 이루는 환웅桓雄 세력에 주목해볼 필요가 있는데, 그 원주지를 중원의 은상殷商으로 보는 견해가 제기된 바 있었지만,[93] 그보다는 고조선에 보다 가까운 지역으로 북방 청동기문화나 하가점하층문화 등의 초기 청동기문화가 개화한 중국 동북지역에서 찾아야 할 것으로 생

---

88) 朴京哲, 1999, 「'遼西琵琶形銅劍文化'의 再認識」, 『先史와 古代』 12.

89) 한창균, 1993, 「고조선의 성립배경과 발전단계 시론」, 『國史館論叢』 33.

90) 김정배, 2000, 「동북아의 비파형동검문화에 대한 종합적 연구」, 『國史館論叢』 88.

91) 서영수, 2006, 「고조선의 발전과정과 강역의 변동」, 『白山學報』 76, pp. 453~457.

92) 최광식, 2009, 「韓國 靑銅器時代 岩刻畵의 起源에 대한 試論 -內蒙古 赤峰일대 岩刻畵와의 관계를 중심으로」, 『韓國史學報』 37.

93) 李鍾旭, 1993, 『古朝鮮史硏究』, 一潮閣.

각된다. 이에 따라 단군조선은 홍산문화에서 발전된 하가점하층문화를 배경으로 성장한 환웅족과, 아직 신석기단계에 머물던 곰과 호랑이로 상징된 토착인의 결합에 의해 요하 유역의 특정한 지역, 즉 후대에 조선이라 불린 '아사달'을 중심으로 하여 이른 시기부터 신정국가神政國家를 형성하였을 가능성을 상정한 견해가 있다.[94]

---

94) 서영수, 2006, 「고조선의 발전과정과 강역의 변동」, 『白山學報』 76, pp. 457~459.

IV. 한민족의 기원에 대한 문헌 자료의 문제
   ― 동이와 예맥을 중심으로

한민족의 기원 문제와 관련하여 먼저 중국인의 관점에서 우리 민족을 포함한 집단을 부른 명칭으로 생각되는 '동이東夷'에 대해 검토해야 할 것이다. 그런데 동이東夷의 개념은 선진先秦 시기 문헌에 보이는 것과, 그 이후 중국 정사의 동이전東夷傳에 보이는 것 사이에 차이가 있다. 선진先秦 시기인 춘추전국시대 중국 문헌에 보이는 동이의 개념과 위치는 한민족과는 거리가 있는 중국 대륙의 동부 지역인 산동성과 강소성 지역에 살던 집단을 가리키는 명칭이었으며, 중국 대륙이 통일된 진秦·한漢 이후의 동이東夷라는 명칭이 한민족과 관련된 종족을 가리키는 명칭으로 정립된 것이다.[95] 동이東夷의 개념과 위치 변화는 중국 대부분의 영토를 통일한 진秦·한漢 제국의 성립으로 인해 중국인들의 세계관 변화 및 한 무제의 팽창 정책과 깊은 관련을 가진다. 곧, 진秦나라 때에 회수淮水·사수泗水 유역의 동이가 일반 군현郡縣의 편호編戶로 흡수됨에 따라 전통적인 동이의 실체가 사실상 소멸되었고, 이에 따라 그 이후 문헌인 『후한서』나 『삼국지』에서부터 동이는 조선朝鮮을 비롯하여 중국대륙 밖의 한민족을 포함한 종족을 가리키는 개념으로 변화된 것이다.[96] 그러므로 중원의 좁은 지역을 포괄하던 도시국가 집합체의 상태에서 경험했던 동쪽의 이족(동이東夷)과, 요동지역까지 변군邊郡을 설치한 상황에서 그 동쪽 주변에 존재한 동이東夷가 동일한 민족이 될 이유는 없다는 점

---

95) 李成珪, 1991, 「先秦 文獻에 보이는 '東夷'의 성격」, 『韓國古代史論叢』1, 한국고대사회연구소.
96) 기수연, 2005, 『후한서 동이열전 연구』, 백산자료원.

에서, 동이족의 이주 가설보다는 중원 문명의 확대에 의해 중심지로부터 멀어져가는 이민족 경험에 따라 인식되는 종족-지리-정치체가 바뀌어 간 것으로[97] 볼 수도 있다.

이러한 연구 성과에 따르면, '동이東夷'라는 명칭 검토로는 한민족의 기원 문제에 다가가기 어려움을 알 수 있다. 그러므로 여기서는 우리 민족을 나타내는 명칭으로 대부분 공감되고 있는 '예맥濊貊'에 대해 중점적으로 살펴보고자 한다.

예맥濊貊은 서주시대西周時代의 사실을 반영하는 『일주서逸周書』, 『주례周禮』, 『시경詩經』, 『여씨춘추呂氏春秋』, 『묵자墨子』 등에 개별적으로 나타나기 시작하고, 『관자管子』에서 처음으로 예맥의 연칭連稱이 나타나기 시작하며, 한대漢代 이후의 문헌인 『사기史記』, 『한서漢書』, 『삼국지三國志』 등에서부터 구체적인 실체가 나타나고 있다.

예맥濊貊의 명칭은 예濊가 "穢, 薉, 蕘, 獩"로 쓰여지며, 맥貊은 "貉, 豸+白, 貌, 狢, 陌, 栢, 沐" 등으로 쓰여지고 있어 일정치 않다. 이 예맥濊貊의 성격에 대해서는, 예濊와 맥貊으로 갈라놓고 보려는 견해,[98] 예맥濊貊을 범칭[99]으로 보는 견해, 예맥濊貊은 맥貊의 일종[100]이며 예濊는 예맥濊貊의 약칭略稱이라는

---

97) 李盛周, 1996, 「靑銅器時代 東아시아 世界體系와 韓半島의 文化變化」, 『韓國上古史學報』 23; 2007, 『靑銅器·鐵器時代 社會變動論』, 학연문화사, pp. 167-168.

98) 三上次男, 1966, 「穢人とその民族的性格」, 『古代東北アジア史硏究』.
  芮逸夫, 1955, 「韓國古代民族考略」, 『中韓論文集』.
  金貞培, 1968, 「濊貊族에 관한 연구」, 『白山學報』 5.

99) 李丙燾, 1976, 「玄菟郡考」, 『韓國古代史硏究』, 박영사.
  文崇一, 1958, 「濊貊民族文化及其史料」, 『民族學硏究所集刊』.
  金廷鶴, 1966, 「考古學上으로 본 韓國民族」, 『白山學報』 1.

100) 황철산, 1963, 「고조선의 종족에 대하여」, 『고고민속』 63-1.

견해[101] 등 크게 세 가지 입장이 있다. 예맥을 한국 고고학상의 유문有文, 무문토기無文土器에 연결시켜 예족이 유문토기, 맥족이 무문토기의 담당이라고 한 연구도 있는데,[102] 예맥은 동일한 계통과 동일한 시대의 민족인데 반하여 유문有文, 무문토기無文土器는 전후를 달리하는 문화이기 때문에 이러한 연결에는 모순이 있으며, 무문토기無文土器와 흑도黑陶가 예맥족에 연결되면서 맥족이 지역적으로 요동, 서부 한국에 거주하였고, 예濊가 남만주 일대에서 활약하였다는 견해가 있다.[103]

　A. 옛날 무왕武王이 장차 태산泰山의 굴에서 제사를 지내려 하였는데, 전해 말했다. "태산이여, 도道가 있었던 증손曾孫인 주왕周王의 일이 있는데, 큰일은 이미 이루었습니다. 또 어진 사람(무왕)이 일어나 상하商夏와 만이蠻夷와 추맥醜貊을 구하게 하십시오. 비록 지극히 친한 사람이 있어도 어진 사람만은 못합니다. 만방에 죄가 있다면 오직 저 한 사람입니다." 이것은 무왕의 일을 말한 것이며, 내가 지금 말하는 겸애兼愛를 행한 것이다.[104]

〈『묵자墨子』 겸애편兼愛篇〉

　B. 저 웅대한 한성韓城은 연燕나라 군사들이 완성시켰네. 조상의 명을 받들어 여러 오랑캐들을 다스리네. 왕이 한후韓侯에게 하사하기를, 추追와 맥貊 땅이라네. 북쪽 나라를 모두 맡아 그곳의 수장伯이 되었고, 성을 쌓

101) 三品彰英, 1953, 「濊貊族小考」, 『朝鮮學報』 4.
102) 三上次男, 1966, 『古代東北アゲア史硏究』, pp. 406~410.
103) 金貞培, 1973, 「韓國民族과 濊貊」, 『韓國民族文化의 起源』, pp. 35~38.
104) 昔者 武王將事泰山隧 傳日 泰山 有道曾孫周王有事 大事卽獲 仁人尙作 以祇商夏蠻夷醜貊 雖有周親 不若仁人 萬方有罪 維子一人 此言武王之事 吾今行兼矣 〈『墨子』 兼愛篇〉

고 해자를 파며 밭을 만들고 호구를 정리하였네. 비휴 가죽, 붉은 표범과 누런 말곰 가죽을 바치네.[105]

〈『시경詩經』 대아大雅 탕지십蕩之什 한혁편韓奕篇〉

『묵자墨子』 겸애편兼愛篇에는 주周 무왕武王 시기 맥貊의 존재가 보이고 있다. 여기 나오는 '만이추맥蠻夷醜貊'의 맥貊은 중국 사람들이 그들의 북방 내지 동북방 종족들을 맥貊이라고 범칭汎稱한 데서 유래한 것으로 생각되지만, BC 12세기 주 무왕대에 이미 북방 세력으로 맥貊의 실체가 알려졌다고 보기도 한다.[106] 그러나 이는 서주 시대의 전승을 묵자의 제자들이 전국시대에 기록한 것으로 추정된다. 『시경詩經』 한혁현韓奕篇에는 '기추기맥其追其貊'이 보이고 있는데, '기추기맥其追其貊'의 맥貊을 희성姬姓 제후국이나 조선과 연관된 세력이기보다는 서주 후기 동북 변방에 존재한 불특정 주변 정치체로 추정하는 연구도 있다.[107] 『일주서逸周書』는 가장 이른 시기 예와 맥의 존재를 함께 알려주는 사료이지만, 전국시대 주周의 제도까지 실려 있다는 점에서 사료의 신빙성을 의심받고 있으며, 특히 오늘날 중국 학계에서는 동북공정의 일환으로 여기에 나타나는 '고이高夷'를 고구려의 선인先人으로 보면서 서주대西周代에 이미 중국 왕조에 복속·조공 하던 족속으로 보고 있다는 점에서,[108] 신중한 접근이 요구된다.

선진先秦 시기의 여러 문헌에 나오는 '맥貊'이 원래 중국 북방北方에 거주하

---

105) 溥彼韓城 燕師所完 以先祖受命 因時百蠻 王錫韓侯 其追其貊 奄受北國 因以其伯 實墉實壑 實畝實藉 獻其貔皮 赤豹黃羆 〈『詩經』 大雅 蕩之什 韓奕篇〉

106) 박준형, 2001, 「'濊貊'의 形成過程과 古朝鮮」, 『學林』 22, pp.14~17

107) 沈載勳, 2007, 「상쟁하는 고대사 서술과 대안 모색: 『詩經』 "韓奕"편 다시 읽기」, 『東方學志』 137.

108) 孫進己, 1994, 「高句麗王國和中央皇朝的關係」, 『東北民族史研究』(一), 中洲古籍出版社.

던 종족에 대한 명칭이었다면, 발해만 동부지역은 선진先秦 시기에 대체로 '이예지향夷穢之鄕' 곧 예족穢族의 거주 지역으로 인식되었다. 곧, 『여씨춘추呂氏春秋』 권卷20 시군람恃君覽8에 보이는 "북쪽 바닷가의 동쪽인 이예夷穢의 지방에서는 큰 게와 릉어가 난다[非濱之東 夷穢之鄕 大解陵魚]"는 기사는, 기원전 3세기 이전 예맥濊貊의 위치를 말해주는 것이라고 할 수 있다. 원문에 "비빈지동非濱之東"의 '비非'를 '북北'자의 오사誤寫로 볼 경우, 북쪽 바닷가의 동쪽, 즉 발해만渤海灣의 동부를 예족穢族의 거주지로 볼 수 있다.

C-① 중원에서 진공晉公을 구하고, 적왕狄王을 사로잡고, 호맥胡貉을 패퇴시키고, 도하屠何를 쳐부수어, 말타는 도적을 비로소 복종시켰다. 북쪽으로 산융山戎을 쳐서 영지泠支를 제압하고 고죽孤竹을 참하니, 구이九夷가 비로소 천자의 명령을 들었다. … 북쪽으로 고죽孤竹·산융山戎·예맥穢貉에 이르렀다.[109]　　　　　〈『관자管子』권卷8 소광小匡20 내언內言3〉

C-② 환공桓公이 관자管子에게 물었다. "나는 해내海內 옥폐玉幣(선물)에 7가지 계책이 있다고 들었다. 들을 수 있는가?" 관자管子가 대답하였다. "음산陰山의 연민礝珉(아름다운 옥돌)이 한 계책입니다. 연燕 자산紫山의 백금白金이 한 계책입니다. 발조선發朝鮮의 문피文皮(무늬 있는 표범 가죽)가 한 계책입니다. 여수汝水와 한수漢水의 오른편에 있는 황금黃金이 한 계책입니다. 강양江陽의 구슬이 한 계책입니다. 진秦 명산明山의 증청曾靑(광물성 약재로 여겨진 황산구리)이 한 계책입니다. 우씨禺氏 변산邊山의 옥玉이 한 계

---

109) 中救晉公 禽狄王 敗胡貉 破屠何 而騎寇始服 北伐山戎 制泠支 斬孤竹 而九夷始聽 … 北至
於孤竹山戎穢貉〈『管子』卷8 小匡20 內言3〉

책입니다. 이것들은 적은 것으로써 많은 것을, 좁은 것으로써 넓은 것이 되게 할 수 있습니다. 천하天下의 술책은 모두 경중輕重(물가 조절 정책)에 있습니다."[110]

〈『관자管子』권卷23 규도揆度78 관자경중管子輕重11〉

C-③ 관자管子가 대답했다. "… 발조선發朝鮮이 조공하지 않는 것은, 문피文皮(무늬 있는 표범 가죽)와 타복毤服(털을 제거한 가죽옷)을 청하여 폐물幣物로 요구했기 때문입니다. … 한 장의 표범 가죽으로, 천금을 넘어서는 것이 문피文皮, 타복毤服입니다. 그러한 후에야 8천리 떨어진 발조선發朝鮮에게 조공을 얻을 수 있습니다."[111]

〈『관자管子』권卷23 경중輕重 갑甲80 관자경중管子輕重13〉

『관자管子』소광편小匡篇에는 호맥胡貉과 함께 예맥穢貉의 연칭連稱이 최초로 등장하고 있다. 제 환공이 "북으로 고죽孤竹, 산융山戎, 예맥穢貉에 이르렀다"고 한 것은 설령 후대인이 첨가한 구절이라 해도 매우 구체적이므로, 예맥이 연나라 동북쪽에 있던 산융의 동쪽에 있었다는 사실을 분명히 알 수 있다고 한다.[112] 여기서 호맥胡貉과 예맥穢貉을 같은 실체로 보면서 산융山戎, 영지令支, 고죽孤竹과 요서 지역에 뒤섞여 살면서 종족적으로 준별되는 존재로

---

110) 桓公問管子曰 吾聞海內玉幣有七筴 可得而聞乎 管子對曰 陰山之礝磻 一筴也 燕之紫山白金 一筴也 發朝鮮之文皮 一筴也 汝漢水之右衢黃金 一筴也 江陽之珠 一筴也 秦明山之曾青 一筴也 禺氏邊山之玉 一筴也 此謂以寡爲多 以狹爲廣 天下之數 盡於輕重矣〈『管子』卷23 揆度78 管子輕重11〉

111) 管子對曰 … 發朝鮮不朝 請文皮毤服而以爲幣乎 … 一豹之皮 容金而金也 然後八千里之發朝鮮可得而朝也〈『管子』卷23 輕重 甲80 管子輕重13〉

112) 송호정, 2003, 『한국 고대사 속의 고조선사』, 푸른역사.

보는 견해가 있다. 그리고 '패호맥敗胡貉' 기사를 통해 볼 때, 齊가 북벌 과정에서 예맥과 직접 접속接續하여 교전交戰하였을 가능성이 있다고 하였다.[113]

하지만 『사기史記』 제태공세가齊太公世家나 『관자管子』의 다른 기록에는 정벌 대상으로 예맥이 나타나지 않는 것으로 보아, 예맥은 환공의 북벌 대상에 포함되지 않았다고 보기도 한다. 곧, 『관자管子』 소광편小匡篇의 다른 곳에서는 "북北으로 산융山戎을 정벌하고 영지令支를 제압하고 고죽孤竹을 참斬하였다"고 하였고, 『사기史記』 제태공세가齊太公世家에서도 이에 해당하는 사실을 "북벌산융리지고죽北伐山戎離支孤竹"이라고 하여 예맥濊貊이 보이지 않는다. 그렇다면, 제齊의 북벌北伐 과정에서 그 영향력이 산융, 고죽을 지나 그 동쪽에 거주하였던 예맥과도 일정한 관계를 형성하게 되었다는 정도로 이해할 수 있을 것이다.[114] 그리고 이러한 과정 속에서 예맥사회에서 정치적으로 성장한 조선의 존재가 제에 알려졌을 것이라고 충분히 짐작할 수 있다.[115]

한편, 『시경詩經』, 『일주서逸周書』, 『주서周禮』 등 서지학적 측면에서 논란이 되고 있는 문헌 자료들을 일정한 비판을 거쳐 적극적으로 활용하여 예맥의 명칭과 종족 형성의 배경을 밝혀보고자 한 연구가 있다. 이에 의하면, 『시경詩經』의 '엄수북국奄受北國'이라는 맥貊의 입지에 주목하여, 『관자管子』 때인 기원전 7세기경 이전에는 맥이 연을 중심으로 그 북방 연접지인 하북河北의 북변에 분포하였다고 한다. 『관자管子』의 '호맥胡貉'도 북방 민족의 범칭과 같은 추상적인 표현이 아니라 호胡와 더불어 맥貉이 진晉의 북쪽에 있었음을 뜻하는 것으로 보면서, 맥은 대체로 진晉의 북방에서 연燕의 북방에 이르는 섬서

113) 朴京哲, 2006, 「고조선·부여의 주민 구성과 종족」, 『北方史論叢』6.
114) 송호정, 2003, 『한국 고대사 속의 고조선사』, 푸른역사.
115) 金貞培, 1997, 「고조선의 국가형성」, 『한국사』4, 국사편찬위원회.

陜西, 산서山西 및 하북河北의 북변에 걸친 넓은 지역에 분포했다고 한다. 이 견해에 따르면, 예와 맥은 은대殷代로부터 출현하였으며, 예는 대릉하大凌河 이동 지역에, 맥은 진晉과 연燕의 북쪽에 걸쳐 분포하였다. 그리고 같은『관자管子』소광편小匡篇에서 '호맥胡貊'과 '예맥穢貊'의 두 가지 형태로 맥貊이 나타난 것에 주목하여 예맥穢貊은 대릉하 유역에, 호맥胡貊은 진晉의 북쪽에 지역적으로 구분되어 존재한 것으로 보았다. 이처럼 호맥胡貊과 예맥穢貊의 두 가지 형태로 표현한 이유는 산융山戎에 의한 연燕과 제齊의 공격과 기원전 7세기 제齊의 북벌北伐 과정에서 북방세력의 판도에 일정한 변화가 일어났기 때문이라 하였다. 곧, 이전에 맥貊이 분포하던 진晉·연燕 북방에 임호林胡와 누번樓煩, 동호東胡와 산융山戎이 할거하게 되어 맥貊이 압박을 받아 점차 대릉하 이동으로 동진東進하여 요동지역의 예穢와 결합하여 나타난 것이 예맥穢貊이며, 북방 원주지에 잔류한 맥貊은 호胡와 결합하여 호맥胡貊으로 불리면서 이후 춘추전국시대春秋戰國時代에 북방세력으로 남아있었다고 하였다.[116] 예맥穢貊이 이동移動에 의해 요동 지역과 길림성, 한반도에 정착한 것이라는 초기의 연구가 있지만,[117] 진과 연의 북방에서 대릉하 이동으로 주민집단, 특히 맥족의 이동을 고고학적으로 추적·검증하는 것은 매우 어렵다.[118]

서주시대의 예와 맥이 개별적으로 나타나던 것에 비해『관자』에서 처음으로 예맥穢貊의 연칭連稱이 나타나는 것은 이 시대에 예와 맥의 질적인 융합과정을 반영한다고 이해하기도 한다. 또한, 예맥사회穢貊社會 내에 존재하는 수

---

116) 박준형, 2001,「'穢貊'의 形成過程과 古朝鮮」,『學林』22.
117) 金庠基, 1948,「韓·穢·貊 移動考」,『史海』1.
　　　許憲范, 1985「穢貊遷徙考」,『民族研究』1985-4.
118) 朴京哲, 2006,「고조선·부여의 주민 구성과 종족」,『北方史論叢』6.

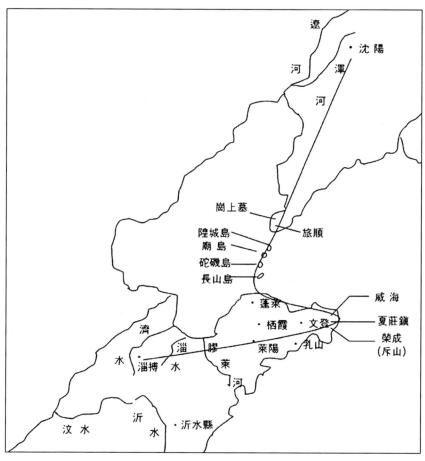

고조선과 제의 교역로(박준형, 2006)

많은 세력집단의 상호 통합과정 중 우세한 집단이 주변 집단을 병합하였을 때 정치적 구심으로 성장한 것이 조선朝鮮인데,『관자』에는 예맥濊貊과 더불어 조선朝鮮 기록도 나타나고 있다. 이는 기원전 7세기 단계에 종족적 특성을 반영한 명칭인 예맥濊貊과 그 예맥사회 내에서 성장한 정치적 구심체인

조선朝鮮이 공존한 것을 보여준다고 한다.[119]

그러나 『관자管子』가 춘추시대春秋時代 제齊를 본위로 하여 제齊 환공桓公과 관중管仲의 대화를 기록한 책이긴 하지만, 경중가輕重家의 재경財經 학설과 전국시대戰國時代의 낙인이 있는 점으로 보아 전국시대戰國時代에 저술된 것으로 보는 것이 일반적이다.[120] 그러므로 『관자管子』는 전국시대 이전부터 내려오던 전승傳乘을 토대로, 전국시대 사람들이 자기 시대의 역사 인식을 담아 기술한 것이라고 볼 수 있다는 점에서, 이에 의거해 기원전 7세기에 조선의 존재가 고대 중국에 알려졌다거나 조선의 구체적인 등장시기를 규정할 수 없으며, 조선 관련 기록도 전국시대의 사실로 이해해야 한다는 견해도 있다.[121] 이에 따른다면, 『관자管子』에 '예맥穢貉'이 연칭되어 나오는 기사도 기원전 7세기대의 것으로 믿을 수 없다고 볼 수도 있다.

이렇게 본다면 예맥穢貉(또는 예穢와 맥貉)이 언제 어떻게 하나의 종족 집단을 이루었고, 또 동쪽으로 이동하였는지는 잘 알 수 없게 된다. 후대의 『사기史記』 기록에서 예맥穢貉 자체가 하나의 독립된 종족연합체로 등장하고,[122] 흉노匈奴가 성세盛勢일 때 이들과 동접東接한 사실에서,[123] 기원전 3세기에서 2세기경에 이르러서야 예맥穢貉이 하나의 종족으로 확실히 존재했음을 알 수 있다.

이처럼 예맥穢貉은 문헌자료상 매우 불안한 근거 위에서 서주西周 초(기원전 12세기)에서 춘추春秋 중기(기원전 8-7세기)에 이르는 기간 동안 예와 맥으

---

119) 박준형, 2004, 「古朝鮮의 대외 교역과 의미-春秋 齊와의 교역을 중심으로-」, 『북방사논총』 2.

120) 孫香蘭, 1996, 「管子」, 『中國歷史大辭典』 先秦史, 上海辭書出版社.

121) 盧泰敦, 1990, 「古朝鮮 중심지의 변천에 대한 연구」, 『韓國史論』 23, 서울대 국사학과.

122) 東綰穢貉朝鮮眞番之利 〈『史記』 卷129 貨殖列傳69〉

123) 諸左方王將直上谷以往者 東接穢貉朝鮮 〈『史記』 卷110 匈奴列傳50〉

로 분별되는 형태로 모습을 드러내고 있다. 그러나 문헌자료상 그 존재의 포착이 어려웠던 기원전 12-7세기경의 예맥은 앞장에서 살펴본 요령·내몽고 지역의 고고학 자료 속에서 조양朝陽 십이대영자十二臺營子 유적으로 대표되는 노로아호산맥 이남 대릉하 유역 요서遼西 비파형동검문화琵琶形銅劍文化의 향유자로 그 실체를 서서히 드러내고 있다. 바로 이들이 『관자管子』 소광편小匡篇에서 제 환공의 북벌北伐로 중원 세력과 처음으로 조우·접속하게 되는 '예맥穢貊'의 실체로 생각되며, 예맥은 이 요서 비파형동검문화의 성립과 확산을 첫 걸음으로, 중국 요령성·길림성 및 연해주와 한반도를 공간적으로 포섭하는 예맥문화권濊貊文化圈으로 성장하는 계기를 맞게 되었던 것이다.[124]

---

124) 朴京哲, 2006, 「고조선·부여의 주민 구성과 종족」, 『北方史論叢』 6.

Ⅴ. 마무리 - 한민족의 기원 문제 연구에 대한 전망

　지금까지 우리 민족의 조상으로 공감되고 있는 예맥족이 등장하는 시점을 한민족의 형성 시기로 보아, 예맥족이 등장하기까지의 과정을 한민족의 기원 문제로 설정하고, 신석기시대와 청동기시대 종족의 기원에 대한 고고학적 논의를 중심으로 하여 이를 살펴보았다.

　구석기시대에서 신석기시대로의 전환과정에 대해서 예전에는 빗살무늬토기가 시베리아 지역과 연결된다고 설명하였으나, 빗살무늬 토기 이전의 덧무늬토기, 원시 무문토기, 아가리무늬토기 등이 알려지면서 그 기원을 밝히는 문제로 바뀌게 되었다. 그리고 흑룡강 중류 지역에서는 덧무늬토기가, 하류 지역에서는 무문양無文樣 조흔문토기條痕文土器가 동북아시아 최초의 토기로 나타났음이 밝혀지면서, 덧무늬토기는 수렵-어로 위주의 흑룡강-연해주-한반도 동해안-한반도 남해안으로 이어지는 환동해권 계열(흑룡강유역권)로 전파되었고, 무문양無文樣 조흔문토기條痕文土器는 제주 고산리의 원시 무문토기와 문화계통이 연결되며, 한반도 중서부의 빗살무늬토기는 농경적 요소가 가미되면서 요하-서해안으로 이어지는 환발해권 계열(요하유역권)의 지그재그무늬토기(연속호선문토기連續弧線紋土器)와 연결된다고 설명하고 있다.

　신석기시대 토기의 시베리아 기원설에 대해서는 많은 비판이 제기되었지만, 결국 시베리아 극동 지역 흑룡강 유역의 토기가 한반도 지역의 토기와 연결된다면, 고아시아족(고시베리아족)의 이동에 의한 한국 신석기문화 기원설이 아직 설득력을 잃은 것은 아니라 할 수 있다.

　한편, 우리 민족문화의 기원을 밝혀보고자 시도한 초기의 연구에서 제기된 신석기시대 주민의 고아시아족설과, 이들이 청동기문화를 담당한 퉁구

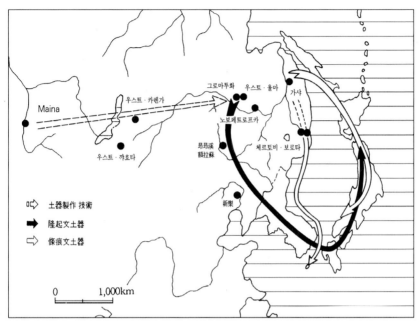

東北아시아 初期 土器文化의 발생과 전파과정 추정도(이동주 안)

스족 또는 알타이계 예맥족에 의해 동화·흡수되었다는 주민 2단계 교체설에 대해서는, 하부 인종 단위의 설정에 대한 용어상의 문제가 지적되었고, 시베리아와 한반도 사이의 불충분한 유사성과 비엔나 학파식의 전파론에 근거하여 이루어진 것이라는 많은 비판이 이루어졌지만, 이에 대한 대안은 제시하지 못했다.

일정한 지역에 새로운 문화요소가 등장하여 문화변동이 발생하는 경우 전파, 이주, 교역과 자체발생 중 어떻게 해석해야할지 고고학적으로 구별하기는 쉽지 않다. 이주를 고고학적 자료로 입증하기 위해서는 기존 물질문화와 전통이 계승되고 있던 곳에 갑자기 비토착적 물질문화가 한꺼번에 등장해야 하고, 새로운 물질문화의 제반요소들이 발견되는 원래의 거주지가 찾아져야 하며, 이주민의 원거주지와 이주지 사이에 시간적인 연관성이 있고, 새로운 물질문화와 토착의 물질문화가 시간적 또는 공간적인 경계선이 확인되면서 이주를 할 수밖에 없었던 원인이 밝혀져야 한다는 의견이 있지만,[125] 이를 완벽히 밝혀낼 수는 없을 것이다.

고고학적 문화로 민족의 기원을 찾을 수 있다는 가설은 문화 전파론적 해석틀에 입각한 것으로, 종족이나 민족 집단의 분포는 고고학적 문화로 확인될 수 있고, 두 지역의 고고학적 문화에서 유사성이 인지되면 이를 주민의 이동으로 해석할 수 있다는 것을 전제로 하고 있다. 그러나 혈연적 의미의 종족과 사회·역사적 의미의 민족을 기술적 의미의 고고학적 문화와 동일시하여 종족성이나 민족성을 파악할 수 있는지 의문이 있으며, 유물갖춤새, 주거, 무덤 등을 모두 고려한 문화갖춤새cultural assemblage로서의 고고학적 문화가 아니라 토기나 청동기와 같은 한 두 개의 문화요소만 갖고 집단의 이동을 논한다는 것은 억측에 불과하다는 의견도 있다.[126]

고아시아족과 알타이계 예맥족 교체설은 비록 충분한 근거를 가지고 이야기된 것은 아니지만, 시대와 주민과 유물을 일단 검토한 후에는 반드시 해석이 뒤따라야 한다는 고고학의 명제에 기반하여 제시된 하나의 학설로 인정하면서, 이에 대한 비판을 수용하여 형질인류학, 언어학, 고고학, 민속학 등 다른 분야의 연구 업적도 적극 수용하여 적절한 대안을 마련해야 할 것이다.

우리 민족의 기원과 관련하여, 시베리아의 문화와 함께 가까운 요령과 내몽고 지역의 문화상도 좀 더 자세히 검토할 필요가 있다. 곧, 우리 민족의

---

125) 김장석, 2002, 「이주와 전파의 고고학적 구분 : 시험적 모델의 제시」, 『한국상고사학보』 38.
126) 안승모, 2003, 「고고학으로 본 한민족의 계통」, 『한국사 시민강좌』 32, p. 99.

조상으로 알려진 예맥濊貊이 문헌자료상으로는 불안한 근거 위에 서주西周 초(기원전 12세기)에서 춘추春秋 중기(기원전 8-7세기)에 이르는 기간 동안 예와 맥으로 분별되는 형태로 모습을 드러내고 있지만, 요령과 내몽고 지역의 고고학 자료상으로는 대릉하 유역 비파형동검문화琵琶形銅劍文化의 향유자로 보다 분명히 나타나고 있다.

이와 관련하여 신화학적인 검토도 중요하다고 생각한다. 우리 민족의 신화에서 중요한 위치를 차지하고 있는 동명신화에 대하여,[127] 부여족이 동진東進하면서 선주하고 있던 코리약족Koryak과 같은 고아시아족Paleo-Asiatics들과의 문화적인 접촉을 통해 난생 모티브를 가지게 되어, 일광 감응에 의한 임신과 알에서의 출생이라는 분화가 이루어졌을 것으로 본 견해도 있다.[128] 곧, 손진기孫進己의 연구에 의해 길약족Gilyak이나 코리약족과 같은 고아시아족들이 만주의 동북 지방 일대에 살다가 일부는 뒤에 들어온 퉁구스족이나 몽고계의 여러 종족들에게 동화되었고, 그 나머지 일부는 아시아의 극동 북쪽 귀퉁이까지 밀려났으니,[129] 이렇게 밀려난 코리약족이 난생 신화를 가지고 있다는 것이다.

현재 공주 지역에 전해지는 곰나루 설화가 북방 소수민족인 에벤키鄂溫克와 오로춘鄂倫春의 종족 기원 신화로서의 곰 신화와 거의 비슷한 내용을 담고 있다는 점에서, 비교적 일찍 문헌에 채록된 단군신화와 함께 한국의 곰 신앙을 보여주는 중요한 자료로 파악되며, 곰 숭배사상을 가진 고아시아 문화권에 퉁구스 계통의 예맥족이 들어오고 유목민의 문화가 영향을 주면서 고

---

127) 이장웅, 2008, 「百濟 系統 資料로 본 卒本扶餘의 東明神話」, 『白山學報』 81.
128) 김화경, 1998, 「고구려 건국신화의 연구」, 『震壇學報』 86, p. 40.
129) 孫進己 저, 임동석 역, 1992, 『東北民族源流』, 동문선, p. 424.

조선이 성립했다는 점을 받아들여, 이 설화가 백제 웅진기의 역사를 담고 있으면서 고아시아족 시절 곰 숭배사상의 문화와 연결될 수 있다는 연구도 있다.[130]

　　앞으로는 구석기시대 이래 한반도와 주변지역에 존재하는 다양한 문화요소의 통합과 변화 과정, 문화권 분포 등의 시간적 변화상, 신석기시대 및 청동기시대 인골들의 형질인류학적 분석을 통한 검토, 비교 신화학적인 분석 등을 통하여 단계적으로 한민족의 기원 문제에 다가가야 할 것으로 생각된다.

---

130) 이장웅, 2010, 「百濟 熊津期 곰 신앙의 역사적 전개와 穴寺」, 『史叢』 71.

제 2 장

백제 한성기 동명 · 온조 신화와
북부여 · 졸본부여

부여扶餘(또는 夫餘)[1]는 고조선古朝鮮과 더불어 우리 민족사의 첫 장을 장식하는 국가이다. 특히 부여扶餘는 이후 고구려, 백제가 모두 자신이 출자出自했다고 내세운 국가이기도 하며, 신라와 가야에도 그 영향을 끼쳐, 우리 민족의 근원과 형성에 있어서 매우 중요한 위치에 있는 존재라고 할 수 있다. 그런데 부여와 관련된 사료는 매우 부족할 뿐더러, 그나마 단편적인 기록들 속에 보이고 있는 부여는 북부여北扶餘, 동부여東扶餘, 졸본부여卒本扶餘, 남부여南扶餘 등 여러 명칭이 혼재되어 나타나고 있다. 그래서 지금까지 이루어진 부여사에 대한 문헌사 연구는 부여 및 북부여, 동부여의 중심지가 어디인가 하는 지리 고증에 치우쳐왔고,[2] 복잡하고 다양한 견해들이 표출되었다.[3]

또한, 부여에 대한 사료는 그에 대해 직접 다루고 있는 자료가 많지 않으면서, 고구려와 백제의 건국신화나 설화와 관련된 기록들 속에 섞여 나타나고

1) 사료상에 나타나는 '부여'의 한자 표기용례는 대체로 '夫餘'나 '扶餘' 두 가지이다. 『史記』・『漢書』・『三國志』・『後漢書』등 중국측 사료 및 「廣開土王陵碑文」・「牟頭婁墓誌」등 우리측 金石文에서는 '夫餘'로, 『三國史記』・『三國遺事』・「東明王篇」・「帝王韻紀」등 우리측 문헌사료와 『魏書』・『唐書』에서는 '扶餘'로 각각 표기되고 있다.

2) 孔錫龜, 1990, 「廣開土王陵碑의 東夫餘에 대한 考察」, 『韓國史研究』70; 1998, 『高句麗 領域擴張史 硏究』, 書景文化社, pp. 252~253.

3) 扶餘와 北扶餘, 東扶餘의 위치에 대한 연구사 정리는 宋基豪, 2005, 「扶餘史 연구의 쟁점과 자료 해석」, 『韓國古代史研究』37, 18~22쪽 및 朴京哲, 2005, 「새로운 扶餘史像 定立을 위한 몇 가지 課題」, 『先史와 古代』23, pp. 176~180 참조.

있다.[4] 곧, 부여와 관련된 자료들은 그대로 온전하게 전해온 것이 아니라, 부여의 계승을 내세우며 경쟁하였던 고구려와 백제에 의해 재정리된 내용이라는 점을 염두에 두어야 한다. 그리고 이들 기록들 사이에는 서로 모순되어 보이는 기록들도 나타나고 있기 때문에, 이들을 모두 합리적으로 해석하기가 매우 어렵다. 이는 고구려와 백제에서 자신의 정통성 확립을 위해 부여의 신화를 이용하여 거기에 정치적인 이념을 표현하려는 과정에서, 그들의 역사적 국면에 따라 신화 자체의 구조적 측면에까지 변화를 주었기 때문이다.[5]

부여계 국가들이 내세운 건국신화는 동명신화이다. 넓게 보아 동명신화는 부여족扶餘族 계통의 여러 집단이 공유하였던 건국신화로, 어느 거주지에서 분파하여 새로운 국가를 세운 시조에 관한 내용을 담고 있다. 곧, 『삼국지三國志』 위서魏書 동이전東夷傳 부여조夫餘條에 의하면 부여족夫餘族은 스스로 망명자라고 말하고 있다.[6] 동명신화를 전승하던 집단은 부여 선세先世의 나라 고리국槀離國(탁리국槖離國)에서 남쪽으로 이동하여 부여扶餘의 시조가 된 동

---

4) '神話'라는 용어와 '說話'라는 용어의 정의에 대하여, 원래 국문학계에서는 '說話'라는 큰 범주 안에 신성성을 가진 '神話', 영웅적 인물의 奇行談인 '傳說', 평범한 인물의 흥미로운 체험인 '民譚'이 모두 들어가 있다(장덕순, 1995,『한국 설화문학 연구』, 박이정, pp.3~9). 그런데 역사학계에서는 일반적으로 신성성이 있는 이야기를 '神話'로, 신성성이 제거된 이야기를 '說話'로 칭하고 있기에 여기서도 이에 따르고자 한다.
5) 조현설, 2003,『동아시아 건국 신화의 역사와 논리』, 문학과 지성사, pp.271~273.
6) 나라의 노인들은 스스로 옛날에 망명한 사람들이라고 말한다. … 지금 부여의 창고에는 옥(玉)으로 만든 벽(璧)·규(珪)·찬(瓚) 등 여러 대(代)를 전해 오는 물건이 있어서 대대로 보물로 여기는데, 노인들은 '선대(先代)께서 하사하신 것이다'라고 하였다. 그 도장에 '예왕지인(濊王之印)'이란 글귀가 있고 나라 가운데에 예성(濊城)이란 이름의 옛 성이 있으니, 아마도 본래 예맥(濊貊)의 땅이었는데, 부여가 그 가운데에서 왕이 되었으므로, 스스로 망명해 온 사람이라고 말하는 이유가 여기에 있는 듯하다.[國之耆老自說古之亡人 … 今夫餘庫有玉璧珪瓚 數代之物 傳世以爲寶 耆老言先代之所賜也 其印文言濊王之印 國有故城名濊城 蓋本濊貊之地 而夫餘王其中 自謂亡人 抑有似也]〈『三國志』魏書 東夷傳 夫餘〉

명과,⁷ 부여에서 남하하여 고구려 시조가 된 주몽이 있고,⁸ 북부여와 동부여

---

7) 북이(北夷) 탁리국 왕의 시비(侍婢)가 임신하였다. 왕이 그를 죽이려 하니 대답하기를, "달걀 만한 기(氣)가 하늘로부터 내려온 까닭에 제가 임신하였습니다."라고 하였다. 그후에 아들을 낳자 돼지우리 안에 버렸더니 돼지가 입김을 불어주어 죽지 않았다. 다시 마굿간 안으로 옮겨 말에게 깔려죽게 했으나 말도 입김을 불어주어 죽지 않았다. 왕은 속으로 생각하기를 하느님의 아들이라 여겨 그 어미로 하여금 거두어 종처럼 천하게 기르도록 하였다. 그 이름을 동명이라 하고 소와 말을 치게 하였다. 동명은 활을 잘 쏘았는데, 왕은 나라를 빼앗길 두려워 그를 죽이려고 하였다. 동명은 남쪽으로 도망하여 엄호수(掩淲水)에 이르렀는데, 활로 물을 치니 물고기와 자라가 떠올라 다리를 이루었다. 동명이 건너가자 물고기와 자라가 흩어졌으니 추격병이 건너지 못했다. 이로 인하여 도읍을 정하고 부여의 왕이 되었다. 그런 까닭에 북이(北夷)에 부여국이 있다. 동명의 어미가 처음 임신할 때, 하늘에서 내려오는 기운을 입었다. 태어나자마자 버려졌지만, 돼지와 말이 입김을 불어 그를 살렸다. 장대(長大)하므로 왕이 그를 죽이려고 하였지만, 활로 물을 치니 물고기와 자라가 다리를 만들었다. 하늘의 운명이 마땅히 죽을 때가 아니므로, 돼지와 말이 구해주었다. 부여에 도읍을 정하고 왕이 될 운명이므로, 물고기와 자라가 다리를 만들어주는 도움이 있었다.[北夷橐離國王侍婢有娠 王欲殺之 婢對日 有氣大如鷄子 從天而下 我故有娠 後産子 捐於猪溷中 猪以口氣噓之 不死 復徙置馬欄 中 欲使馬藉殺之 馬復以口氣噓之 不死 王疑以爲天子 令其母收取奴畜之 名東明 令牧牛馬 東明善射 王恐奪其國也 欲殺之 東明走南 至掩淲水 以弓擊水 魚鼈浮爲橋 東明得渡 魚鼈解散 追兵不得渡 因都 王夫餘 故北夷有夫餘國焉 東明之母初姙時 見氣從天下 及生棄之 猪以氣呼之而生 長大 王欲殺之 以弓擊水 魚鼈爲橋 天命不當死 故有猪馬之救 命當都王夫餘 故有魚鼈爲橋之助也]《論衡》吉驗篇〉
부여의 동명신화는 1세기 말 後漢 王充이 撰한 『論衡』을 시작으로 하여, 晉나라 陳壽가 撰한 『三國志』魏書 夫餘傳 안에 인용되어 실려 있는 『魏略』, 『搜神記』(4세기 초 晉의 干寶 撰), 『後漢書』(5세기 초 宋의 范曄) 東夷列傳 夫餘國傳, 『梁書』(629년 唐 太宗 칙명으로 姚思廉이 撰) 列傳 高句麗條 등의 기록이 거의 동일하다. 다만 東明이 생장한 나라가 조금씩 다르게 나타날 뿐이니, 『論衡』에는 橐離國, 『三國志』魏書 扶餘傳 『魏略』에는 橐離國, 『後漢書』에는 索離國으로 기록되었다.

8) 고구려인이 남긴 금석문 자료인 「廣開土王碑」, 「牟頭婁墓誌」에 실려 있으며, 중국사서에 전하는 주몽신화(고구려 신화)는 『魏書』에 전하는 것이 가장 완성된 형태를 지니고 있다. 『魏書』 이후에 이루어진 중국의 사서 가운데 고구려 신화를 전하는 문헌으로는 『周書』異域列傳 高麗, 『隋書』列傳 高麗, 『北史』列傳 高麗, 『翰苑』蕃夷部 高麗, 『通典』邊防 東夷 高句麗, 『册府元龜』外臣部 種族 등을 들 수 있다. 이들 기록은 『魏書』의 것과 큰 차이가 없는데, 『魏書』의 것은 유리신화까지 전하고 있다. 『魏書』계열의 주몽신화는 『論衡』계열의 동명신화와 달리 신화 주인공이 朱蒙으로 되어 있으며, 그의 출생지가 '부여'이고 건국한 나라도 '고구려'로 되

고리국(탁리국) 유적으로 알려진 흑룡강성 조원(肇源) 백금보(白金寶) 유적

에도 전하고 있다. 그리고 백제에도 동명신화가 있었다는 증거들이 있다.[9]
백제의 국가 제사에서 제향된 시조가 온조溫祚·비류沸流가 아니라 동명東明
이었다는 사실을 통해, 백제에서 온조나 비류보다 동명을 시조로 인식했음
을 알 수 있다. 그리하여 온조가 세운 동명왕묘는 부여의 시조로서 부여에
서 숭앙하던 동명을 제향하기 위한 시조묘였고, 그 제전에서 전승된 동명신

어 있다는 점에서 차이가 있다. 그 내용도 확장되어 주몽의 모친으로 河伯女가 설정되고, '계
란같은 기운'에 의한 胎生이 아닌 '일광'에 의한 卵生 등의 요소들이 덧붙여져 있는데, 이러한
내용들은『三國史記』의 고구려 신화와 거의 일치한다.
9) 盧明鎬, 1981,「百濟의 東明神話와 東明廟」,『歷史學研究』10.
　　崔來沃, 1982,「現地調査를 통한 百濟說話의 研究」,『韓國學論集』2.
　　金和經, 1983,「溫祚神話研究」,『人文研究』4.
　　徐大錫, 1985,「百濟의 神話」,『震檀學報』60.
　　金杜珍, 1990,「百濟 建國神話의 復元試論」,『國史館論叢』13
　　金杜珍, 1991,「百濟始祖 溫祚神話의 形成과 그 傳承」,『韓國學論叢』13.
　　지병규, 1995,「백제 시소신화의 고찰」,『韓國敍事文學史의 研究』2(史在東 編), 中央文化社.
　　林起煥, 1998,「百濟 始祖傳承의 형성과 변천에 관한 고찰」,『百濟研究』28.
　　李成市, 1998,「梁書高句麗傳と東明王傳說」,『古代東アジアの民族と國家』, 岩波書店.
　　박현숙, 2005,「백제 建國神話의 형성과정과 그 의미」,『韓國古代史研究』39.

화는 북이北夷의 동명신화였다는 견해가 제기된 바 있다.[10]

고구려와 백제가 멸망한 이후에 정리된 모습을 보이고 있는 국내 사서에서는 동명이 고구려 시조 주몽과 동일시되어 나타나고 있으며, 부여의 건국과 관련된 인물로는 해모수와 해부루가 나타나고 있을 뿐이다. 이에 비해 중국 사서에서는 부여의 시조 동명과 고구려의 시조 주몽이 구분되면서, 백제의 시조는 부여의 시조 동명의 후손인 구태로 정리되었다.

그 동안의 연구에 의하여 고구려가 훗날 부여족의 국가들을 통합하게 되면서 부여와 관련된 자료들이 고구려의 시조인 주몽의 건국과정을 중심으로 재정리된 단계를 거쳤다는 사실은 잘 알려져 있다.[11] 이에 따라 고구려 주몽신화와 부여 동명신화 사이의 관계에 대한 연구는 어느 정도 이루어졌다고 생각된다. 그 결과 고구려의 주몽과 부여의 동명은 다른 실체이며,[12] 고구려가 자신의 정통성 확립을 위해 부여 동명신화를 차용한 주몽신화를 만들었다는 사실은 많이 공감되어 가고 있다.[13]

그런데 정작 부여의 시조 동명에 대해서는 그리 자세한 연구가 되고 있지 못하다. 이는 국내사서에서 고구려의 주몽이 동명으로 나타나고 있기 때문에 고구려사의 측면에서만 접근했기 때문으로 생각된다. 또한, 백제의 시조

---

10) 徐大錫, 1985,「百濟神話 硏究」,『百濟論叢』1; 2002,『한국신화의 연구』, 집문당, p.188.

11) 노태돈, 1999,「주몽설화의 전개」,『고구려사 연구』, 사계절, pp.28~52.

12) 李福揆, 1998,『부여·고구려 건국신화 연구』, 집문당.

13) 하지만『삼국사기』백제본기의 온조전승에서 주몽을 고구려의 건국자로 인식하면서 온조를 주몽의 아들이라고 한 기록으로 보아, 이를 고구려 출자관으로 해석하여 동명과 주몽을 동일한 인물로 보는 견해도 아직 있다. 이에 백제는 고구려와 부여 계통을 포괄하는 범부여계의 시조로 인식되는 동명시조설을 성립시켰으나, 고구려와의 경쟁의식이 치열해지면서 점차 고구려를 제외한 부여 계승의식이 강화된 것이 사비시대 남부여 국호 개정과 구태시조설이라 하였다(정재윤, 2008,「百濟의 扶餘 繼承意識과 그 意味」,『부여사와 그 주변』, 동북아역사재단).

전승에 대해서도 많은 연구가 이루어졌으나,[14] 구태仇台의 실체에 대한 연구에 집중되었을 뿐 백제의 동명에 대한 연구는 그리 자세하게 이루어지지 못했다.

하지만 백제의 동명신화東明神話는 부여扶餘나 고구려의 동명신화東明神話와 같은 구성으로 되어 있었으며, 고구려보다 오히려 부여 동명신화의 원형에 더 가까운 모습이었다고 평가받고 있다.[15] 그러므로 백제 계통 자료를 분석하면 부여 동명의 실체에 좀 더 가까이 다가갈 수 있을 것으로 생각된다.

본고에서 말하는 백제 계통 자료란『삼국사기三國史記』백제본기百濟本紀와『삼국유사三國遺事』북부여北扶餘 및 동부여조東扶餘條를 비롯하여 백제인의 입장에서 쓰여진 것으로 생각되는 자료를 말한다. 물론 이들 자료가 백제 계통과 고구려 계통으로 확실하게 구분되는지의 여부는 잘 알 수 없다. 그러나 이들 자료는『삼국사기三國史記』고구려본기高句麗本紀와『구삼국사舊三國史』등의 고구려 계통으로 생각되는 자료들과 차이를 보이고 있는 부분이 있다. 본고에서는 그 동안 그리 많이 신경을 쓰지 않았던 이 부분에 주목하고자 한다.

복잡하고 모순되어 보이는 신화를 해석하기 위해서는, 신화적 논리의 틀

---

14) 李弘稙, 1971,「百濟 建國說話에 대한 再檢討」,『韓國古代史의 研究』, 新丘文化社.
　　金在鵬, 1975,「百濟仇台考」,『朝鮮學報』78.
　　王民信, 1986,「百濟始祖仇台考」,『百濟研究』17.
　　李鍾泰, 1998,「百濟 仇台廟의 成立과 繼承」,『韓國古代史研究』13.
　　林起煥, 1998,「百濟 始祖傳承의 형성과 변천에 관한 고찰」,『百濟研究』28.
　　朴燦圭, 2003,「百濟의 始祖 傳承과 出自」,『先史와 古代』19.
　　윤용구, 2004,「仇台의 백제건국기사에 대한 재검토」,『百濟研究』39.
　　정재윤, 2007,「백제 건국의 주체세력과 그 계통」,『한성백제의 역사와 문화』, 송파구.
　　김병곤, 2007,「中國 史書에 나타난 百濟 始祖觀과 始國者 仇台」,『韓國古代史研究』46.
　　金炳坤, 2008,「記錄에 나타난 百濟 始祖 및 建國者의 史的 位相과 實態」,『百濟研究』47.
15) 盧明鎬, 1981,「百濟의 東明神話와 東明廟」,『歷史學研究』10, p.42.

에 비추어 어느 한쪽이 잘못된 것인지, 아니면 모두를 수용해야할 것인지를 가려낼 필요가 있을 것이다. 이에 대하여 레비-스트로스는 신화적神話的 사고思考에 있어서의 논리가 현대과학의 논리만큼이나 엄밀한 것이라고 말한 바 있다.[16] 그러므로 복잡한 신화는 역사적 국면에 따른 정치적인 목적에 따라 신화적 논리에 의해 변형된 신화들이기에, 그들 중 어느 것이 잘못되었다고 보기보다는 당시의 정치적 상황 아래서 모두가 가능한 사실이라고 보는 것이 건국신화를 해석하는 올바른 시각이라고 생각된다.[17] 본고는 기본적으로 이러한 관점에서 관련 자료들을 분석하고 해석하고자 한다. 다만, 건국신화를 통해서 고대국가 형성기의 역사적 사실을 복원하기 위해서는 "신화는 허구가 아니다"라는 전제도 중요하지만, 고대국가 완성기의 지배층이 시조 전승에 신성성을 부여하기 위해 의도적으로 구성하고 정착시켰던 부분에 대한 재해석과 함께 여러 시대를 거치는 동안 이루어졌던 후대적 윤색은 걸러 보아야 할 것이다.

그리고 설화란 그것을 가진 집단의 이동이나 분파에 따라 분화되기도 하고 재창조되기도 하며, 때로는 몇 가지 계통의 설화가 복합되는 속성을 지니고 있다는 점과, 각 설화는 그것을 가진 집단의 힘의 우열에 따라 그 격이 격상되기도 하고 격하되기도 한다는 점도 염두에 두고자 한다. 또한, 설화 속의 인물은 그가 속해 있는 현실적인 집단의 상징이며, 그와 특정한 관계를 맺고 있는 지역은 곧 실제 그 집단의 세력 근거지가 반영된 것이라는 점,

---

16) Claude Levy-strauss, *"The Structural Study of Myth" Myth : A Symposium*, pp. 81~106; 김진국, 1998, 「구조주의 신화학 레비-스트로스」, 『문학과 신화』(김병욱 · 오연희 · 김진국 · 최정무 編譯), 예림기획, p. 284.
17) 朱昇澤, 1993, 「北方系 建國神話의 文獻的 再考察」, 『韓國學報』 70, pp. 224~226.

그리고 그 집단과 관계가 있는 특정 지역의 지명은 그 집단의 이동이나 분파에 의해 이동되기도 한다는 점을 살펴야 할 것이다.[18]

그 동안 졸본부여에 대해서는 고구려와 동일시되면서 부수적으로 다루어지는 것이 일반적이며, 혹은 그 존재가 부정되기도 하였다. 곧, 백제 건국설화의 반쪽에 불과한 온조전승에서만 이 기록이 나오고 있고,『삼국사기』고구려본기 및 「광개토왕릉비문」에서는 그 존재가 확인되지 않기 때문에, 졸본부여의 존재를 상정하는 것은 어불성설語不成說이라는 견해가 있다.[19] 하지만『한서漢書』와『후한서後漢書』에 일찍부터 나타나는 고구려高句驪 혹은 구려句驪를 전고구려前高句麗로 상정하면서, 이를『삼국사기』백제본기와『삼국유사』에 나타나는 졸본부여와 같은 시기, 같은 지역에 있던 동일한 세력에 대한 다른 명칭으로 보아, 그 존재를 인정하는 견해도 있다.[20]

이와 같은 차이는 고구려 계통 사료와 백제 계통 사료에 전하는 인식의 차이 때문에 나타나는 것으로 생각된다. 따라서 본고에서는 고구려 계통 사료와 함께, 그 동안 크게 주목하지 않았던 백제 계통 사료의 분석을 통해 졸본부여의 동명신화에 대해 살펴보고, 그것이 국내사서에서만 등장하고 있는 북부여 해모수와도 연결될 수 있음을 아울러 살펴보고자 한다.

---

18) 盧重國, 1983,「東夫餘에 關한 몇 가지 問題에 대하여」,『韓國學論集』10, p. 2.
19) 이도학, 2006,「高句麗와 夫餘 關係에 對한 再檢討」,『고구려 광개토왕릉 비문 연구』, 서경, pp. 26~31.
20) 박노석, 2003,「졸본부여와 고구려의 관계에 대한 고찰」,『全北史學』26, p. 14.

Ⅰ. 백제百濟의 동명신화東明神話와 졸본부여卒本扶餘

졸본부여卒本扶餘가 자리잡았다고 생각되는 지역은 지금의 환인桓仁 지역이다. 일반적으로 환인桓仁 오녀산성은 『위서魏書』 고구려조에서 주몽이 보술수普述水에 이르러 고구려를 세웠다는 흘승골성紇升骨城[21] 또는 졸본성卒本城으로[22] 비정된다. 이처럼 환인 지역은 고구려의 초기 중심지로 잘 알려져 있지만, 고구려 이전 시기에도 발전된 집단을 이루고 있음이 확인되고 있다. 고고학적으로는 기원전 4-3세기경에 금속기의 제작과 보급에 급진적인 문화 변동 현상이 있어 군장사회君長社會로 나아간 것으로 파악되며, 기원전 2세기를 기점으로 해서는 무덤과 장속葬俗이 이전의 석관묘石棺墓와 대석개묘大石蓋墓 및 1인 직장直葬에서 적석묘積石墓와 화장火葬 및 다인多人 세골장洗骨葬으로 바뀌는 양상을 보인다고 한다.[23] 이로 보아 『삼국사기』에 보이는 주몽의 고구려 건국 시기보다 앞선 시기에 이 지역에 유력한 집단이 있었음을 상정할 수 있다.

고구려를 이룬 주민집단은 기원전 3세기 말 철기문화를 바탕으로 주변 예맥사회와 구별되는 주민집단을 형성하였고, 기원전 2세기 후반경부터는 독

---

21) 주몽은 마침내 보술수(普述水)에 이르러 우연히 세 사람을 만났는데, 한 사람은 삼베 옷을 입었고, 한 사람은 무명 옷을 입었고, 한 사람은 부들로 짠 옷을 입고 있었다. 주몽과 함께 흘승골성(紇升骨城)에 이르러 마침내 정착하고 살면서 나라 이름을 고구려(高句麗)라 하고 인하여 성씨로 하였다.[朱蒙遂至普述水 遇見三人 其一人著麻衣 一人著納衣 一人著水藻衣 與朱蒙至紇升骨城 遂居焉 號曰高句麗 因以爲氏焉]〈『魏書』卷100 列傳88 高句麗〉
　　王承禮, 1984, 「吉林遼寧的高句麗遺蹟」, 『考古與文物』1984-6.

22) 魏存成, 1985, 「高句麗初中期的都城」, 『北方文物』1985-2; 1994, 『高句麗考古』, 吉林大學出版社, pp. 12~14; 李殿福·孫玉良, 1990, 「高句麗的都城」, 『博物館研究』1990-1, pp. 36~38.

23) 오강원, 2005, 「오녀산과 환인지역의 청동기문화와 사회」, 『북방사논총』 3, pp. 31~38.

오녀산성을 흘승골성으로 기록한
오녀산성박물관 전시 지도

환인 오녀산성

자적인 정치세력으로 성장하였으니, 기원전 3세기 후반경에 형성된 압록강 중류일대의 주민집단을 '구려句麗'로, 고구려의 모체를 이룬 사회라는 의미에서 '원고구려사회原高句麗社會'로 지칭할 수 있다고도 한다.[24] 기원전 107년 현도군 설치시에 등장하는 구려만이句驪蠻夷, 고구려현高句驪縣이라는 표현은 이를 반영한다. 그리고 이들 세력이 곧 졸본부여라는 견해가 있다.[25] 고구려의 존속기간에 대해 700년설, 800년설, 900년설 등 다양한 설이 존재하는 것은,[26] 고구려가 원고구려(졸본부여) 형성 이후 연속적인 역사적 과정을 통해 국가로 성장하였다는 관점에서 해석할 수 있다.

한편, 위만조선의 수도였던 왕검성의 위치에 대하여 현재의 평양 지역으로 보는 것이 일반적이지만, 최근 그 위치를 지금의 환인 지역으로 보는 견해도 제시되었다. 곧, 위만조선의 영역은 서북한 세형동검 문화권보다는 혼하渾河 유역에서 청천강 사이에 분포하였던 연화보-세죽리 문화권으로 보는

---

24) 池炳穆, 1987, 「高句麗 成立過程考」, 『白山學報』34, pp. 47~53.

25) 박노석, 2003, 「졸본부여와 고구려의 관계에 대한 고찰」, 『全北史學』26, p. 14.

26) 李弘稙, 1971, 「高句麗秘記考」, 『韓國古代史의 硏究』, 新丘文化社, pp. 264~266.

부여 양식 귀걸이가 발견된 환인 망강루(望江樓) 적석묘
환인 지역 토착 졸본부여 집단이 사용했던 적석묘에서 부여계 토광묘에서
출토되던 양식의 귀걸이가 출토되고 있어, 부여로부터 이 지역으로 이주한
집단(주몽 등)이 있었음을 알려준다.

환인 망강루 적석묘
출토 귀걸이
(요령성박물관)

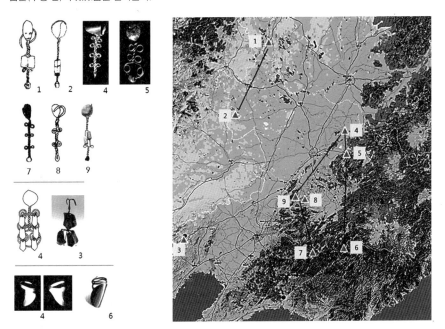

부여 양식 귀걸이 분포
(1.平洋墓葬, 2.興隆山, 3.喇嘛洞, 4.老河深, 5.帽兒山, 6.石湖王八脖子, 7.望江樓, 8.彩嵐, 9.西岔溝)
(이한상, 2013)

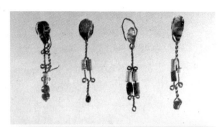

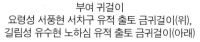
부여 귀걸이
요령성 서풍현 서차구 유적 출토 금귀걸이(위),
길림성 유수현 노하심 유적 출토 금귀걸이(아래)

서울 풍납토성 197번지 나·5호 수혈 출토 은귀걸이 장
식(좌)과 김포 운양동 2-9지점 1호 주구목관묘 출토 금
귀걸이(우). 노하심 출토 부여 귀걸이 장식과 같은 양
식을 하고 있어, 부여와 백제의 관계를 보여준다.

것이 타당하며, 왕검성은 위만조선 전 지역 가운데 가장 선진적인 문물이
유지되었던 지역이므로, 기원전 2세기까지 철기의 사용이 제한적이었던 평
양을 포함한 청천강 이남 지역으로 보기 어려우며, 졸본卒本 지역이 고조선
후기부터 위만조선 시기까지 왕검성이 위치했던 곳이라고 한다.[27] 이는 많
이 공감되고 있는 견해는 아니지만, 고구려 이전 시기의 환인 지역에 발전
된 정치집단이 있었다는 점과, 뒤에서 살펴볼 고구려의 고조선 계승 의식과
관련되어 살펴볼만 하다.

이제 이 졸본부여의 동명신화를 살펴보기 위하여, 백제 계통 자료인 『삼
국사기三國史記』의 백제 시조 전승 기록부터 살펴보도록 하겠다.

27) 김남중, 2001, 「衛滿朝鮮의 領域과 王儉城」, 『韓國古代史硏究』 22, pp. 49-50.

A-① 『해동고기海東古記』를 살펴보면, 혹은 시조始祖 동명東明이라 하고, 혹은 시조始祖 우태優台라고 한다. 『북사北史』 및 『수서隋書』에서는 모두 이르기를, "동명東明의 후손으로 구태仇台가 있어, 대방에 나라를 세웠다."고 하였는데, 이에 시조 구태仇台라 이른다. 그러나 동명東明이 시조임은 사적이 명백하여, 그 이외에는 믿을 수 없다.[28]

〈『삼국사기』 권33 잡지雜志1 제사祭祀〉

A-② 백제 시조는 온조왕溫祚王이다. 그 아버지 추모鄒牟는 혹 주몽朱蒙이라고도 한다. 북부여北扶餘에서 난을 피하여 졸본부여卒本扶餘에 이르렀다. 부여왕은 아들이 없고 단지 딸만 셋이 있었는데 주몽을 보고는 보통 사람이 아니라는 것을 알고 둘째 딸을 아내로 삼게 하였다. 얼마 지나지 않아 부여왕이 죽자 주몽이 왕위를 이었다. 두 아들을 낳았는데 첫째는 비류沸流라 하고, 둘째는 온조溫祚라 하였다[혹은 주몽이 졸본에 도착하여 월군녀越郡女를 아내로 맞아들여 두 아들을 낳았다고도 한다]. 주몽이 북부여에 있을 때 낳은 아들이 와서 태자가 되자, 비류와 온조는 태자에게 용납되지 못할까 두려워 마침내 오간烏干·마려馬黎 등 열 명의 신하와 더불어 남쪽으로 갔는데 백성들이 따르는 자가 많았다.[29]

〈『삼국사기』 권33 백제본기百濟本紀1 시조始祖 온조왕溫祚王〉

---

28) 按海東古記 或云始祖東明 或云始祖優台 北史及隋書皆云 東明之後 有仇台 立國於帶方 此云始祖仇台 然東明爲始祖事迹明白 其餘不可信也〈『三國史記』卷33 雜志1 祭祀〉

29) 百濟始祖溫祚王 其父鄒牟 或云朱蒙 自北扶餘逃難 至卒本扶餘 扶餘王無子 只有三女子 見朱蒙 知非常人 以第二女妻之 未幾 扶餘王薨 朱蒙嗣位 生二子 長曰沸流 次曰溫祚[或云 朱蒙到卒本 娶越郡女 生二子] 及朱蒙在北扶餘所生子來爲太子 沸流溫祚恐爲太子所不容 遂與烏干馬黎等十臣南行 百姓從之者多〈『三國史記』卷33 百濟本紀1 始祖 溫祚王〉

A-③ 또는 시조가 비류왕沸流王이라고 한다. 그 아버지는 우태優台로 북부여왕北夫餘王 해부루解夫婁의 서손庶孫이었고, 어머니는 소서노召西奴로 졸본卒本 사람 연타발延陀勃의 딸이었다. 처음에 우태에게 시집가서 아들 둘을 낳았는데 큰 아들은 비류沸流라 하였고, 둘째는 온조溫祚라 하였다. 우태가 죽자 졸본에서 과부로 지냈다. 뒤에 주몽이 부여扶餘에서 용납되지 못하자 전한前漢 건소建昭 2년(BC 37) 봄 2월에 남쪽으로 도망하여 졸본에 이르러 도읍을 세우고 국호를 고구려高句麗라고 하였으며, 소서노를 맞아들여 왕비로 삼았다. 주몽은 그녀가 나라를 창업하는 데 잘 도와주었기 때문에 총애하고 대접하는 것이 특히 후하였고, 비류 등을 자기 자식처럼 대하였다. 주몽이 부여에 있을 때 예씨禮氏에게서 낳은 아들 유류孺留가 오자 그를 태자로 삼았고, 왕위를 잇기에 이르렀다. … 마침내 아우와 함께 무리를 이끌고 패수浿水와 대수帶水를 건너 미추홀弥鄒忽에 이르러 살았다고 한다.[30]

〈『삼국사기』권33 백제본기百濟本紀1 시조始祖 온조왕溫祚王 세주細註〉

A-①의 『삼국사기』제사지祭祀志 기사는 백제 계통 자료라고 단정할 수는 없지만, 백제 건국시조에 대한 이설異說과 그에 대한 편찬자의 입장이 잘 드러난 기록이기에 먼저 제시하였다. 그에 의하면 동명東明·우태優台·구태仇台 등 3인이 각기 백제의 시조始祖로 전승되고 있었음을 알 수 있다. 동명東明

---

30) 一云 始祖沸流王 其父優台 北扶餘王解扶婁庶孫 母召西奴 卒本人延陁勃之女 始歸于優台 生子二人 長曰沸流 次曰溫祚 優台死 寡居于卒本 後 朱蒙不容於扶餘 以前漢建昭二年春二月 南奔至卒本 立都號高句麗 娶召西奴爲妃 其於開基創業 頗有內助 故朱蒙寵接之特厚 待沸流等如己子 及朱蒙在扶餘所生 禮氏子孺留來 立之爲太子 以至嗣位焉 … 遂與弟率黨類 渡浿帶二水 至弥鄒忽以居之〈『三國史記』卷33 百濟本紀1 始祖 溫祚王 細註〉

과 우태優台는 국내의 고기류古記類에 근거한 것이고, 구태仇台는 『북사北史』와 『수서隋書』 등 중국계 사서史書에 근거한 것인데, 제사지祭祀志 편찬자는 동명東明이 시조라는 사적이 명백하니 다른 것은 믿을 수 없다는 입장을 취하고 있다. 이 기사를 통해 『삼국사기三國史記』 편찬시에는 구태仇台라는 시조명이 국내 고기류古記類 사서에는 전혀 나타나지 않았다는 점과, 여러 시조설 중에서 동명東明을 시조로 볼 만한 유력한 근거 자료가 『삼국사기三國史記』 편찬시까지 남아 있었다는 점을 알 수 있다.

A-②의 『삼국사기』 백제본기 온조전승이나 뒤에 살펴볼 B-①의 『삼국사기』 지리지에 인용되어 나타나는 『고전기古典記』 등 온조전승계 자료에서는 졸본부여卒本扶餘라는 명칭이 나타난다. 한편, A-②의 주註에 나타난 월군녀越郡女 기사나 A-③의 비류 전승에서는 졸본卒本으로만 나오고 있다.

그런데 『삼국사기』 고구려본기에는 주몽이 졸본천卒本川에 이르러 비류수상沸流水上에 살면서 고구려를 세웠다고 하였으며,[31] 뒤에 살펴볼 F의 「광개토왕릉비문」에서는 비류곡沸流谷 홀본忽本 서쪽 산상山上에 성을 쌓고 건도建都하였다고 서술하였다. 여기서 졸본천과 홀본, 비류수과 비류곡은 동일 지명에 대한 이칭異稱인데, '비류곡 홀본'이라는 표현처럼 졸본(홀본)은 비류곡에 소속된 특정 지역이고, 졸본천은 졸본지역을 흐르는 비류수에 대한 특칭이라고 한다.[32] 『구삼국사舊三國史』에는 졸본卒本이라는 명칭이 나타나지 않으며, 『위서魏書』 고구려조에서는 주몽이 보술수普述水에 이르러 흘승골성紇升骨

---

31) 與之俱至卒本川[魏書云 至紇升骨城] 觀其土壤肥美 山河險固 遂欲都焉 而未皇作宮室 但結廬於沸流水上居之 國號高句麗 因以高爲氏〈三國史記』卷13 高句麗本紀1 始祖 東明聖王 卽位年〉
32) 余昊奎, 1998, 「桓仁 五女山城」, 『高句麗 城』Ⅰ, 國防軍史硏究所, p.140.

「광개토왕릉비문」에 나타난
고구려 초기 도읍 개념도

『삼국사기』와 「동명왕편」에 나타난
고구려 초기 도읍 개념도 (조법종, 2007)

城에서 고구려를 세웠다고 했다.

여기서 『구삼국사』가 의거한 고구려 계통 자료에도 나타나지 않는 졸본卒本이라는 지명이 백제의 시조 전승에 등장하고 있는 것은, 다른 계통의 저본 자료에 의한 것으로 생각된다.[33] 고구려 계통 자료에 따르면, 주몽이 부여에서 남쪽으로 내려와 비류수 또는 졸본천에 도착하여 고구려를 건국하였으므로, 주몽은 아무도 살고 있지 않은 지역에 이주해서 국가를 건설한 것이 된다. 그런데 백제 계통 자료인 A-②에 따르면 주몽은 북부여北扶餘에서 이주하여 졸본부여卒本扶餘의 왕녀王女와 결혼하여 사위가 되었다는 내용이 있고, A-③에는 선래한 우태優台와 결혼하였던 졸본卒本 소서노召西奴의 도움을 받아 창업하였다는 내용이 있다. 그렇다면 고구려 계통 자료에 등장하는 주몽과 백제 계통 자료에 등장하는 주몽은 그 성격이 다른 인물로 볼 여지가 있다. 아울러 주몽 집단 이전에도 부여계 이주민 집단이 졸본 지역으로 남

---

33) 임기환, 2008, 「東明神話의 전개와 변용」, 『부여사와 그 주변』, 동북아역사재단, p.158~159.

하하였고, 이들과 토착세력의 결합이 활발하게 이루어졌음도 알 수 있다. 이에 대해서는 뒤에 계속 살펴보기로 하겠다.

이들 자료에 대하여, 백제의 동명신화는 동명東明이 직접 백제를 건국하였다는 내용이기 때문에, 고구려의 건국지인 졸본卒本이 백제 계통 자료에 등장할 여지는 없다는 견해도 있다. 이에 의하면, 이 자료에 나타난 졸본부여는 후대에 백제와 고구려의 시조 전승이 한꺼번에 정리된 결과로 나타난 것이며, 원래 온조전승에는 동명東明이 부여扶餘에서 건국한 사실만 기술되어 있었는데, 이를 주몽전승과 동일시했던 후대인이 졸본卒本을 덧붙인 결과 주몽朱蒙이 졸본부여卒本扶餘에서 건국한 형태로 전승된 것이라 한다.[34]

하지만 고구려 관련 기록에 나타나지 않는 졸본 명칭이 백제 관련 자료에만 나타나고 있다는 점에는 의미를 부여해야 한다고 본다. 따라서 필자는 동명과 주몽의 동일시 문제에 대해서는 후대에 고구려와 백제의 전승이 함께 정리되었다고 생각되지만, 그 이외의 세부 내용에서 백제 계통 자료는 백제인의 인식을 담고 있다는 관점에서 접근하고자 한다. 이에 졸본부여卒本扶餘라는 명칭은 졸본지역 토착세력과 부여계 이주민집단의 결합이라는 의미를 내포한다는 의견을 받아들이면서,[35] 고구려의 건국 이전에 존재하였던 집단으로 졸본부여卒本扶餘의 존재를 상정하고, 그들의 시조인식이라고 할 수 있는 동명신화를 백제 계통 자료를 통해 살펴볼 수 있다고 생각한다.

그리고 『삼국사기』 제사지祭祀志 편찬자는 우태優台-비류沸流의 혈연적 관계를 통해 A-③의 백제본기百濟本紀 비류전승을 우태優台 시조설로 기록하였다. 그런데 A-②의 백제본기 온조전승에서는 온조의 부父가 추모鄒牟 혹은 주몽

---

34) 林起煥, 1998, 「百濟 始祖傳承의 형성과 변천에 관한 고찰」, 『百濟硏究』 28, p. 25.
35) 어호규, 1996, 「압록강 중류유역에서 고구려의 국가 형성」, 『역사와 현실』 21, p. 69.

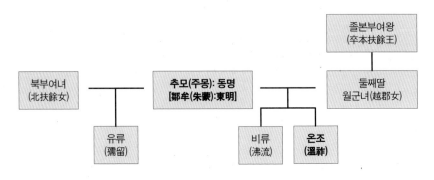

〈『삼국사기』 백제본기 동명-온조 설화 계보〉

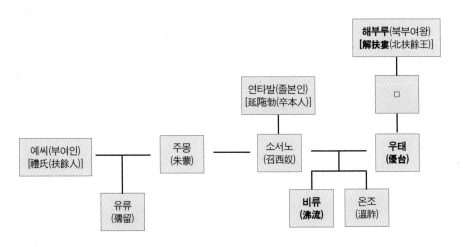

〈『삼국사기』 백제본기 해부루-우태-비류 설화 계보〉

朱蒙으로 나타나고 있지만, 제사지祭祀志에는 동명東明 시조설로 기록하고 있어 차이가 있다. 하지만 이는 『삼국사기』의 편찬자들이 주몽과 동명을 동일인으로 서술했기 때문에 나타난 것이며, 이에 따라 온조전승의 추모鄒牟(주몽)는 동명東明으로 볼 여지가 있다. 동명과 주몽을 동일인으로 인식한 태도는 다음 자료에서도 찾아볼 수 있다.

B-① 『고전기古典記』를 살펴건데, 동명왕東明王의 셋째 아들인 온조溫祚가 전한前漢 홍가鴻嘉 3년 계묘癸卯에 졸본부여卒本扶餘에서 위례성慰禮城에 이르러 도읍을 정하고 왕이라 칭하였다.[36]

〈『삼국사기』 권37 잡지雜志6 지리地理4〉

B-② 『기로기耆老記』에 이르기를, "고구려 시조 주몽朱蒙은 고려 여자에게 장가들어 두 아들을 낳아, 피류避流와 은조恩祖라 하였다. 두 사람은 뜻을 같이하여 남쪽으로 가서 한산漢山에 이르러 나라를 세웠다." 하였으니, 지금의 광주廣州가 바로 그곳이다. 본래 백가百家를 거느리고 강을 건넜으므로 백제라 이름하였다.[37]

〈『해동고승전海東高僧傳』 권1 유통流通 석마라난타釋摩羅難陀〉

B-③ 백제 시조의 이름은 온조溫祚. 동명성제東明聖帝는 그의 아버지. 그의 형 유리類利가 와서 왕위를 이으니 마음이 편치 않아 남쪽으로 건넜다[어머니와 형 은조殷祚와 함께 남으로 달아나 나라를 세워 은조가 왕위에 올랐으나 5개월 만에 죽었다]. 한漢 성제成帝 홍가鴻嘉 3년 계묘[신라 개국 40년, 고구려 개국 19년]에 변한弁韓에 개국하니 들은 기름지고 아름다웠다. 천시天時와 지리地利에 인화人和를 얻어, 경영한지 며칠만에 천관千官이 갖추어졌다. 왕의 혈통은 지란芷蘭 같이 향그럽고 후손이 번성하니 왕업王

業은 송죽松竹 같이 왕성하여 후대 왕들은 혹 남부여南扶餘라 일컬었으며, 혹 응준鷹準, 나투羅鬪라고도 하였다.[38]

〈『제왕운기帝王韻紀』권하卷下 동국군왕개국연대東國君王開國年代 백제기百濟紀〉

위의 『고전기古典記』, 『기로기耆老記』, 『제왕운기帝王韻紀』에서 온조의 부父가 주몽朱蒙 또는 동명東明으로 뒤섞여 나타난 것은 주몽朱蒙과 동명東明을 동일인으로 인식했기 때문에 구분하지 않고 쓴 결과로 보인다. 온조전승에 나타나는 주몽朱蒙은 본래 동명東明이라 기록되어 있었는데, 『구삼국사舊三國史』가 편찬되던 고려시대 단계에서[39] 고구려와 백제의 시조 전승이 한꺼번에 정리되면서, 동명과 주몽이 동일인이라는 관념에 의해 백제의 동명東明이 고구려의 주몽朱蒙으로 변개되었을 가능성이 크다고 한다.[40] 특히 『삼국사기』 고구려본기에는 주몽과 온조를 관련시키는 기록이 보이지 않는다는 점에서도 그러하다. 물론 고구려본기의 주석 부분에 그 관련이 조금 보이고 있지만, 이는 백제본기의 내용을 옮겨온 것으로 보는 것이 일반적이다. 따라서 온조의 계보를 주몽과 연결짓는 기록은 신빙성이 없다고 보는 것이[41] 합당하다고 생각한다.

---

38) 百濟始祖名溫祚 東明聖帝其皇考 其兄類利來嗣位 心不能平乃南渡[與母兄殷祚南奔立國 殷祚立五月而卒] 漢成鴻嘉三癸卯[羅之四十年 麗之十九年] 開國弁韓原憮憮 天時地利得人和 經營不日千官具 系將蘭芷衍芬芬 業興松竹同苞茂 後王或號南扶餘 我稱鷹準與羅鬪〈『帝王韻紀』卷下 東國君王開國年代 百濟紀〉

39) 『舊三國史』는 高麗初 穆宗代(997-1009) 이전의 고구려 계승의식이 강하게 표출되어 있었을 것으로 추정되는 史書이다(申瀅植, 1985, 「高麗前期의 歷史認識」, 『韓國史學史의 研究』, 乙酉文化社, pp. 44~46).

40) 林起煥, 1998, 「百濟 始祖傳承의 형성과 변천에 관한 고찰」, 『百濟研究』 28, pp. 5~6.

41) 李道學, 2004, 「三國史記에 보이는 溫祚王像」, 『先史와 古代』 19, p. 128.

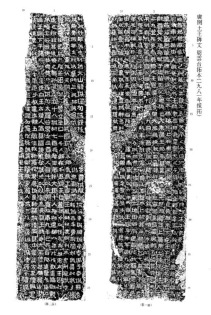

「광개토왕릉비문」 주운태(周雲台) 탁본 　　　　모두루묘지명에 나타난 추모(鄒牟)

　　곧, 고구려 당대에는 추모鄒牟(주몽朱蒙)를 동명東明과 동일시한 실례를 찾을
수 없으므로, 주몽이 곧 동명이라는 해석은 불가능하다. 그런데『삼국사기』
권13 고구려본기1 시조동명성왕조始祖東明聖王條에서는 휘諱가 '주몽朱蒙'이며
호號를 '동명성왕東明聖王'이라 한다고 하였다. 하지만 고구려에서 건국 초부
터 죽은 사람의 이름을 살았을 때 쓰던 이름과 다르게 부른 제도가 있었다
면「광개토왕릉비문」이나「모두루묘지」에 그 시조의 호號를 썼어야 할 것인
데 그렇지 않았다는 점에서, 『삼국사기』의 이 기사는 후대에 부회된 것으로

볼 수 있다.[42] 그 시기는 정확히 알 수 없으나, 대체로『구삼국사舊三國史』이후의 국내 사서에서 주몽과 동명이 동일시되어 나타나는 것으로 생각된다.[43] 그렇다면 A-②의 온조전승은 동명시조설과 대응되는 것으로 볼 수 있을 것이다.

이처럼 동명과 주몽은 다른 뜻을 가진 말인데도 불구하고 고구려의 시조를 동명이라 부르게 된 이유는,[44] 주몽을 동명과 같이 신성시하고자 한데서 유래된 것으로 생각된다. 동명이란 말은 한 사람의 이름만을 가리키는 고유명사가 아니라, 부여에서 신성한 존재를 가리키는 보통명사로도 해석할 수 있기 때문이다. 고구려의 국중대회인 동맹東盟이 동명東明과 통한다는 점에서,[45] 동명이란 말은 하늘에 제사지내는 주재자를 가리키며, 천제의 아들이란 뜻을 가진 말로 생각된다.[46]

국내 사서史書에서는 동명東明이 고구려의 시조 주몽朱蒙으로만 이해되고 있었기에,『삼국유사』와『삼국사기』에서는 고구려 관련 기록에만 동명신화를 싣고 있다. 그러면서『삼국사기』백제본기에는 백제의 시조 온조溫祚가

---

42) 이지린·강인숙, 1976,『고구려 역사』, 사회과학출판사, pp. 28~29.
43) 「泉男山墓誌」(702)에는 "昔者東明感氣 踰遞川而開國 朱蒙孕日 臨浿水而開都…東明之裔 寔爲朝鮮"라는 구절이 보이는데, 여기서 여전히 東明과 朱蒙을 확연히 구분하고 있으므로, 최소한 고구려 멸망 전까지 동명과 주몽을 동일시한 적은 없다고 생각된다. 申東河, 1995,「三國史記 高句麗本紀의 引用資料에 관한 一考」,『三國史記의 原典 檢討』, 韓國精神文化研究院, p. 46에서는 朱蒙과 東明을 일치시키는 관념이『舊三國史』부터였을 것으로 추정하였으며, 본고에서도 이를 따르고자 한다.
44) 언어학적 분석으로 장재웅, 2006,「중국어 역사음운론을 통한 고구려신화에 반영된 언어자료 분석-東明, 朱蒙 동음설 및 東盟, 東明 동음설을 중심으로-」,『중국언어연구』23에서는 역사음운론의 관점에서 중국음과 한국 한자음의 대조분석을 통해 東明과 朱蒙 및 東盟과 東明이 근사음이라고 하였다.
45) 李成市, 1998,「梁書高句麗傳と東明王傳說」,『古代東アジアの民族と國家』, 岩波書店.
46) 이지린·강인숙, 1976,『고구려 역사』, 사회과학출판사, pp. 30~31.

고구려의 시조 주몽의 아들로 연결시켜 기록되었기 때문에, 백제가 뒤늦게 성립하여 동명신화東明神話 자체의 성립을 보지 못하고, 그의 재생산再生産 형태로 온조설화溫祚說話를 성립시켰을 뿐이라는 견해가 제기되기도 했다.[47] 하지만 이는 국내사서 기록의 합리성이라는 측면에서 접근해야 한다고 생각된다. 원래는 동명에 대한 부분이 고구려와 백제 쪽 모두의 기록에 남아 있었을 것이다. 그런데 기록의 합리성 추구에 의하여, 국내 사서에서는 동명이 고구려의 시조로만 여겨지게 되면서 고구려 부분에서 기록하게 되었고, 그에 따라 백제 부분에서 동명에 대한 서술은 지워지게 되었다. 그리고 그 계승자였던 온조 부분만이 남아, 그가 백제의 시조로 여겨지게 되었다고 생각된다.[48] 이는 국내 사서에서 동명의 아들로 나타나는 이가 고구려의 2대 왕인 유리琉璃와 백제의 온조가 있는데, 그들의 즉위과정까지의 설화說話 내용이 서로 비교될 수 있기 때문에 가능했던 것이다.

지금까지 『삼국사기』 백제본기의 온조전승에 대한 분석을 통해, 북부여北扶餘에서 졸본부여卒本扶餘에 이르러 왕위를 이은 것으로 나타난 추모鄒牟 (주몽)가 실은 고구려 시조 주몽이 아니라 동명東明이었음을 알았다. 그렇다면 그 동명은 일단 졸본부여의 왕으로 볼 수 있다.[49] 다만 이 자료는 시조의 신이한 탄생이나 신성한 행적을 보여주는 영웅전승적 성격도 미약하고, 천계天界와의 직접적인 관련성도 보이지 않은 채 비교적 합리적인 부분만

---

47) 金哲埈, 1975, 「百濟社會와 그 文化」, 『韓國古代社會研究』, 知識産業社, p. 45.
48) 盧明鎬, 1981, 「百濟의 東明神話와 東明廟」, 『歷史學研究』 10, pp. 50~53.
49) 이는 『三國史記』 백제본기에 나타난 鄒牟(朱蒙)가 『三國史記』 고구려본기에 나타난 朱蒙이 아닌 졸본부여의 東明을 가리킨다는 뜻이며, 『三國史記』 고구려본기에 나타난 朱蒙이 졸본부여의 東明을 가리킨다는 의미는 아니다.

정리되어 있기 때문에,[50] 이를 통해 졸본부여卒本扶餘의 동명신화東明神話를 살펴보기는 부족하다. 이에 일본쪽 자료에 백제의 원조遠祖 또는 태조太祖로 나타나고 있는 도모都慕에 관한 기록을 더 살펴보도록 하겠다.

C-① 백제의 먼 조상인 도모대왕都慕大王은 하백河伯의 딸이 태양의 정기에 감응해서 태어났다.[51]

〈『속일본기續日本紀』 권卷40 연력延曆 8년年 12월月〉

C-② 귀수왕貴須王은 백제가 처음 일어난 때로부터 16세世 왕이다. 대저 백제의 태조太祖 도모대왕都慕大王은 태양신이 몸에 내려온 분으로, 부여扶餘에 머물러 나라를 열었다. 천제天帝가 녹錄을 주어 모든 한韓을 통솔하고 왕을 칭하게 하였다.[52]

〈『속일본기』 권卷40 연력延曆 9년年 7월月〉

C-③ 백제조신百濟朝臣 : 백제국百濟國 도모왕都慕王 삼십세손三十世孫 혜왕 지후야惠王之後也

〈『신찬성씨록新撰姓氏錄』 좌경제번左京諸蕃 하下 백제百濟〉

C-④ 관야조신菅野朝臣 : 백제국百濟國 도모왕都慕王 십세손十世孫 귀수왕지

---

50) 최광식, 2006, 『백제의 신화와 제의』, 주류성, p.58.
51) 百濟遠祖都慕大王者 河伯之女感日精而所生 〈『續日本紀』卷40 延曆 8年 12月〉
52) 貴須王者 百濟始興第十六世王也 夫百濟太祖都慕大王者 日神降靈 奄扶餘而開國 天帝授錄 摠諸韓而稱王 〈『續日本紀』卷40 延曆 9年 7月〉

후야貴首王之後也

〈『신찬성씨록新撰姓氏錄』 우경제번右京諸蕃 하下 백제百濟〉

C-②에는 "일신강령日神降靈" 등
의 압축된 동명신화東明神話 내용이
보이며, "모든 한韓을 통솔하고 왕
을 칭하게 하였다[摠諸韓而稱王]"
는 서술에서 도모都慕가 백제를 건
국했다는 사실을 분명히 알 수 있
다. 이를 통해 백제에서도 고구려
의 주몽전승에 연결된 온조전승이
나 비류전승의 형태가 아니라, 독
자적인 동명신화를 갖고 있었음을
확인할 수 있다. 곧, 백제의 시조

부여융묘지 탁본

도모都慕 전승도 부여의 동명신화나 고구려의 주몽신화에 나타나는 천신天神
(일신日神)과 지신地神(하백녀河伯女) 신앙의 내용성을 모두 갖추고 있었음을 단
편적으로나마 짐작할 수 있다.[53] 다음의 「부여융묘지扶餘隆墓誌」도 같은 맥락
에서 참고가 된다.

　　D. 공公은 이름이 융隆이고 자字도 융隆으로, 백제 진조인辰朝人이다. [시
　　조는 하백河伯의][54] 자손이니 그가 처음 나라를 열어 동방에서 우두머리

---

53) 盧明鎬, 1981, 「百濟의 東明神話와 東明廟」, 『歷史學研究』 10, p.44.
54) 이도학, 1998, 「양직공도와 중국의 고대한국의 유이민」, 『중국낙양문물명품전』, 국립부여박

로 일컬었고, 한 쪽 귀퉁이를 차지하여 천 년 동안 이어내려 왔다. 어질고 후덕함이 풍속을 이루어 한漢나라 역사에서 빛을 발하였고, 충성스럽고 효성스러움으로 이름을 날리니 진晉나라 책策 속에서 밝게 빛이 났다. … 바다 한 귀퉁이에서 겨레를 이루니 하백河伯의 자손으로서 상서로움을 드러냈고, 나라 기틀을 우뚝 세우니 국운이 멀리 이어져 내려왔다. 집안의 명성을 능히 계승하고 대대로 이어받은 국업國業이 더욱 번창하였으니, 은덕이 체수濊水에 흘러넘쳤고 위엄이 대방帶方에 발하였다. [55]

〈「부여융묘지扶餘隆墓誌」〉

「부여융묘지」(682년)에서는 『한사漢史』와 『진책晉策』을 언급하며 백제의 역사를 간략하게 수사적으로 표현하고 있다. [56] 여기서 '체수濊水'는 곧 엄체수淹濊水로 짐작되며, '하손河孫'은 하백지손河伯之孫의 의미로 추정되는데,[57] 동명전승에서 발견되는 내용이다. 곧, 고구려에서 부여 동명신화의 구조를 차용하여 주몽전승을 만들었다면, 백제에서는 그 원조遠祖 또는 태조太祖가 도모都慕라는 전승이 성립되어 있었음을 알 수 있다.

C-③·④의 『신찬성씨록新撰姓氏錄』에 보이는 일본 고대 백제계 성씨의 상당수도 도모都慕의 후손이라는 혈통 인식을 보인다. 도모의 실체에 대해서는 『신찬성씨록』에 보이는 대수代數로 보아 온조보다 1-2세대 윗 세대 인물인

물관, 210쪽에서는 '元□□孫啓祚'을 '元祖河孫啓祚'로 복원하고 있다.

55) 公諱隆 字隆 百濟辰朝人也 元□□孫啓祚 暘谷稱雄 割據一方 跨躡千載 仁厚成俗 光楊漢史 忠孝立命 昭彰晋策 … 海隅開族 河孫效祥 崇基峻峙 遠派靈長 家聲克嗣 代業逾昌 澤流濊水 威稜帶方〈扶餘隆墓誌〉

56) 梁起錫 1995,「百濟 扶餘隆 墓誌銘에 대한 檢討」,『國史館論叢』62, p.154.

57) 宋基豪, 1992,「扶餘隆墓誌」,『譯註韓國古代金石文』1, p.546.

고구려 주몽으로 보기도 한다.[58] 그러나 일본 사서에서는 백제의 시조 도모와 고구려의 시조 추모鄒牟(주몽朱蒙)가 명확하게 구분되어 서술되고 있다. 곧, 『일본서기日本書紀』 권27 천지천황天智天皇 7년年(668) 겨울 10월조에는 고구려의 건국자가 중모仲牟로 되어 있으며,[59] 『신찬성씨록』 하지본下之本 우경제번右京諸蕃 하下 고려조高麗條에는 고구려의 시조가 추모 또는 주배朱背로 나타나고 있다.[60] 이는 단지 명칭상의 차이만이 아니라, 실제로 9세기의 고구려나 백제계 유민들 사이에서도 고구려의 시조와 백제의 시조를 명확히 구분하고 있음을 반영한다.[61] 그렇다면 일본측 사서에 보이는 백제 원조遠祖 도모는 온조보다 1-2세대 윗 세대의 인물이면서 고구려의 주몽이 아닌 인물이 되어야 하므로, 이는 역시 졸본부여卒本扶餘의 동명東明으로 보아야 할 것이다.

마지막으로 중국 사서에 나타난 백제의 동명東明 관련 기록을 살펴보도록 하겠다.

E-① 백제의 선대先代는 고려국高麗國에서 나왔다. 그 나라 왕의 한 시비侍婢가 갑자기 임신을 하자 왕은 그를 죽이려고 하였다. 시비侍婢가 말하기를, "달걀같이 생긴 물건이 나에게 내려와 감응하여 임신이 되었습니다." 고 하자, 왕은 그를 놓아주었다. 뒤에 드디어 한 사내아이를 낳았는데, 뒷간에 버렸으나 오래도록 죽지 않았다. 신령스럽게 여겨 그를 기르도록 명

---

58) 김기홍, 2004, 「백제의 正體性에 관한 일 연구」, 『역사와 현실』 54, pp. 202~203.
59) 冬十月 大唐大將軍英公 打滅高麗 高麗仲牟王 初建國時 欲治千歲也〈『日本書紀』 卷27 天智天皇 7年〉
60) 長背連 出自高麗國主 鄒牟 一名朱背也〈『新撰姓氏錄』 下之本 右京諸蕃 下 高麗〉
61) 李鍾泰, 1996, 『三國時代의 '始祖' 認識과 그 變遷』, 국민대학교 박사학위논문, p. 33.

하고, 이름을 동명東明이라 하였다. 장성하자 고려왕高麗王이 그를 시기하
므로, 동명은 두려워하여 도망가서 엄수淹水에 이르렀는데, 부여夫餘 사람
들이 함께 그를 받들었다. 동명의 후손에 구태仇台라는 자가 있으니, 어질
고 신의信義가 두터웠다. 대방帶方의 옛 땅에 처음 그 나라를 세웠다. 한漢
요동태수遼東太守 공손도公孫度가 딸을 그 아내로 삼게 하였다. 점차 번창하
여 동이東夷 강국强國이 되었다. 처음에 백가百家가 바다를 건넜다고 해서
백제百濟라 이름하였다. 십여 대 동안 대대로 중국中國의 신하가 되었는데,
전사前史에 상세히 기록되어 있다.[62]

〈『수서隋書』권卷81 열전列傳46 백제百濟〉

E-② 백제국百濟國은 대체로 마한馬韓의 족속이며, 색리국索離國에서 나
왔다. 그 왕이 출행出行 중에 시아侍兒가 후궁에서 임신하였다. 왕은 돌아
와서 그를 죽이려고 하였다. 시아가 말하기를, "앞서 하늘에서 큰 달걀만
한 기운이 내려오는 것을 보았는데, 감응感應되어 임신하였습니다."고 하
자, 왕은 그를 놓아주었다. 뒤에 아들을 낳으니 왕이 그를 돼지우리에 버
렸으나, 돼지가 입김으로 그를 불어주어 죽지 않았다. 뒤에 마굿간에 옮
겨 놓았으나 역시 그와 같이 하였다. 왕은 신령스럽게 여겨 그를 기르도
록 명하고, 이름을 동명東明이라 하였다. 장성하여 활을 잘 쏘자, 왕王은
그 용맹함을 시기하여 다시 그를 죽이려고 하였다. 동명이 이에 도망하여

---

62) 百濟之先 出自高麗國 其國王有一待婢 忽懷孕 王欲殺之 婢云 有物狀如雞子來感於我 故有娠
也 王捨之 後遂生一男 棄之厠溷 久而不死 以爲神 命養之名曰東明 及長 高麗王忌之 東明懼
逃至淹水 夫餘人共奉之 東明之後 有仇台者 篤於仁信 始立其國于帶方故地 漢遼東太守公孫
度以女妻之 漸以昌盛爲東夷强國 初以百家濟海 因號百濟 歷十餘代 代臣中國 前史載之詳矣
〈『隋書』卷81 列傳46 百濟〉

남쪽으로 엄체수淹滯水에 이르러 활로 물을 치니 물고기와 자라가 모두 다리를 만들었다. 동명은 그것을 타고 물을 건너 부여夫餘에 이르러 왕이 되었다. 동명의 후손에 구태仇台가 있는데, 어질고 신의信義가 두터웠다. 대방帶方의 옛 땅에 처음 나라를 세웠다. 한漢 요동태수遼東太守 공손도公孫度가 딸을 그 아내로 삼게 하였다. 마침내 동이東夷 강국强國이 되었다. 처음에 백가百家가 건넜다고 해서 백제百濟라 이름하였다.[63]

〈『북사北史』권卷94 열전列傳82 백제百濟〉

여기서 주목할 점은 『수서隋書』와 『북사北史』 백제전百濟傳에 동명신화東明神話가 실려 있고, 백제가 동명의 후예임을 말하고 있다는 사실이다. 이 동명신화는 백제 선국사로서가 아닌 부여 건국자로서의 동명신화이며,[64] 백제는 부여 건국자 동명의 후예인 구태仇台가 세운 나라라는 인식이다. 이 동명

---

63) 百濟之國 盖馬韓之屬也 出自索離國 其王出行 其侍兒於後姙娠 王還 欲殺之 侍兒日 前見天上有氣如大雞子來降 感故有娠 王捨之 後生男 王置之豕牢 豕以口氣噓之 不死 後徙於馬闌 亦如之 王以爲神 命養之 名曰東明 及長 善射 王忌其猛 復欲殺之 東明乃奔走 南至淹滯水 以弓擊水 魚鼈皆爲橋 東明乘之得度 至夫餘而王焉 東明之後有仇台 篤於仁信 始立國於帶方故地 漢遼東太守公孫度以女妻之 遂爲東夷强國 初以百家濟 因號百濟〈『北史』卷94 列傳82 百濟〉

64) 『隋書』에서는 東明의 출자를 高麗國이라 하였는데, 이를 통해 당시 백제에 고구려 출자설이 있었다고 보는 견해도 있다(盧明鎬, 1981, 「百濟의 東明神話와 東明廟」, 『歷史學研究』10, 49쪽). 비슷한 관점에서 이는 『隋書』 편찬자의 인식을 반영한다는 점에서 오해로 단정하기 어려우므로 기록 그대로 고구려로 보기도 한다(정재윤, 2008, 「百濟의 扶餘 繼承意識과 그 意味」, 『부여사와 그 주변』, 동북아역사재단, p.186). 그러나 이 자료 외에는 동명의 부여 건국을 이야기하면서 출자를 高麗國으로 기록한 자료가 없을뿐더러, 이미 『通典』 邊防門 東夷 夫餘條의 割註에서도 의문을 제기했다시피, 상황 논리로도 맞지 않는 내용이다. 따라서 『三國志』 부여전 동명신화의 槀離國을 『隋書』 찬자가 高麗國으로 잘못 표기한 것으로 이해한 견해(林起煥, 1998, 「百濟 始祖傳承의 형성과 변천에 관한 고찰」, 『百濟研究』28, p.10)를 따르고자 한다.

신화의 내용은 약간의 차이는 있으나『논형論衡』,『삼국지三國志』에 인용된『위락魏略』,『후한서後漢書』부여전의 동명신화와 대체로 일치한다.

이처럼『수서』와『북사』백제전에 전사前史 부여전의 동명신화가 백제 시조 전승의 일부로 실리게 된 것에 대해서는,『수서隋書』와『북사北史』의 편찬자들이 백제가 부여의 별종이라는 인식을 갖고『삼국지三國志』등에 수록되어 있는 부여의 동명신화를 백제의 시조 전승에 추가하였을 가능성도 있다. 그런데 고구려와 백제를 같은 부여의 별종으로 보면서, 군이 백제에만『삼국지』부여전의 동명신화를 그대로 덧붙였을 것으로 보기는 어렵다. 이러한 점에서 백제사회는 부여족扶餘族의 분열·이동과정에서 가장 뒤에 성립된 사회이면서도 동명東明의 원형이 비교적 선명하게 남아있다고 볼 수 있는데,[65] 이는 당시 백제에서 동명東明을 시조始祖로 하고 있다는 사실이 알려진 결과로 보아야 할 것이다.

그런데 C-① · ②의『속일본기續日本記』에서는 도모都慕, 곧 동명東明이 직접 백제百濟의 시조라 하고 있는데 비해,『수서隋書』와『북사北史』등에서는 동명이 부여의 시조이며 백제는 그 동명의 후예라 하고 있다. 이는 중국 정사正史의 동이전東夷傳에서 부여扶餘의 시조는 동명으로, 고구려의 시조는 주몽朱蒙으로 항상 고정되어 서술하고 있다는 점에서 이해해야 할 것이다.[66] 곧, 동명은 부여의 시조일 뿐 동시에 다른 나라의 시조일 수 없다고 여겨, 백제는 부여 동명의 후예라고 이해할 수밖에 없었던 것이다.

정리해 보면, 백제의 동명신화東明神話는 부여扶餘나 고구려의 동명신화와

---

65) 盧明鎬, 1981,「百濟의 東明神話와 東明廟」,『歷史學研究』10, p. 42.
66) 중국 사서에서의 東明과 朱蒙에 대한 구별에 대해서는 李福揆, 1998,『부여 · 고구려 건국신화 연구』, 집문당 참조.

같은 구성으로 되어 있었는데, 고구려보다 오히려 부여 동명신화의 원형에 더 가까운 모습이었다. 『삼국사기』의 찬자가 본 자료에도 원래 동명이 시조로 되어 있었으나, 찬자는 동명을 고구려의 시조 주몽으로만 생각했기 때문에, 백제본기에서는 백제 건국자 동명의 모습이 사라지고 고구려 건국자 주몽과 연결시켰던 것이다. 그리고 동명의 계승자로 고구려 유리琉璃 단계의 인물인 온조가 백제의 시조로 여겨지게 된 것이다. 또한, 중국정사에서는 동명을 부여의 시조로만 생각했기에, 백제의 시조는 동명의 후손인 구태仇台로 설정되었다.

졸본부여계 일파가 고구려의 성립으로 인해 세력을 상실한 뒤 남하하여, 마한의 일정한 영향력 아래 한강유역에 정착하여 세운 국가가 백제이다. 그리고 백제에서는 독자적인 시조를 설정하지 않고 졸본부여의 동명을 시조로 설정하였다. 이에 대하여 백제 왕실은 그들의 권위를 높이기보다는 범부여계 공통시조로서의 동명을 시조로 내세움으로써 왕실과 지배 귀족집단이 같은 계통으로 서로 협력하고 갈등으로 조절하는 방식을 채택하였으며, 따라서 주몽이나 혁거세처럼 온조에게 직접 하늘과의 혈연관계를 설정할 수 없었다는 견해가 있다.[67]

그러나 이미 졸본부여의 동명을 백제의 시조로 설정함으로써 하늘과의 혈연관계는 설정되었으며, 백제 당시에는 동명이 시조로 여겨지면서 온조의 위상은 그리 크지 않았다고 여겨지므로, 온조가 직접 하늘과의 혈연관계가 없다고 하여 백제 건국신화의 위상을 낮게 평가할 수는 없다고 생각한다. 백제는 고구려와 함께 동명의 계승권을 놓고 경쟁하였던 막강한 국가였

---

67) 朴承範, 2003, 「漢城時代 百濟의 國家祭祀」, 『先史와 古代』 19, pp. 110~111.

부여왕 동상(중국 吉林省 扶餘市)

부여왕 동상(중국 吉林省 扶餘市) 설명문

으며,[68] 그것은 부여 동명신화의 수용 양상에서도 드러나고 있다. 곧, 백제의 건국신화는 고구려보다 부여 동명신화의 원형에 더 가까우면서 부여 계

---

68) 李道學, 1995, 『百濟古代國家研究』, 一志社, pp. 67~70.

승의식을 한층 강하게 드러내고자 하였으니, 이는 494년 만주 부여의 멸망 이후 부여의 동명신화가 중국정사의 기록에서 고구려조가 아닌 백제조에 수록되었던 것으로도 알 수 있다.

Ⅱ. 졸본부여의 동명신화와 북부여 해모수

지금까지의 분석을 통해 백제 건국신화로서의 동명신화는 곧, 졸본부여의 동명신화였음을 알 수 있었다. 이를 바탕으로 하여 이번 절에서는 졸본부여 동명신화의 주인공인 동명이 누구인지 좀 더 자세히 살펴보고자 한다.

이를 위해서는 『삼국사기』, 『구삼국사舊三國史』, 『삼국유사』 등 국내 사서에서 주몽과 우태의 선조로 나타나고 있는 해모수 신화와 해부루 신화 관련 자료들까지 검토해야 한다. 그리고 이를 통해 해모수 신화와 해부루 신화가 어떠한 과정을 통해 고구려 주몽신화나 백제의 시조 전승과 결합되었는지를 알아보아야 한다.

이들 신화의 결합 과정에 대해서는 여러 견해가 있다. 먼저 중국 사서인 『위서魏書』 고구려전의 주몽신화에는 해모수 신화와 해부루 신화가 나타나지 않고 있다. 그러므로 고구려가 문자왕대文咨王代(491~519)인 494년에 부여족을 완전히 통합한 이후에 부여족의 시조 전승인 해모수 신화를 자신들의 시조신화에 삽입하여 그들의 반발을 최소화했다고 보는 견해가 한다.[69] 한편, 4세기 후반경에 부여의 동명전승을 차용하여 『위서』 고구려전과 「광개토왕릉비」에 보이는 주몽전승이 성립하였으며, 6세기 중반 이후의 정치적 변동 속에서 동부여 지역 출신들이 정권을 장악하면서 동부여 천도 설화와 금와왕 설화가 고구려 건국신화에 첨가된 것으로 보기도 한다.[70]

---

69) 徐永大, 1991, 『韓國古代 神觀念의 社會的 意味』, 서울대학교 박사논문, p.179.
70) 盧泰敦, 1993, 「朱蒙의 出自傳承과 桂婁部의 起源」, 『韓國古代史論叢』 5; 1999, 『고구려사 연구』, 사계절, pp.33~44.

그러나 백제의 시조 전승인 우태-비류전승에도 해부루解夫婁의 계보가 등장하는데, 위의 견해들처럼 6세기 이후 고구려 주몽신화에 편입된 해부루 신화가 그보다 뒤에 백제에 들어와서 비류전승 속에 편입된 것으로 보기는 어렵다. 이에 백제 멸망 후 후대에 고구려 주몽전승에서 해부루를 차용하여 비류전승의 계보를 변개시켰을 가능성을 찾기는 어려우므로, 해부루 신화가 뒤늦은 시기에 주몽신화와 결합하였다고 보기는 어렵다는 견해가 있다.[71] 필자도 이 견해가 옳다고 보아, 동부여 계통의 해부루 신화가 일찍 백제에 직접 유입되어 비류전승으로 자리잡았을 가능성이 크다고 본다. 그리고 다음의 「광개토왕릉비문廣開土王陵碑文」을 통해서 이른 시기에 해모수 신화의 존재를 상정하는 견해도 있다.

F. 옛적 시조始祖 추모왕鄒牟王이 나라를 세웠다. 북부여北夫餘에서 출자出自했으며, 천제天帝의 아들이고 어머니는 하백河伯의 딸이다. 알을 깨고 세상에 나왔는데, 태어나면서부터 성聖스러운 …이 있었다. 길을 떠나 남쪽으로 내려가는데, 부여夫餘의 엄리대수奄利大水를 지나갔다. 왕이 나룻가에서 "나는 황천皇天의 아들이며 어머니는 하백의 딸인 추모왕이다. 나를 위하여 갈대를 연결하고 거북이가 떠오르게 하여라."라고 하였다. 음성에 응답하여 곧 갈대가 연결되고 거북이가 떠올랐다. 연후에 강물을 건너가서, 비류곡沸流谷 홀본忽本 서쪽 성산城山 위에 도읍都邑을 세웠다. 재위에 있는 것을 즐거이 여기지 않았으니, 이로 인하여 황룡黃龍을 보내어 내려와서 왕을 맞이하였다. 왕은 홀본忽本 동쪽 언덕에서 용의 머리를 디디고

---

71) 임기환, 2008, 「東明神話의 전개와 변용」, 『부여사와 그 주변』, 동북아역사재단, pp. 163-164.

하늘로 올라갔다. 유명遺命을 이어받은 세자世子 유류왕儒留王은 도도道로써 나라를 잘 다스렸고, 대주류왕大朱留王은 왕업王業을 이어 받았다. … 20년 (410년) 경술庚戌 동부여東夫餘는 옛적에 추모왕의 속민屬民이었는데, 중간에 배반하여 조공하지 않았다. 왕이 친히 군대를 끌고 가서 토벌하여, 군대가 여성餘城(동부여 왕성)에 도달하였다.[72]

〈「광개토왕릉비문」〉

이는 추모왕鄒牟王이 북부여에서 출발하여 남하하면서 부여의 엄리대수를 건너 홀본忽本에 이르러 도읍을 세우는 내용이다. 여기서 "출자북부여천제지자出自北夫餘天帝之子"의 해석은 일반적으로 "출자북부여出自北夫餘"와 "천제지자天帝之子"로 나누어 해석하는 것이 일반적이지만, "출자북부여천제지자出自北夫餘天帝之子"를 붙여 해석하면서 "북부여천제지자北夫餘天帝之子"에서 『삼국사기』에 나타나는 해모수의 모습을 이끌어내기도 한다.[73] 「광개토왕릉비문廣開土王陵碑文」 단계에 북부여 출자 의식과 함께, 그 천제天帝인 해모수의 아들이라는 인식이 이미 존재했을 가능성도 있다.

이를 통해 해모수 신화와 해부루 신화는 이른 시기에 성립된 것으로 볼 수 있으므로, 졸본부여를 살펴보는 자료로 가치가 있다고 생각되어 이를 검토해보고자 한다.

---

72) 惟昔始祖鄒牟王之創基也 出自北夫餘天帝之子 母河伯女郎 剖卵降世 生而有聖 □□□□□□命駕 巡幸南下 路由夫餘奄利大水 王臨津言曰 我是皇天之子 母河伯女郎 鄒牟王 爲我連葭浮龜 應聲即爲連葭浮龜 然後造渡 於沸流谷忽本西城山上 而建都焉 不樂世位 因遣黃龍 來下迎王 王於忽本東履 龍頁昇天 顧命世子儒留王 以道興治 大朱留王 紹承基業 … 卄年庚戌 東夫餘舊是鄒牟王屬民 中叛不貢 王躬率往討 軍到餘城 〈「廣開土王陵碑文」〉

73) 王健群 著・林東錫 譯, 1985,『廣開土王碑研究』, 역민사, p.296.

G-① 『고기古記』에는 다음과 같이 기록하였다. 『전한서前漢書』에 선제宣帝 신작神爵 3년(기원전 59) 임술壬戌 4월 8일 천제天帝가 다섯 마리 용이 끄는 수레五龍車를 타고 흘승골성訖升骨城[대요大遼 의주醫州 지역에 있다]에 내려와서 도읍을 세우고 왕을 칭하여 국호國號를 북부여北扶餘라 하고, 스스로 이름을 해모수解慕漱라 칭하였다. 아들을 낳아 이름을 부루扶婁라 하고 해解로 씨氏를 삼았다. 왕은 후에 상제上帝의 명령에 따라 동부여東扶餘로 도읍을 옮겼다. 동명제東明帝가 북부여를 이어 일어나 졸본주卒本州에 도읍을 세우고 졸본부여卒本扶餘가 되었으니, 곧 고구려高句麗의 시작이다[아래에 보인다].[74]

〈『삼국유사』 권1 기이紀異1 북부여北扶餘〉

G-② 북부여왕北扶餘王 해부루解扶婁의 재상 아란불阿蘭弗의 꿈에 천제天帝가 내려와서 말하기를, "장차 나의 자손으로 하여금 이곳에 나라를 세우려고 하니 너는 이곳을 피하라[동명이 장차 일어날 조짐을 이른다]. 동해가에 가섭원迦葉原이라 하는 땅이 있는데, 토양이 기름져서 왕도王都를 세우기에 마땅하다."라고 하였다. 아란불이 왕에게 권하여 도읍을 그곳으로 옮기도록 하고 나라 이름을 동부여東扶餘라 하였다. 부루가 늙어 자식이 없으므로 하루는 산천에 제사를 지내 후사를 구하였는데, 탄 말이 곤연鯤淵에 이르러 큰 돌을 보고 마주 대하여 눈물을 흘렸다. 왕이 이를 괴

---

74) 古記云 前漢書宣帝神爵三年壬戌四月八日 天帝降于訖升骨城[在大遼醫州界] 乘五龍車 立都稱王 國號北扶餘 自稱名解慕漱 生子名扶婁 以解爲氏焉 王後因上帝之命 移都于東扶餘 東明帝繼北扶餘而興 立都于卒本州 爲卒本扶餘 卽高句麗之始[見下] 〈『三國遺事』 卷1 紀異 北扶餘〉

상히 여겨 사람을 시켜 그 돌을 굴리니, 금색 개구리 모양의 어린 아이가 있었다. 왕이 기뻐서 말하기를 "이는 하늘이 나에게 주시는 아들인가 보다."라 하고, 이에 거두어 기르고 이름을 금와金蛙라 하였다. 그가 장성하니 태자로 삼았다. 부루가 죽자 금와가 왕위를 이어 왕이 되었다. 다음에 왕위를 태자 대소帶素에게 전했다. 지황地皇 3년(22) 임오壬午에 이르러 고려왕高麗王 무휼無恤이 이를 치고 왕 대소를 죽이니 나라가 없어졌다.[75]

〈『삼국유사』권1 기이1 동부여東扶餘〉

G-③ 이에 앞서 부여왕 해부루解夫婁가 늙도록 아들이 없어 산천에 제사를 지내 후사를 구하였는데, 그가 탄 말이 곤연鯤淵에 이르러 큰 돌을 보고 마주 대하여 눈물을 흘렸다. 왕이 이를 괴상히 여겨 사람을 시켜 그 돌을 굴리니 금색 개구리 모양[와蛙(개구리)는 와蝸(달팽이)로 쓰기도 한다]의 어린 아이가 있었다. 왕이 기뻐서 말하기를 "이는 하늘이 나에게 주시는 아들인가 보다."라 하고, 이에 거두어 기르고 이름을 금와金蛙라 하였다. 그가 장성하니 책립하여 태자로 삼았다. 후에 그 재상 아란불阿蘭弗이 말하기를, "일전에 하늘이 나에게 내려와 말하기를, '장차 내 자손으로 하여금 이곳에 나라를 세우려고 하니, 너는 이곳을 피하라. 동해가에 가섭원迦葉原이라 하는 땅이 있는데, 토양이 기름지고 오곡五穀이 자라기에 알맞으니 도읍할 만하다.'고 하였습니다." 아란불이 마침내 왕에게 권하여

---

75) 北扶餘王解夫婁之相阿蘭弗夢 天帝降而謂曰 將使吾子孫 立國於此 汝其避之[謂東明將興之兆也] 東海之濱 有地名迦葉原 土壤膏腴 宜立王都 阿蘭弗勸王 移都於彼 國號東扶餘 夫婁老無子 一日祭山川求嗣 所乘馬至鯤淵 見大石 相對淚流 王怪之 使人轉其石 有小兒 金色蛙形 王喜曰 此乃天賚我令胤乎 乃收而養之 名曰金蛙 及其長爲太子 夫婁薨 金蛙嗣位爲王 次傳位于太子帶素 至地皇三年壬午 高麗王無恤伐之 殺王帶素 國除〈『三國遺事』卷1 紀異 東扶餘〉

그곳으로 도읍을 옮기고 나라 이름을 동부여東扶餘라 하였다. 그 옛 도읍에는 어디서 왔는지 알 수 없는 사람이 있어, 스스로 천제天帝의 아들 해모수解慕漱라 칭하며 와서 도읍하였다. 해부루가 죽자, 금와가 왕위를 계승하였다. 이때에 태백산太白山 남쪽 우발수優渤水에서 여자를 만났다. 물으니 말하기를, "저는 하백河伯의 딸로 이름은 유화柳花입니다. 여러 동생들과 함께 나가서 노는데, 이때 한 남자가 스스로 천제의 아들 해모수라 말하면서 저를 웅심산熊心山 아래로 유인하여 압록변鴨綠邊의 방에서 사통하고는 곧바로 가서 돌아오지 않았습니다. 부모는 제가 중매도 없이 다른 사람을 따른 것을 책망하여, 마침내 우발수에 유배되어 살고 있습니다."라 하였다. 금와가 이를 이상하게 여겨 방 안에 가두었는데, 햇빛이 비치자 몸을 끌어당겨 그것을 피하였으나 햇빛이 다시 따라와 비추었다. 이로 인하여 임신하여 알 하나를 낳았는데, 크기가 5승升쯤 되었다. 왕이 알을 버려 개와 돼지에게 주었으나 모두 먹지 않았다. 또 길 가운데에 버렸으나 소와 말이 피했다. 나중에는 들판에 버렸더니 새가 날개로 덮어 주었다. 왕이 이를 가르려고 하였으나 깨뜨릴 수가 없어 마침내 그 어머니에게 돌려주었다. 그 어머니가 물건으로 알을 싸서 따뜻한 곳에 두었더니, 한 남자아이가 껍질을 부수고 나왔는데 골격과 외모가 영특하고 기이하였다. 나이 일곱 살에 영리하고 예사롭지 않아서 스스로 활과 화살을 만들어 쏘았는데 백발백중이었다. 부여의 속어俗語에 활을 잘 쏘는 것을 주몽朱蒙이라 한 까닭에 이로써 이름을 지었다. 금와는 일곱 아들이 있어서 항상 주몽과 함께 놀았는데, 그 재주와 능력이 모두 주몽에 미치지 못하

였다. 그 맏아들 대소帶素가 왕에게 말했다.[76]

〈『삼국사기』 권13 고구려본기1 시조始祖 동명성왕東明聖王〉

G-④ 본기本記에는 다음과 같이 기록하였다. 부여왕夫餘王 해부루解夫婁
가 늙도록 아들이 없어 산천山川에 제사를 지내 후사를 구하였는데, 탄 말
이 곤연鯤淵에 이르자 큰 돌을 보고 눈물을 흘렸다. 왕이 이를 괴이하게
여겨 사람을 시켜 그 돌을 굴리니 금색 개구리 모양의 어린 아이가 있었
다. 왕이 말하기를, "이는 하늘이 내게 아들을 준 것이다."라 하며, 이에
거두어 길러 이름을 금와金蛙라 하고 태자太子로 세웠다. 그 재상 아란불阿
蘭弗이 말하기를, "일전에 천제天帝가 내게 내려와 말하기를, '장차 내 자손
으로 하여금 이곳에 나라를 세우려고 하니, 너는 이곳을 피하라. 동해가
에 가섭원迦葉原이라 하는 땅이 있는데, 토양이 기름지고 오곡五穀이 자라
기에 알맞으니 도읍할 만하다.'고 하였습니다." 아란불은 왕을 권하여 도
읍을 옮기고 동부여東夫餘라 이름하였다. 옛 도읍에는 해모수解慕漱가 천제

---

76) 先是 扶餘王解夫婁 老無子 祭山川求嗣 其所御馬至鯤淵 見大石 相對流淚 王怪之 使人轉其石
有小兒 金色蛙形[蛙一作蝸] 王喜日 此乃天賚我令胤乎 乃收而養之 名曰金蛙 及其長 立爲太
子 後 其相阿蘭弗曰 日者 天降我曰 將使吾子孫立國於此 汝其避之 東海之濱有地 號曰迦葉原
土壤膏腴宜五穀 可都也 阿蘭弗遂勸王 移都於彼 國號東扶餘 其舊都有人 不知所從來 自稱天
帝子解慕漱 來都焉 及解夫婁薨 金蛙嗣位 於是時 得女子於太白山南優渤水 問之 曰 我是河伯
之女 名柳花 與諸弟出遊 時有一男子 自言天帝子解慕漱 誘我於熊心山下 鴨綠邊室中私之 卽
往不返 父母責我無媒而從人 遂謫居優渤水 金蛙異之 幽閉於室中 爲日所炤 引身避之 日影又
逐而炤之 因而有孕 生一卵 大如五升許 王棄之與犬豕 皆不食 又棄之路中 牛馬避之 後棄之野
鳥覆翼之 王欲剖之 不能破 遂還其母 其母以物裹之 置於暖處 有一男兒 破殼而出 骨表英奇
年甫七歲 嶷然異常 自作弓矢射之 百發百中 扶餘俗語 善射爲朱蒙 故以名云 金蛙有七子 常
與朱蒙遊戲 其伎能皆不及朱蒙 其長子帶素言於王曰 〈『三國史記』 卷13 高句麗本紀1 始祖 東
明聖王〉

의 아들이 되어 와서 도읍하였다. 한漢 신작神爵 3년(기원전 59) 임술壬戌에 천제天帝가 태자를 보내 부여왕의 옛 도읍에 내려와 놀았는데, 이름이 해모수解慕漱였다. 하늘에서 내려올 때 오룡거五龍車를 타고, 따르는 사람 백여 인은 모두 흰 고니를 탔다. 채색 구름이 위에 뜨고 음악 소리가 구름 속에서 울렸다. 웅심산熊心山에 머무르다가 10여 일이 지나 비로소 내려오는데, 머리에는 오우관烏羽冠을 쓰고 허리에는 용광검龍光劍을 찼다. 아침에는 곧 정사를 듣고 저물면 곧 하늘로 올라가니, 세상에서 천왕랑天王郎이라 일컬었다.[77]

〈『동국이상국전집東國李相國全集』권3 고율시古律詩 동명왕편東明王篇 병서幷序 세주細註『구삼국사舊三國史』〉

G-①의 『삼국유사』권1 기이紀異1 북부여北扶餘에서는 『고기古記』를 인용하여, 전한 선제宣帝 신작神爵 3년(기원전 59) 임술壬戌 4월 8일에 해모수解慕漱가 오룡거五龍車를 타고 흘승골성訖升骨城에 내려와 북부여北扶餘를 세웠으며, 그의 아들 해부루解夫婁 때에는 동부여로 도읍을 옮겼고, 동명제東明帝가 북부여를 계승하여 졸본주卒本州에 졸본부여卒本扶餘를 세웠으니, 고구려의 시작이라고 하였다. 이 자료에서는 해모수의 아들이 해부루라고 명시되어 있지만,

---

77) 本紀云 夫餘王解夫妻老無子 祭山川求嗣 所御馬至鯤淵 見大石流淚 王怪之 使人轉其石 有小兒金色蛙形 王曰 此天錫我令胤乎 乃收養之 名曰金蛙 立爲太子 其相阿蘭弗曰 日者天降我曰 將使吾子孫 立國於此 汝其避之 東海之濱有地 號迦葉原 土宜五穀 可都也 阿蘭弗勸王移都 號東夫余 於舊都 解慕漱爲天帝子來都 漢神雀三年壬戌歲 天帝遣太子降遊扶餘王古都 號解慕漱 從天而下 乘五龍車 從者百餘人 皆騎白鵠 彩雲浮於上 音樂動雲中 止熊心山 經十餘日始下 首戴烏羽之冠 腰帶龍光之劍 朝則聽事 暮卽升天 世謂之天王郎〈『東國李相國全集』卷3 古律詩 東明王篇 幷序 細註『舊三國史』〉

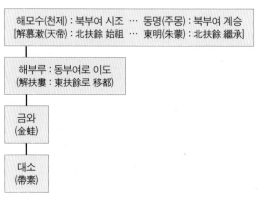

해모수(천제) : 북부여 시조 … 동명(주몽) : 북부여 계승
[解慕漱(天帝) : 北扶餘 始祖 … 東明(朱蒙) : 北扶餘 繼承]

해부루 : 동부여로 이도
(解扶婁 : 東扶餘로 移都)

금와
(金蛙)

대소
(帶素)

〈『삼국유사』 북부여·동부여조에 의한 부여 왕계보〉

동명은 누구의 아들인지 밝혀져 있지 않다. G-②의 해부루-금와 신화는 부여계 일파가 동東으로 이동하여 동부여를 세우는 내용이다. 동부여는 해부루-금와-대소로 왕위가 이어졌으며, 고구려 대무신왕의 공격을 받았다.

여기서 해모수의 북부여는 동부여와 졸본부여의 이전에 존재했던 것으로 나타나고 있다. 부여의 시작이 언제부터인지는 잘 알 수 없지만, 중국사서에서 '부여夫餘'라는 이름은 『사기史記』 권129 화식열전貨殖列傳의 "연燕이 북으로 오환烏丸·부여夫餘와 인접했다"는 기록에 처음 보인다.[78] 이는 진秦 시황제 때 오씨현烏氏縣의 '나倮'라는 사람이 주변 나라들과 장사를 하여 큰 이득을 본 이야기를 전하는 중에 부여라는 명칭을 썼으므로, 부여는 진시황 때 (기원전 246-210)에 존재했던 것이다. 한편, 『사기』 이전의 문헌인 『산해경山海經』 대북황경大北荒經의 "유호불여지국有胡不與之國"에 나오는 '불여不與'를 부여扶餘로 보기도 하고, 『일주서逸周書』 왕회편王會篇에 나오는 '부루符婁'가 부여라

---

78) 北鄰烏桓夫餘 東綰穢貉朝鮮眞番之利〈『史記』卷129 貨殖列傳69〉

는 설, 이순李巡의 『이아爾雅』 석지釋地와 형병邢昺의 『논어주소論語注疏』에 나오는 '부유鳧臾'가 부여라는 설도 있다. 이에 따라 대체로 부여가 세워진 시기를 기원전 7세기 이전으로 보기도 하며,[79] 『사기』 화식열전과 『한서漢書』에 오환烏桓과 함께 역사서에 처음으로 등장한 것을 근거로 하여, 부여가 전한前漢 초기에 등장한 사실만을 분명히 확인할 수 있다고 보기도 한다.[80] 따라서 부여夫餘의 국가國家 성립은 BC 3세기 이후에서 BC 2세기말 사이 어느 시점의 일로 비정하기도 한다.[81]

그런데 G-③의 『삼국사기三國史記』 권卷13 고구려본기高句麗本紀1 시조始祖 동명성왕조東明聖王條에서는 부여왕 해부루가 해모수보다 먼저 자리잡고 있었다. 이후 하늘의 명에 의해 해부루는 동부여로 이동하였고, 해부루의 옛 도읍지에는 어디서 왔는지 알 수 없으나 자칭 천제天帝의 아들인 해모수가 도읍한 것으로 되어 있다. 이에 따르면 해모수와 해부루는 혈통상 아무런 관련이 없을 뿐 아니라, 해부루의 동부여 집단과 해모수의 북부여 집단이 서로 갈등하고 있었다는 해석도 가능하다.[82] 곧, 선주先住하고 있던 해부루 세력을 밀어내고 천제의 아들을 자칭하면서 북부여를 세운 해모수 집단과 동부여의 해부루 집단은 문화적 성격이나 세계관의 측면에서 구분된다.[83]

이처럼 다른 두 기록은 어떻게 합리적으로 이해할 수 있을까? 이를 위해서 『삼국사기』와 『삼국유사』 기록에 나타난 사건의 연대를 서로 비교해 보도록 하겠다. 이를 통해 보면, 주몽의 어머니인 유화는 동부여왕 해부루의 아

79) 사회과학원 력사연구소, 1991, 『조선전사』 2 고대편, 과학백과사전종합출판사, p.133.
80) 송호정, 1997, 「부여의 성립」, 『한국사』 4, 국사편찬위원회, pp.152-153.
81) 박경철, 2005, 「고조선 · 부여의 주민 구성과 종족」, 『북방사논총』 6, pp.149-150.
82) 徐大錫, 1985, 「百濟神話 硏究」, 『百濟論叢』 1; 2001, 『한국신화의 연구』, 집문당, pp.157~159.
83) 金和經, 1998, 「高句麗 建國神話의 硏究」, 『震壇學報』 86, pp.31~45.

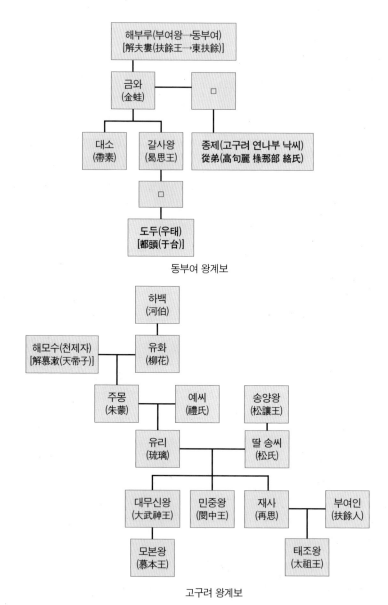

동부여 왕계보

고구려 왕계보

〈『삼국사기』 고구려본기에 의한 동부여와 고구려 왕계보〉

들인 금와왕과 같은 시대이며, 주몽은 금와왕의 아들인 대소와 같은 시대로 되어 있음을 알 수 있다. 이에 따라 『삼국유사』에서 북부여의 마지막 왕인 해부루를 동부여로 이주시키고 졸본부여의 왕이 된 동명이라는 세력은 해부루의 손자 대소와 같은 시대에 살았던 주몽이 아님을 알 수 있다.

그렇다면 고구려의 주몽이 아닌 졸본부여의 동명은 누구인가? 이는 『삼국사기』와 『삼국유사』의 기록을 면밀히 비교해보면 알 수 있다. 해부루는 북부여의 마지막 왕으로 동부여를 세웠는데, 그를 밀어낸 이가 『삼국사기』에서는 해모수로 되어 있으나, 『삼국유사』에서는 동명東明으로 되어 있는 것이다. 이를 합리적으로 해석한다면, 『삼국사기』의 해모수는 곧 『삼국유사』의 동명과 연결될 수 있으며, 그는 고구려의 시조 주몽이 아닌 졸본부여의 동명임을 알 수 있다.

이들 사건을 정리해보면, 북부여의 해부루가 동쪽으로 옮겨 동부여를 세웠으며, 동명東明, 곧 해모수는 졸본卒本에서 북부여를 계승하여 졸본부여卒本扶餘를 세웠다. 그 후 동부여에서 출생한 주몽이 그곳을 달아나 졸본부여에 이르러 동명(=해모수)의 왕업을 이어 고구려를 건국하였다. 따라서 졸본부여의 동명인 해모수와 고구려의 주몽은 사건의 연대상으로 보아 구분될 수밖에 없다.

여기서 『삼국유사』와 『삼국사기』에 나타난 신화적인 사건들 사이의 선후 관계를 통해 인물들 사이의 계보와 그 실체를 밝힌다는 것이 신화와 역사 사이의 관계에 있어서 얼마나 의미를 가지는 것인지에 대해 회의를 가질 수도 있다. 그러나 이들이 각각 그 집단의 이데올로기를 담고 있는 신화들이므로 사료마다 조금씩 다르게 기록되긴 했지만, 결국 같은 사건에 대한 이야기를 담고 있는 것이기 때문에, 그 신화들 사이의 차이를 면밀히 살펴보고, 그 속에서 역사적 실체를 찾아나가는 작업은 의미가 있다고 생각된다.

능원시(凌源市) 삼관전자(三官甸子) 출토 뱀이 개
구리를 삼키는 모습의 청동 장식(요령성 박물관)

능원시(凌源市) 삼관전자(三官甸子) 출토 청동 개구리.
동부여 금와(金蛙)를 연상케 한다.

그렇다면, 그에 대한 비교를 좀 더 해보기로 하겠다.

　북부여, 동부여, 졸본부여, 부여에 관한 기록 가운데에는 서한西漢 신작神爵 3년 임술(BC 59년)이라는 연대가 보인다. 『삼국유사』 북부여조 인용 『고기古記』에서는 신작神爵 3년에 해모수에 의해 북부여가 건국되었고, 해모수의 아들이 해부루라고 하였다. 그러나 G-④의 「동명왕편東明王篇」에 인용된 『구삼국사舊三國史』에서는 북부여의 해부루가 동쪽으로 옮겨 동부여를 세운 뒤 옛 북부여 자리에 해모수가 와서 자리를 잡았는데, 신작神爵 3년을 해모수가 북부여의 옛 도읍에 자리잡은 연대로 기록하였다. 『제왕운기』에 인용된 '본기本紀'에도 같은 연대관이 적용되었다.[84] 이에 따르면 서한西漢 신작神爵 3년은 북부여의 건국 연대가 아니라 북부여의 통치자가 해부루에서 해모수로 교체된 연대이다. 『구삼국사舊三國史』에서는 해모수가 강림한 신작 3년 임술 4월로부터 꼭 1년 뒤인 신작 4년 계해 4월에 주몽이 태어났다고 하였다. 여

---

84) 本紀云 漢神雀三年壬戌 天帝遣太子解慕漱 《『帝王韻紀』 下 東國君王開國年代》

기서 주몽은 해모수와 하백河伯의 딸 유화柳花 사이에서 출생하였으니, 해모수와 주몽의 등장은 시간적으로 해부루보다 뒤늦은 사건이다.

『삼국사기』 고구려본기에서 고구려의 건국 연대는 서한西漢 건소建昭 2년인 BC 37년으로 기록되었다. 그러므로 부여의 건국(BC 59년)과 고구려의 건국(BC 37년) 사이에는 22년의 시차가 있다. 고구려 건국 당시 추모의 나이를『삼국사기』고구려본기에 따라 22세로 본다면, 북부여나 동부여의 건국 연대로 기록된 BC 59년의 다음해인 BC 58년에 추모가 출생한 것이 된다. 그런데 만약 BC 59년에 해모수에 의해 북부여가 건국되었다면, 해모수의 손자뻘 되는 금와金蛙가 다스리는 동부여로부터 도망한 주몽이 BC 37년에 고구려를 건국한다는 것은 불가능하다. 해부루가 늙어 자식이 없어 금와를 얻은 뒤,

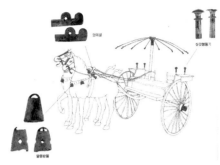

부여 시기의 수레 복원도
(평양 상리 출토품, 이건무·조현종, 2003)
북부여 천제 해모수가 탔던 오룡거(五龍車)는 이러한 모습이었을 것이다.

평남 순천 천왕지신총의 천왕(天王)
천왕랑(天王郎)이라 일컬어지기도 한 해모수를 연상케 한다.

부여 수레장식품으로 사용된 청동 얼굴
(길림 모아산 출토)

금와가 자라서 해부루를 이어 왕이 된 후에 유화를 만나고 나서 주몽이 탄

생했기 때문이다.

그렇다면『삼국유사』에서는 어떤 이유로 해모수를 북부여의 건국자로 기록하였을까?『삼국유사』기이 고구려조의 주석에 따르면, 해모수는 해부루의 아버지인 동시에 주몽의 아버지이고, 해부루는 단군의 아들인[85] 동시에 해모수의 아들로 되어 있다. 이에 의하면 해부루와 주몽의 아버지는 단군이면서 해모수라고도 불렸으므로, 단군과 해모수는 같은 칭호로 여겨졌음을 알 수 있다. 단군은 고조선의 최고 통치자에 대한 칭호로 하느님 또는 하느님의 아들이라는 의미를 지니고 있으며,[86] 해모수는 해머슴애, 즉 해의 아들이라는 뜻을 가진다는 견해가 있다.[87] 이러한 언어학적 해석은 문제가 있을 수 있지만, '단군'과 '해모수'라는 칭호가 고유명사가 아니라 일반명사처럼 쓰일 수 있었던 이유로는 어느 정도 받아들일 수 있을 것이다. 또한, 주몽의 선조인 해모수가 단군과 동일시되었다는 점은 고구려의 고조선 계승 의식과도 관련지을 수 있겠다.[88]

해모수 신화는 천제天帝인 해모수가 하늘에서 내려와 흘승골성訖升骨城에 도읍을 정하고 북부여를 세우는 내용으로, 해모수의 신격은 천신계天神系면서 태양신太陽神의 모습을 지니고 있기도 하다. G-④처럼 오룡거五龍車를 타고 까마귀 깃털 관을 쓰고 용광검을 찼으며, 아침에 정사를 보고 저녁에 하늘

---

85) 壇君記云 君與西河伯之女要親 有産子 名曰夫婁〈『三國遺事』卷1 紀異 高句麗 細註)

86) 崔南善, 1927,「不咸文化論」,『朝鮮及朝鮮民族』, 朝鮮思想通信社; 1973,『六堂崔南善全集』2, 玄岩社, pp.56~61.

87) 金庠基, 1984,「國史上에 나타난 建國說話의 檢討」,『東方史論叢』, 서울대출판부, pp.6~7.

88) 조법종, 2005,「고구려 고분벽화에 나타난 단군 인식 검토」,『단군학연구』12; 2005,「한국 고대사회의 고조선 · 단군인식 연구-고조선 · 고구려시기 단군인식의 계승성을 중심으로-」,『先史와 古代』23; 2006,「고구려의 고조선 계승」,『고조선 고구려사 연구』, 신서원.

로 올라갔다는 표현은 바로 태양을 묘사한 것이다.[89] 이러한 천체天體 신화론은 가장 단순하고 명백한 신화 형태를 전제로 하는데, 에렌라이히Paul Ehrenreich는 이를 '자연신화 메르헨maturmythologisches Märchen'이라고 불렀다. 이들 주요한 형태Urmaren들은 단순히 눈에 보이는 것과 관련되어 있으며, 그들이 받은 인상과 겉모습을 일상적인 관계로 표현하였다.[90] 앞에서 살펴본 『속일본기續日本紀』 기록에서는 고구려 시조 주몽이 아닌 백제 시조 도모都慕(=동명東明)에 대하여 '감일정感日精'이나 '일신강령日神降靈'이라고 표현하였는데, 이는 국내사서에 나타난 해모수의 모습과 연관될 수 있다고 생각된다. 중국사서에 나타난 동명의 모습 역시 마찬가지이다.

그렇다면 『삼국사기』에 따라 북부여의 해부루가 동쪽의 가섭원으로 이주한 뒤에 북부여 계승을 내세우며 졸본 지역에 와서 스스로 해모수라 했던 인물이 있고, 『삼국유사』에 따라 해부루의 아버지로 북부여 시조로 전해지는 해모수라는 인물도 있었다고 상정해볼 수 있다. 『삼국유사』에서는 이처럼 두 부분에 나타나는 해모수를 두고, 북부여 건국자는 해모수로, 졸본부여의 건국자는 동명으로 나누어 기록하였다. 그 결과 해부루가 동쪽으로 이동한 뒤 졸본 지역에서 북부여 계승을 내세우며 해모수(=동명)를 자처한 인물이 등장한 연대를 북부여의 건국 연대로 기록하게 된 것이다.

한편, 해모수의 실체를 이처럼 두 인물로 보지 않고 졸본부여를 세운 한 집단으로만 볼 수도 있다. 그렇게 본다면, 후에 해모수 집단이 해부루 집단을 압도하여 정치적 주도권을 잡게 되었으며, 이렇게 변화된 상황 속에서 해모수 집단이 해부루 집단과의 관계를 새로이 조절하게 된 결과, 해모수가

---

89) 李志映, 1995, 『韓國神話의 神格 由來에 관한 硏究』, 태학사, pp. 17~35.
90) 스티스 톰슨 著, 黃浿江 監修, 尹勝俊・崔光植 共譯, 1992, 『說話學原論』, 啓明文化社, p. 470.

해부루를 낳았다고 하는 부자관계父子關係가 설정된 것으로 볼 수도 있다. 이와 같은 부자관계는 실제 혈연상의 관계가 아니라, 일정지역에 공존하고 있던 두 집단 사이의 우열관계나, 그들이 통합되었을 때 그 결합을 합리화하려는 데서 훗날의 현실적 관계가 시조대로 소급되어 나타난 것이다.[91] 필자는 북부여 시조 해모수와 북부여 계승을 내세우며 졸본 지역에 와서 스스로 해모수라 했던 인물이 모두 존재했을 가능성이 크다고 본다.[92]

  H. 『주림전珠琳傳』 21권에는 다음과 같이 기록하였다. "옛날 영품리왕寧稟離王의 시비侍婢가 임신을 하였다. 점쟁이가 점을 쳐 말하기를, '귀하므로 마땅히 왕이 됩니다.'라 하였다. 왕이 말하기를, '내 자식이 아니니 마땅히 죽여야 한다.'고 하였다. 시비侍婢가 말하기를, '하늘로부터 기운이 내렸으므로 제가 임신한 것입니다.'라 하였다. 아들을 낳자 상서롭지 못하다고 여겨 돼지우리에 버리니 돼지가 입김을 불어 덥히고 마굿간에 버리니 말이 젖을 먹여 죽지 않았다. 마침내 부여의 왕이 되었다." [이는 동명제가 졸본부여의 왕이 된 것을 이른다. 이 졸본부여는 또한 북부여의 별도別都이므로 부여왕이라 한 것이다. 영품리는 부루왕의 다른 칭호이다.][93]　　　　　　　〈『삼국유사』 권1 기이紀異1 고구려高句麗〉

---

91) 盧重國, 1983, 「東夫餘에 關한 몇 가지 問題에 대하여」, 『韓國學論集』 10, p. 22.

92) 이와 관련해서는 후대의 인물이 선대의 걸출한 인물에 부회되어 신화화되는 모습을 말한 엘리아데의 "역사적 인물의 신화화"라는 이론이 흥미롭다. 필자는 이에 근거하여 마한 시조 무강왕 신화가 백제 무왕에 부회되고, 다시 후백제 견훤에도 부회되는 모습을 이장웅, 2012, 「百濟의 馬韓 薯童(武康王) 神話 수용과 益山 彌勒寺」, 『역사민속학』 38에서 살펴보았다. 해모수나 동명이라는 이름이 여러 인물에 부회되어 나타나는 것도 이러한 신화적 세계관을 통해 그 근거를 찾을 수 있다고 본다.

93) 珠琳傳第二十一卷載 昔寧稟離王侍婢有娠 相者占之曰 貴而當王 王曰 非我之胤也 當殺之 婢

여기서 또 한가지 유의할 점은 일반적으로 흘승골성=홀본=졸본으로 이해되고 있지만, 『삼국유사』 북부여조의 찬자는 '흘승골성'과 '졸본(주)'를 별개의 지명으로 서술하고 있다는 것이다. 즉, 흘승골성은 해모수의 북부여도읍지로, 졸본은 동명의 졸본부여 도읍지로 설정하였다.[94] 이는 H의 고구려조에서 『주림전珠琳傳』 권21을 인용하여 영품리왕의 시비侍婢에게서 태어난 이가 부여왕이 된 내력을 소개한 끝에 부기한 분주에서도 확인되는데, 여기서는 졸본을 북부여의 별도別都로 이해하였다.[95] 이러한 점도 북부여의 해모수와 졸본 지역에서 북부여 계승을 내세우며 해모수(=동명)를 자처한 인물이 착종된 것과 연관지어 설명할 수 있을 듯하다.

이처럼 해모수를 동명東明으로 비정한 예는 신경준의 『여암전서旅菴全書』5 강계고疆界考 동부여국東夫餘國 졸본부여국조卒本夫餘國條에서 찾아볼 수 있다.[96] 그는 해모수解慕漱와 동명이 그 탄생의 신이함, 외국 출신으로 부여의 왕이

日 氣從天來故我有娠 及子之産謂爲不祥 捐圈則猪嘘 弃欄則馬乳 而得不死 卒爲扶餘之王[即東明帝爲卒本扶餘王之謂也 此卒本扶餘亦是北扶餘之別都 故云扶餘王也 寧禀離乃夫婁王之異稱也]〈『三國遺事』卷1 紀異1 高句麗〉

94) 이강래, 2005, 『삼국유사』 기이편의 자료 수용 방식」, 『삼국유사 기이편의 연구』, 한국학중앙연구원, pp. 30~34.

95) 卽東明帝爲卒本扶餘王之謂也 此卒本扶餘 亦是北扶餘之別都〈『三國遺事』卷1 紀異1 高句麗〉

96) 按以三國史觀之 朱蒙爲北夫餘王解慕漱之子 而解慕漱與夫婁爲不相知之人矣 以東國記異觀之 解夫婁爲解慕漱之子 而東史補遺 以朱蒙爲解夫婁異母弟宜矣 然而解慕漱之開國 在神爵壬戌 朱蒙之開國 在建昭甲申 而時年二十二 則是慕漱開國之翌年在朱蒙也 解夫婁老而無子 得金蛙 金蛙旣長而夫婁薨 金蛙嗣爲君 而見柳花之始生朱蒙 攷其年歲 則夫婁恐不當爲解慕漱之子 而三國史之言爲是矣 皆解夫婁本北夫餘王 而移都迦葉爲東夫餘王者也 解慕漱卽代夫婁爲北夫餘王 而疑是後漢書所謂索離國王子東明南奔至夫餘王之者也 漢書云 天上有氣 大如鷄子來降 生東明 東史亦云 解慕漱是天帝之子 則慕漱與東明 其生之神異相同 來自外國而爲王夫餘者又相同 起於西漢末者 又相同 解慕漱果是東明 而解慕漱則其名東明則其號耶〈『旅菴全書』5 疆界考 東夫餘國 卒本夫餘國〉

된 점, 서한西漢 말기에 나라를 일으킨 점 등이 서로 같기 때문에 이 두 인물을 같은 인물로 보았다. 이외에도 『동문선東文選』 권2 부賦에 수록된 최자崔滋의 삼도부三都賦에서는 해모수의 행적이 동명의 이름으로 읊어지고 있다.[97]

한편, 백제 계통 전승인 온조전승이나 비류전승에서는, 주몽으로 표현되었으나 실제는 동명으로 볼 수 있는 인물이 북부여北扶餘에서 남래南來하였다거나, 해부루解夫婁가 북부여왕北扶餘王이었다는 북부여北扶餘 출자의식出自意識이 보이고 있다. 고구려가 북부여 출자의식을 갖고 있었음은 「광개토왕릉비廣開土王陵碑」나 「모두루묘지牟頭婁墓誌」 등 당대의 금석문金石文에서 확인할 수 있지만, 『삼국사기』나 『삼국유사』 등에서는 주몽의 북부여 출자를 찾아보기 어렵고, 오히려 동부여東扶餘 출자가 기술되고 있다. 따라서 온조전승이나 비류전승의 북부여 출자 기사는 백제의 전승傳承으로 주목해볼 필요가 있다.

이와 관련하여, 성왕聖王은 538년에 웅진에서 사비로 천도하면서 국호를 남부여南扶餘로 바꾸었다고 한다.[98] 하지만 그 이전 기록인 『일본서기日本書紀』 계체천황繼體天皇 23년조年條(529)에서는 백제를 그냥 부여扶餘라고 쓰면서 일본측에서 말하는 백제의 이름 '구다라'라고 읽기도 한다는 기록이 있다.[99] 이는 백제가 529년 당시에 이미 국호를 바꾸고 사비천도를 준비하기 시작했다는 것을 뜻한다. 그리고 만주의 부여가 494년에 끊어졌다는 사실을 생

---

97) 西都之創先也 帝號東明 降自九玄 乃眷下土 此維宅焉 匪基匪築 化城屹然 乘五龍車 上天下天 導以百神 從以列仙 熊然遇女 來往翩翩〈『東文選』卷2 賦 崔滋 三都賦〉
98) 移都於泗沘[一名所夫里] 國號南扶餘〈三國史記 卷26 百濟木紀4 聖王 十六年〉
99) 是月 遣物部伊勢連文根吉士老等 以津賜百濟王 於是 加羅王謂勅使云 此津 從置官家以來 爲臣朝貢津涉 安得輒改賜隣國 違元所封限地 勅使父根等 因斯難以面賜 却還大嶋 別遣錄史 果賜扶餘(クダラ) 由是加羅結儻新羅 生怨日本〈『日本書紀』卷17 繼體天皇 23年 春三月〉
李弘稙, 1971, 「百濟 建國說話에 대한 再檢討」『韓國古代史의 硏究』, 新丘文化社, p.316.

각하면,[100] 성왕이 실은 '남부여南扶餘'라는 국호가 아닌 '부여扶餘'라는 국호를 사용했을지도 모른다. 곧, '남부여'의 '남南'은 방위명方位名을 붙인 북부여北扶餘, 동부여東扶餘 등과 구별하기 위해 덧붙인 접사일 가능성이 있다.[101] 이를 통해 백제가 부여와 연결될 뿐 아니라, 부여의 멸망 후에는 부여 자체와 동일시되기도 했다는 사실을 알 수 있다. 부여가 비록 멸망하였지만 백제에서 국호를 개칭하면서까지 남쪽에서 부여를 잇는 정통 왕조라는 점을 표방한 것은, 당시 부여의 적자를 두고 고구려와 벌인 치열한 경쟁의식과 관계가 있다.

그렇다면 백제의 온조전승이나 비류전승에 나타나는 북부여北扶餘는 「광개토왕릉비廣開土王陵碑」나 「모두루묘지牟頭婁墓誌」에 나타나는 고구려의 천하관에 의한 것이 아니라, 백제가 '부여扶餘(남부여南扶餘)'로 국호를 바꾸면서 이에 대응하여 과거의 부여를 북부여北扶餘라 칭한 백제의 천하관에 의한 것일 수도 있다. 게다가 『삼국유사』 권1 기이紀異1 남부여南扶餘 전백제조前百濟條의 첫머리에는 "남부여南扶餘 전백제前百濟 북부여는 이미 위에서 살펴보았다[北扶餘已見上]"라는 기록이 있어, 남부여인 전백제가 북부여와 어떤 관련이 있음을 내비치고 있기도 하다.

정리해 보면, 그 동안 졸본부여의 실체에 대해서는 고구려와 동일시하는 견해가 많았지만, 『삼국유사』의 기록을 면밀히 살펴본 결과, 졸본부여는 고구려가 건국되기 이전에 북부여의 별도別都인 졸본에 자리잡았던 부여계의 국가였으며, 고구려의 주몽과 구별되는 동명이 자리잡고 있었다. 그리고 그 동명이라는 인물은 『삼국사기』에 의하면 해모수로 표현되기도 했다.

---

100) 『三國史記』高句麗本紀 文咨明王 3年.
101) 李道學, 1991, 「方位名 夫餘國의 성립에 관한 檢討」, 『白山學報』 38, pp.11~18.

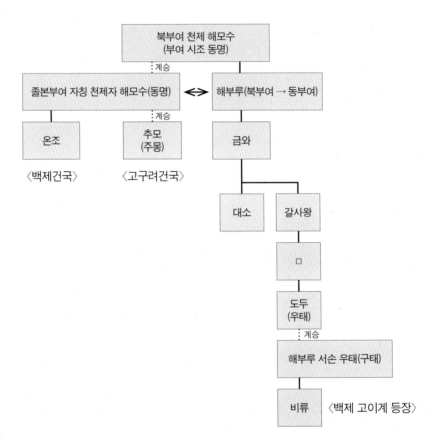

본고의 내용을 정리한 부여 · 백제 계보도

『삼국사기』 권33 백제본기百濟本紀1 시조始祖 온조왕조溫祚王條에 의하면, 단순한 '졸본卒本'이 아니라 '부여扶餘'라는 명칭을 덧붙여 놓았으니, 이는 이 일대가 비록 고구려의 첫 도읍지였지만, 당시까지는 부여와 직·간접적으로 관련을 맺었던 곳이었다고 할 수 있는 근거가 된다.[102] 이처럼 분명히 졸본 지역에는 고구려 건국 이전에 이미 정치집단이 자리잡고 있었으며 기록상 부여를 표방하고 있었다는 점에서, 본고에서는 고구려 건국 이전의 졸본부여를 상정하고,[103] 그곳에 자리잡았던 인물을 동명, 곧 해모수로 보고자 한다. 한편, 고구려 건국 이전의 졸본부여를 고구려 이전에 자리잡았던 연나부(연노부, 소노부) 주도권 시기의 구려와 동일시하는 견해도 있다.[104] 이에 따르면 주몽의 집권으로 5부 안에서 연나부에서 계루부 왕실에 의한 세력교체가 있었다고 한다.[105]

위와 같은 사실로 보아도 온조전승이나 비류전승의 북부여北扶餘 출자 기사가 나타나고 있는 『삼국사기』 백제본기와 『삼국유사』 북부여 관련기사의 계통성은 백제계 자료로 생각할 수 있다. 특히 해모수解慕漱의 아들이 해부루解夫婁라는 전승은 『삼국사기』가 전하는 주몽전승과는 상당히 다르기 때문에, 백제 계통 전승일 가능성이 크다.[106] 고구려에서는 동명신화를 변용한 주몽신화를 생성시킨 반면에, 백제에서는 부여 동명신화를 그대로 자신의 신화로 사용하면서 그 시조로 인식된 인물이 졸본부여의 동명(=해모수)이

102) 朴燦圭, 2003, 「百濟의 始祖 傳乘과 出自」, 『先史와 古代』 19, p. 41.
103) 최근 고구려 초기도읍과 비류국 및 졸본부여 세력과 관련하여 다음의 논고가 참고된다.
    조법종, 2007, 「고구려 초기도읍과 비류국성 연구」, 『白山學報』 77.
104) 사회과학원 력사연구소, 1991, 『고구려편-조선전사 개정판 3』, 과학백과사전종합출판사, p. 22.
105) 사회과학원 력사연구소, 1991, 『조선전사』 2 고대편, 과학백과사전종합출판사, p. 167.
106) 林起煥, 1998, 「百濟 始祖傳承의 형성과 변천에 관한 고찰」, 『百濟研究』 28, p. 14.

었기 때문에, 동명의 실체가 고구려 계통 자료보다 백제 계통 자료에 더 잘 나타나고 있는 것으로 생각된다.

Ⅲ. 마무리

이번 장에서는 부여사扶餘史, 고구려사高句麗史, 백제사百濟史의 출발점에 있으면서 우리 역사상 매우 중요한 존재인 동명東明에 대하여 나름대로 일정한 실체를 밝혀보고자 하였다.

그 동안 일반적으로 동명이라고 하면 고구려사와의 연관만을 생각해왔으며, 최근의 연구성과에 의해 고구려의 주몽과 부여의 동명이 구분된다는 정도까지는 이해되고 있다. 한편, 이와 관련된 백제사 쪽의 연구는 시조 전승과 관련하여 온조전승, 비류전승, 구태전승과 관련된 연구성과가 많이 이루어졌으며, 온조전승이 부여 동명신화와 연결될 수 있다거나, 구태의 선조가 동명이라는 정도로 논의가 이루어지고 있다.

하지만 고구려의 주몽과 부여의 동명이 구분된다면, 부여의 동명이라는 존재는 국내사서에서 어떠한 존재로 나타나고 있는지, 또한 백제의 원조遠祖로 알려진 동명이라는 존재는 과연 누구인지에 대한 비교 연구는 아직 깊게 이루어지지 않았다.

이에 지금까지 고구려 계통 자료를 통해 이루어졌던 동명이라는 존재에 대해, 백제 계통의 자료로 생각되는『삼국유사』와『삼국사기』백제본기의 자료에 주목하여, 이들 자료와 고구려 계통 자료의 비교를 통해 동명의 실체에 좀 더 다가가고자 하였다. 그 결과『삼국유사』에 나타난 졸본부여의 동명이『삼국사기』고구려본기에 나타난 자칭 천제자 해모수와 연결될 수 있으며, 동시에 그가 백제의 원조遠祖로 백제 동명신화의 주인공이었음을 살펴볼 수 있었다.

졸본부여는 고구려가 자리잡았던 곳과 같은 지역에서 고구려 이전에 자리잡고 있었던 부여계 집단으로, 그 동안 고구려와 동일시하기만 했을 뿐 그 존재를 크게 인정하지 않았다. 하지만 고구려 계통 자료만이 아니라 백제 계통 자료와 중국쪽 기록 및 고고학 자료를 검토해본 결과, 고구려 건국 이전에도 그 지역에 세력집단이 있었던 것은 분명하며, 그 집단에 대하여 본고에서는 백제 계통 자료에 따라 졸본부여라는 명칭을 사용한 것이다.

이렇게 본다면, 백제의 종족 계통을 두고 문헌에서는 부여계통으로 나타나는데, 한강유역의 적석묘로 대표되는 고고학적인 모습은 고구려 계통으로 나타나 서로 맞지 않는다는 문제의 해결에도 어느 정도 도움을 줄 수 있을 것으로 기대한다. 곧, 고구려 이전의 졸본부여 시절에도 적석묘는 사용되었고, 그들을 부여계통으로 분류할 수 있다면, 이 지역에서 남하하여 부여의 계승을 내세웠던 백제의 문화적 성격을 고구려로만 연관시키지 않아도 될 것이다.

지금까지 백제 계통 자료로 살펴본 졸본부여의 동명신화는 해모수 신화와 관련되면서 백제 건국전승의 한 계통인 온조전승과 관련된 것으로 보았다. 복잡하게 엉켜있는『삼국유사』와『삼국사기』및 중국사서와 일본사서에 나타난 초기의 건국신화 관련 자료들을 합리적으로 분석하려다 보니, 논리의 비약이 많았을 것으로 생각된다. 이러한 문제에 대해서는, 다음 장에서 백제 건국전승의 또 다른 계통인 해부루-우태-비류 계통 전승과 중국사서의 구태에 대한 분석을 통해, 이들 전승이 백제 정치사에서 어떤 의미를 가지며 변용되었는지에 대해서 좀 더 깊이 살펴보고자 한다.

제 3 장

백제 시조 구태 · 비류 전승의 성립과
동부여 · 고구려 · 공손씨 정권

백제百濟의 건국전승建國傳承은 신성성을 지닌 신화神話로서의 면모가 잘 드러나지 않으므로, 단군신화나 주몽신화 등과 같은 건국신화建國神話로 다루기에는 문제가 있다고 한다. 곧, 『삼국사기』에 전하는 온조와 비류 전승은 시조의 신이한 탄생이나 신성한 행적을 보여주는 영웅 전승적 성격이 미약하고, 천天과의 직접적인 관련성도 보이지 않은 채 비교적 합리적인 부분만 정리되어 있다.[1] 그리고 백제의 건국과 관련된 인물로는 동명東明, 온조溫祚, 비류沸流, 구태仇台, 도모都慕 등이 사서에 복잡하게 나타나고 있다. 그리하여 백제는 일찍부터 건국신화를 경시하는 경향이 있었다는 견해도 있고,[2] 백제에는 주몽朱蒙, 소서노召西奴, 우태優台, 비류, 온조 등 구체적인 실존인물들이 등장할 뿐 고조선, 부여, 고구려, 신라 등과는 달리 고유의 건국신화가 없다고 보면서[3] 어버이의 나라인 고구려에 열등의식을 지닐 수밖에 없었다고 말

---

1) 최광식, 2006, 『백제의 신화와 제의』, 주류성, p.58.

2) 井上秀雄, 1974, 「朝鮮の建國神話」, 『新羅史基礎研究』, 東出版, pp.481-482.

3) 원래 국문학계에서는 '說話'라는 큰 범주 안에 신성성을 가진 '神話', 영웅적 인물의 奇行談인 '傳說', 평범한 인물의 흥미로운 체험인 '民譚'이 모두 들어가 있다(장덕순, 1995, 『한국 설화문학 연구』, 박이정, pp.3~9). 그런데 역사학계에서는 일반적으로 신성성이 있는 이야기를 '神話'로, 신성성이 제거된 이야기를 '說話'로 칭하고 있다. 백제의 建國傳承으로 지금 전해지는 기록들은 '說話'의 모습을 띠고 있으나, 원래는 신성성을 지닌 '神話'의 모습이었을 것이다. 본 고는 현재 전해지고 있는 傳承을 통해 백제의 建國神話를 복원하려는 입장에 있으므로, '說話'보다는 '傳承'이라는 용어를 쓰고자 한다.

하기도 한다.[4]

신화神話는 그 신성성神聖性을 본질로 하며, 이 신성한 이야기는 제의祭儀 (ritual)라는 특정한 연행演行 맥락 속에서 전승되었다.[5] 제의는 일상생활의 여타 행위와 분명히 구별되는 의사소통 행위의 특정화된 양식이며, 신화는 바로 제의라는 의사소통의 장에서 생성되는 메시지로 간주된다. 그러므로 신화의 거룩성은 신화를 실재實在로 수용하는 제의 집단, 해석학적 공동체를 전제로 하기 때문에, 제의 집단이 없다면 신화의 거룩성과 제의성은 사라질 수밖에 없다.[6]

현재 전해지고 있는 백제의 건국전승에는 신성성이 제거되어 있지만, 동명묘東明廟와 구태묘仇台廟로 표현된 시조에 대한 제사 기록이 전해지고 있다. 신화神話와 제의祭儀와의 관계가 상즉적相卽的이며, 신화가 선행하여 그것이 의례로 재현·표출된다고 한다면,[7] 제의가 전해진다는 것은 반드시 거기서 구연된 신화가 있다고 볼 수 있으며, 백제의 건국신화도 분명히 존재했을 것이다.

이에 따라 필자는 백제의 동명묘東明廟 제의에서 구연되었을 동명신화東明神話가 졸본부여卒本扶餘의 동명신화였으며, 백제 동명東明-온조溫祚 전승의 주인공인 동명이 해모수解慕漱와 연결될 수 있음을 살펴본 바 있다.[8] 본고에서

---

4) 최몽룡·김경택, 2005,『한성시대 백제와 마한』, 주류성, p.124.

5) 大林太良 著, 兒玉仁夫·權泰孝 譯, 1996,『神話學入門』, 새문사, pp.147-148.

6) 이경재, 2002,「신화적 세계」,『신화해석학』, 다산글방, pp.116-117.

7) 玄容駿, 1992,「韓國神話와 祭儀」,『巫俗神話와 文獻神話』, 集文堂, p.306. 신화와 제의의 선후 관계에 내해서는 여러 견해가 있다. 몸동작의 제의 행위와 이미지 속에는 이미 특정한 이야기인 신화가 내포되어 있다는 점에서, 신화와 제의는 선후를 따질 수 없는 동시적 사건으로 보기도 한다(이경재, 2002,「제의와 신화」,『신화해석학』, 다산글방, pp.82-83).

8) 이장웅, 2008,「百濟 系統 資料로 본 卒本扶餘의 東明神話」,『白山學報』81.

는 그에 이어 구태묘仇台廟 제사와 관련되며, 동명-온조 전승과는 다른 계통의 건국전승으로 전해오고 있는 해부루解夫婁-우태優台-비류沸流 전승에 대해 분석해 보고자 한다.

이는 지금까지 온전하게 전해오고 있지 않은 백제百濟의 건국신화建國神話를 복원하려는 작업의 일환이다. 건국신화와 시조신화始祖神話는 다르다. 대체로 건국신화도 왕가王家의 시조始祖에 관한 것이므로 시조신화를 겸하고 있다는 것이 일반론일 것이다. 하지만 원래는 시조신화가 건국신화로 발전하는 과정에서 시조신화가 건국신화에 포괄되면서, 시조신화는 없어지고 남아 전하는 것이 건국신화이다.[9] 본고는 역사적 상황의 변화에 따라 여러 시조신화들이 백제의 건국신화에 편입되면서 건국신화가 변화해 나가는 과정을 살펴보기 위한 준비 작업으로, 백제 건국신화에 편입된 한 계통의 시조신화였을 해부루解夫婁-우태優台(구태仇台)-비류沸流 전승을 분석하려는 것이다.

백제의 건국과 관련된 동명東明, 온조溫祚, 비류沸流, 구태仇台, 도모都慕 등 복잡한 전승들에 대해서는 다양한 논의들이 전개되었다.[10] 게다가 백제 왕실교대론이 제기되면서 백제의 건국집단을 비류계沸流系와 온조계溫祚系로 나누고, 비류를 우태優台와, 온조를 주몽朱蒙과 각각 연결시킴으로서[11] 복잡한 양상이 전개되었다. 또한, 백제 건국 관련 기사의 이해는 『삼국사기』 초기기록을 역사적 사실의 반영으로 인정하려는 긍정론과, 일부만을 인정하거나 기년을 조정하려는 절충론으로 나뉘어져 고대국가의 형성 시기와 관련하여서

---

9) 조현설, 2003, 『동아시아 건국 신화의 역사와 논리』, 문학과지성사, p. 257.
10) 이에 대한 연구동향은 박현숙, 2005, 「백제 建國神話의 형성과정과 그 의미」, 『韓國古代史研究』39 참조.
11) 千寬宇, 1976, 「三韓의 國家形成」(下), 『韓國學報』3.
　　李基東, 1981, 「百濟 王室交代論에 대하여」, 『百濟研究』12.

도 논쟁이 전개되고 있다.[12]

백제 건국전승과 연결된 지배집단의 계통성에 대해서도 고구려로 볼 것인지, 부여로 볼 것인지를 둘러싸고 많은 논의가 있어 왔다.[13] 그동안 대체로 부여-고구려계라고 포괄적으로 이야기되었으나, 백제가 고구려를 거쳐서 부여와 연결되느냐, 아니면 부여와 직접 연결되느냐 하는 문제는 백제와 고구려 사이의 관계에서 매우 중요하다. 일단 백제를 건국한 세력은 분명히 고구려를 건국한 주체보다 먼저 부여에서 내려와 압록강 유역에 자리잡고 있다가 한강 유역으로 내려온 세력이므로,[14] 고구려와 연결되었다고 보기는 어렵다. 곧, 백제의 건국은 졸본부여의 세력 재편에 따른 고구려의 건국과 관련이 있으며, 고구려보다 먼저 자리잡고 있던 졸본부여의 원래 세력인 동명(해모수)-온조 집단이 동명신화를 지니고 남하한 것이다.[15] 그리고 백제 건국전승에서 동명(해모수)-온조 전승과 함께 또 하나의 축을 이루고 있는 해부루-우태-비류 전승은 동부여 계통이면서 고구려와의 관련 속에 복잡하게 전개되는데, 본고는 이에 대한 역사적 의의에 중점을 두고 살펴보고자 한다.

백제의 건국세력으로 등장하는 대표적인 인물은 온조溫祚와 비류沸流인데, 우선 이들 두 시조전승이 서로 연결됨을 논하기도 한다. 두 전승은 비류와 온조가 형제라는 것과 그들의 생모生母와 주몽이 부부관계라는 것이 공통된

---

12) 이에 대한 정리는 이도학, 1990, 「백제의 기원과 국가형성에 관한 재검토」, 『한국고대국가의 형성』, 민음사 및 박현숙, 2006, 「백제의 성립과 발전」, 『한국고대사입문』 2, 신서원 참조.
13) 백제 시조전승과 관련된 기존 연구성과에 대한 정리는 李鍾泰, 1996, 『三國時代의 '始祖' 認識과 그 變遷』, 국민대 박사학위논문, pp.86~94이 참고된다.
14) 김영심, 2007, 「백제 한성도읍기 문화의 계통성과 특색」, 『한성백제의 역사와 문화』, 서경문화사, pp.72~77.
15) 이장웅, 2008, 「百濟 系統 資料로 본 卒本扶餘의 東明神話」, 『白山學報』 81.

점임을 지적하면서, 이를 전제로 그들 사이의 다른 부분을 고려하여, 비류와 온조는 동모同母의 형제이지만 형인 비류의 생부生父는 우태優台이고 아우온조의 생부生父는 주몽인 것이 후대에 변형되어 두 개의 상이한 시조전승을만들었다는 것이다.[16] 이러한 관점에서 온조·비류가 남래南來 과정에서 미추홀彌鄒忽에 일정 기간 머물러 있었기 때문에 비류 중심의 미추홀 이야기가건국신화 속에 삽입된 것으로 보면서, 비류와 온조가 연합적 성격의 두 세력이 아니라 사료가 전하는 대로 형제관계로 파악하여, 초기 미추홀 중심의비류계 주도에서 온조계로 세력이 이동해 가는 과정에서 위례성으로의 천도가 이루어진 것으로 보는 견해가 있다.[17]

반면, 시조 비류 전승이나 온조 전승이 별개로 꾸며진 것으로 이해되기도한다.[18] 이러한 관점은 온조 전승과 비류 전승을 시간의 연속선상에서 일어난 사건으로 보지 않고, 온조 전승 부분은 온조 중심의 백제百濟(십제+濟) 건국전승으로, 비류 전승은 비류沸流에 의한 미추홀彌鄒忽 집단의 형성 전승으로 따로 이해하는 것이다. 그리고 뒤에 미추홀彌鄒忽 집단이 백제(십제)에 통합되면서 비류 전승이 온조 전승 속에 흡수된 것으로 파악하는 견해가 그것이다.[19]

이와 관련하여 시조가 형제로 나타나는 가야의 예를 살펴보고자 한다.

---

16) 李丙燾, 1959,『韓國史』古代篇, 震檀學會, pp.340-341.
17) 朴賢淑, 1998,「『三國史記』百濟本紀 溫祚王條의 檢討」,『先史와 古代』10, pp.85-86.
18) 李弘稙, 1971,「百濟 建國說話에 대한 再檢討」,『韓國古代史의 研究』, 新丘文化社, pp.312~315에서는 두 시조전승 사이에 일치점으로 부여의 해부루에서부터 그 계통을 말하고 있는 점을 들었다. 그러나 온조전승에서는 해부루를 중심으로 볼 때 온조 형제와 母系로 연관되는데, 비류전승에서는 직접 그들의 父系로 이어지며, 그 세대 역시 두 전승 사이에 일치하지 않는 점에서 두 시조전승이 별개로 꾸며진 것이라 하였다.
19) 李鍾旭, 1994,「百濟의 建國說話 -百濟初期國家 形成過程에 대한 기초적 검토-」,『百濟論叢』4.

『삼국유사』가락국기駕洛國記에 나타난 금관가야의 수로왕首露王과 5가야왕,[20]
『신증동국여지승람新增東國輿地勝覽』에 최치원崔致遠의『석이정전釋利貞傳』을 인용
하여 서술한 대가야의 뇌질주일惱窒朱日(이진아시왕伊珍阿豉王)과 금관가야의 뇌
질청예惱窒靑裔(수로왕)는[21] 실제 형제가 아니라 후대에 정치적인 의도에 의
해 부회된 것이다.[22] 이러한 점에 비추어볼 때, 비류 전승과 온조 전승도 원
래 별개로 꾸며졌으며, 후대에 그들이 통합되면서 형제관계로 나타나게 되
었다는 입장이 보다 실상에 가까운 것으로 보인다. 곧,『삼국사기』백제본기
百濟本紀에 나타나는 온조 전승과 비류 전승은 서로 동등한 위치에 있으며, 두
계통의 건국전승이 백제 멸망 후『삼국사기』편찬시까지 존속했다는 것은,
이들 형제의 전승이 역사적 사실의 반영이기보다는 의제적擬制的인 성격을
띤 것으로, 2개 왕실 계통의 존재를 상정하게 한다.[23]

　　이에 본고에서는 동명-온조 전승과 해부루-우태-비류 전승이 서로 다른

---

20) 月望日卽位也 始現故諱首路 或云首陵 [首陵是崩後諡也] 國稱大駕洛 又稱伽耶國 卽六伽耶之
　　一也 餘五人 各歸爲五伽耶主〈『三國遺事』紀異2 駕洛國記〉
21) 按崔致遠釋利貞傳 伽倻山神正見母主 乃爲天神夷毗訶之所感生 大伽倻王惱窒朱日 金官國王
　　惱窒靑裔 二人則 惱窒朱日爲伊珍阿豉王之別稱 靑裔爲首露王之別稱〈『新增東國輿地勝覽』
　　卷29 高靈縣 建置沿革〉
22) 그 동안 가야를 연맹체로 이해했던 근거는 수로신화가 윤색된 모습인『駕洛國記』의 6란설에
　　기초한 것이다.『釋利貞傳』의 대가야 신화 역시 고령의 대가야가 후기가야연맹의 맹주로 대
　　두하는 5세기 후반의 역사적 사실을 반영한 것으로 이해해왔다. 하지만 이 역시 후대의 현
　　실적 필요성에 의해서 윤색된 것이다. 곧, 대가야 신화에서 이진아시왕과 수로왕이 형제관
　　계로 설정한 것은 고령의 대가야가 성장하면서 김해지역을 포섭하기 위한 전략의 표현이었
　　을 뿐이다. 따라서, 가야지역에 두 개의 건국신화가 남아있는 것은 가야가 종래의 견해처럼
　　가야연맹체로 결속되어 있었던 것이 아니라, 가야諸國이 각각 독자적인 모습을 지니고 있었
　　음을 반증한다고 한다(남재우, 2005,「가야의 建國神話와 祭儀」,『韓國古代史研究』39,
　　pp.89~96).
23) 李道學, 2004,「三國史記에 보이는 溫祚王像」,『先史와 古代』19, p.129.

집단의 전승이라는 점을 받아들이면서, 동부여계 해부루-우태-비류 집단이 백제 지역에 정착하는 과정에 대해 살펴보고자 한다. 지금까지의 연구를 통해, 백제 왕실 계보상에서 단절을 보이고 있는 고이왕古爾王 시기를 주목하여, 이때에 동명-온조계에서 해부루-우태-비류계로 왕실 계보가 변화되었다는 점은[24] 많이 공감되어 가고 있다. 그러나 해부루-우태-비류 집단이 어디에서 어떤 과정을 거쳐 남하하였으며, 어떻게 백제의 지배세력으로 편입될 수 있었는지에 대한 구체적인 연구는 소홀했다고 생각된다. 아울러 중국 사서에 전하고 있는 구태仇台 전승에 대해서도 많은 논의가 이루어졌으나,[25] 구태의 실체나 구태묘仇台廟 설치가 가지는 의미에 대한 논의에 집중되었을 뿐, 그것을 국내 사서의 기록과 연결시켜 해부루-우태-비류 집단의 남하와 함께 이해하려는 노력은 부족하였다. 따라서 본고에서는 이들 집단이 언제, 어떤 계기로 백제 지역에 등장하여 지배세력화하게 되었는지에 대하여 단편적인 기록들을 모아 재구성해보려고 한다.

　백제는 북방으로부터 남쪽으로 이동해 온 부여계扶餘系 집단이 마한馬韓 지역에 정착하여 지배권을 확립한 특이한 국가 성격을 띠고 있다. 따라서 백제 국가의 성립과 발전은 부여계 지배층이 마한 지역에서 그들을 아우르는 과정이라고 할 수 있다.[26] 그런데 백제 한성기 부여계 지배층 내에서도 동명東明-온조溫祚 집단과 해부루解夫婁-우태優台-비류沸流 집단 사이에 갈등과 통합 과정이 있었던 것이다.

---

24)　千寬宇, 1976, 「三韓의 國家形成」(下), 『韓國學報』 3, pp. 134~137.
25)　정재윤, 2008, 「구태 시조설의 성립 배경과 그 의미」, 『韓國古代史研究』 51에는 仇台에 관한 그 동안의 논의가 잘 정리되어 있다.
26)　김기흥, 2004, 「백제의 正體性에 관한 일 연구」, 『역사와 현실』 54에서는 백제의 지배층이 마한 땅에 정착해 나가면서 국가의 정체성을 변화시켜 나가는 모습을 보여주고 있다.

Ⅰ. 해부루-우태-비류 건국전승의 성립

A-① 『해동고기海東古記』를 살펴보면, 혹은 시조始祖 동명東明이라 하고, 혹은 시조始祖 우태優台라고 한다. 『북사北史』 및 『수서隋書』에서는 모두 이르기를, "동명東明의 후손으로 구태仇台가 있어, 대방에 나라를 세웠다."고 하였는데, 이에 시조 구태仇台라 이른다. 그러나 동명東明이 시조임은 사적이 명백하여, 그 이외에는 믿을 수 없다.[27]

〈『삼국사기』 권33 잡지雜志1 제사祭祀〉

A-② 또는 시조가 비류왕沸流王이라고 한다. 그 아버지는 우태優台로 북부여왕北夫餘王 해부루解扶婁의 서손庶孫이었고, 어머니는 소서노召西奴로 졸본卒本 사람 연타발延陀勃의 딸이었다. 처음에 우태에게 시집가서 아들 둘을 낳았는데 큰 아들은 비류沸流라 하였고, 둘째는 온조溫祚라 하였다. 우태가 죽자 졸본에서 과부로 지냈다. 뒤에 주몽이 부여扶餘에서 용납되지 못하자 전한前漢 건소建昭 2년(BC 37) 봄 2월에 남쪽으로 도망하여 졸본에 이르러 도읍을 세우고 국호를 고구려高句麗라고 하였으며, 소서노를 맞아들여 왕비로 삼았다. 주몽은 그녀가 나라를 창업하는 데 잘 도와주었기 때문에 총애하고 대접하는 것이 특히 후하였고, 비류 등을 자기 자식처럼 대하였다. 주몽이 부여에 있을 때 예씨禮氏에게서 낳은 아들 유류孺留가 오자 그를 태자로 삼았고, 왕위를 잇기에 이르렀다. … 마침내 그의 아우와

---

27) 按海東古記 或云始祖東明 或云始祖優台 北史及隋書皆云 東明之後 有仇台 立國於帶方 此云 始祖仇台 然東明爲始祖事迹明白 其餘不可信也 〈『三國史記』卷33 雜志1 祭祀〉

함께 무리를 이끌고 패수浿水와 대수帶水를 건너 미추홀弥鄒忽에 이르러 살
았다고 한다.28

〈『삼국사기』 권33 백제본기1 시조始祖 온조왕溫祚王 세주細註〉

A-①의 『삼국사기』 제사지祭祀志에서는 『해동고기海東古記』를 인용하여 백제
시조始祖로 동명東明과 우태優台가 함께 전승되고 있음을 언급하였으며, 중국
사서에 보이는 동명東明의 후손 구태仇台 시조설도 언급하였지만 동명 시조
설을 따르고 있다. 『삼국사기三國史記』 제사지祭祀志의 백제 시조始祖 동명설東明
說은 백제본기百濟本紀 본문의 시조 온조설과, 백제 시조始祖 우태설優台說은 백
제본기百濟本紀 세주細註의 시조 비류설과 대응된다고 볼 수 있는데, 제사지祭
祀志에서 동명 시조설이 명백하다고 서술한 것과는 달리, 백제본기에서는 비
록 세주로 처리하기는 하였지만 시조 비류설을 비중있게 언급하고 있다. 본
고에서는 이 부분에 중점을 두고 살펴보고자 한다.

『삼국사기』 백제본기 온조왕조溫祚王條 본문과 세주細註에 기록된 백제 건국
전승은 온조와 비류가 각기 자기 중심의 전승을 지니고 있으며, 두 전승이
모두 '비류=형', '온조=동생'이라는 입장에 서 있다. 이처럼 비류 전승은 온
조 전승과 함께 끝까지 남아 『삼국사기』 백제본기에 채록되어 시조의 계통
에 있어 적지 않은 영향력을 보여주고 있다. 이는 백제사에서 비류계가 온
조계와 함께 상당한 정치적 권위를 유지하였기 때문으로 생각된다. 곧, 한

---

28) 一云 始祖沸流王 其父優台 北扶餘王解扶婁庶孫 母召西奴 卒本人延陁勃之女 始歸于優台 生
　　子二人 長曰沸流 次曰溫祚 優台死 寡居于卒本 後 朱蒙不容於扶餘 以前漢建昭二年春二月 南
　　奔至卒本 立都號高句麗 娶召西奴爲妃 其於開基創業 頗有內助 故朱蒙寵接之特厚 待沸流等
　　如己子 及朱蒙在扶餘所生 禮氏子孺留來 立之爲太子 以至嗣位焉 … 遂與弟率黨類 渡浿帶二
　　水 至弥鄒忽以居之 〈『三國史記』 卷33 百濟本紀1 始祖 溫祚王 細註〉

때 온조계를 능가하였던 자신들의 역사적 경험과 영웅담이 비류를 온조의 형으로 위치시키는 등 일부분이나마 온조계 중심의 역사에 반영되었을 수 있다.[29]

『삼국사기』백제본기 온조왕조溫祚王條의 세주細註에 전하고 있는 비류 전승에 의하면, 북부여왕北扶餘王 해부루解扶婁의 서손庶孫인 우태優台와 졸본인卒本人 연타발延陁勃의 딸인 소서노召西奴 사이에서 비류沸流가 태어났다고 하였다. 이 전승은 해부루가 다스리던 부여와의 연관을 강조한다는 점에서 '해부루[30]-우태-비류' 전승이라 부를 수 있다.

먼저 백제 시조전승과 연결된 지배집단의 계통성에 대해서는, 일반적으로 비류沸流 전승을 부여계로, 온조溫祚 전승을 고구려계로 보려는 경향이 있다.[31] 그러나 온조 전승에서의 주몽朱蒙은 동명東明과 주몽이 동일인이라는 후대의 관념에 의해 변개된 것이므로, 고구려가 아닌 부여의 동명과 연결된 것으로 보아야 한다.[32] 그리고 비류 전승에는 주몽이 건국한 고구려의 국호와 건국 연대가 밝혀져 있으면서 예씨禮氏와 유류孺留 등 주몽 전승에 보이는 구체적인 인명人名까지 나타나고 있다는 점에서 고구려 관련 내용이 좀 더 많이 침투되어 있지만, 정작 백제의 건국 연대나 국호는 보이지 않고 있다.

---

29) 김기섭, 2000,「백제의 왕실 계보와 근초고왕」,『백제와 근초고왕』, 학연문화사, pp. 44~46.

30)『三國史記』百濟本紀 溫祚王條의 細註에는 '解扶婁'로 표기되었으나, 이 기록 외에는 일반적으로 '解夫婁'로 표기하고 있으므로, '解夫婁'라는 표현을 사용하고자 한다.

31) 尹龍九, 2004,「仇台의 백제건국기사에 대한 재검토」,『百濟研究』39, p. 10.
정재윤, 2007,「백제 건국의 주체세력과 그 계통」,『한성백제의 역사와 문화』, 서경문화사, pp. 33~43.

32) 林起煥, 1998,「百濟 始祖傳承의 형성과 변천에 관한 고찰」,『百濟研究』28, pp. 5-6.
李道學, 2004,「三國史記에 보이는 溫祚王像」,『先史와 古代』19, p. 128.
이장웅, 2008,「百濟 系統 資料로 본 卒本扶餘의 東明神話」,『白山學報』81.

이는 해부루-우태-비류 전승이 백제 건국신화에 편입된 한 시조신화로, 해부루와 연결된 부여계인 동시에 고구려와도 밀접한 관련을 지니고 있음을 보여주고 있다.

해부루解夫婁-우태優台-비류沸流 전승의 성립 시점에 대해서는, 온조 전승의 가부장적 요소와 달리 비류 전승에는 대우혼對偶婚의 요소가 남아 있고, 반대로 온조 전승에는 온조를 보익하는 십신+臣이라는 무사단적 성격이 추가되어 있다고 보아, 비류 전승이 온조 전승에 비하여 더 오래되었을 것으로 보기도 한다.[33] 그러나 비류 전승이 대우혼의 흔적을 갖는 등 온조 전승에 비해 오래된 토착신앙 형태를 간직하면서도 그것보다 더 후기에 변조되어 기록되었을 가능성도 지적되었는데,[34] 현존하는 비류 전승의 일부 내용이 후대에 고구려의 주몽 전승과 관련하여 변개되었을 가능성이 충분하다.[35] 이에 본고에서는 해부루-우태-비류 전승이 담고 있는 내용이 후대에 고구려와의 관련 속에서 변형을 일으킨 것으로 보면서, 동명-온조 전승보다 나중에 백제에 유입되어 전승된 것으로 보고자 한다.

해부루-우태-비류 전승의 성립 시점과 관련하여, 고구려 주몽신화의 성립 시점에 대한 논의가 참고된다. 『위서魏書』 고구려전의 주몽신화에는 해모수 신화와 해부루 신화가 없기 때문에, 고구려가 문자명왕대文咨王代(491~519)에 부여족을 완전히 통합한 후 부여족의 시조 전승인 해모수 신화를 자신들의 시조신화에 삽입하였다고 이해하기도 한다.[36] 한편, 4세기 후반경에 부여의

33) 金杜珍, 1990,「百濟 建國神話의 復元試論」,『國史館論叢』13, pp.71~74; 1999,『韓國古代의 建國神話와 祭儀』, 일조각.

34) 金杜珍, 1991,「百濟 始祖 溫祚神話의 形成과 그 傳承」,『韓國學論叢』13, p.18.

35) 林起煥, 1998,「百濟 始祖傳承의 형성과 변천에 관한 고찰」,『百濟研究』28.

36) 徐永大, 1991,『韓國古代 神觀念의 社會의 意味』, 서울대 박사학위논문, p.179.

동명 전승을 차용하여『위서』고구려전과「광개토왕릉비」에 보이는 주몽 전승이 성립하였으며, 6세기 중반 이후의 정치적 변동 속에서 동부여 지역 출신들이 정권을 장악하면서 동부여 해부루-금와-대소 신화가 첨가된 것으로 이해하기도 한다.[37]

백제의 해부루解夫婁-우태優台-비류沸流 전승에도 해부루의 계보가 등장하고 있는데, 6세기 중반 이후에 성립된 고구려 주몽 전승에서 해부루를 차용하여 비류 전승의 계보를 변개시켰을 가능성은 희박할 것이다.[38] 그렇다면 이보다 이른 시기에 성립된 동부여 계통의 해부루 신화가 동부여와 고구려 사이의 관계 속에서 백제에 직접 유입되어 해부루-우태-비류 전승으로 자리잡았을 가능성이 크다.

백제 건국전승에서 비류가 온조의 형으로 나오는 이유에 대해서는 비류계에 의해 온조계가 통합되었기 때문으로 보는 견해가 있다. 곧, 두 세력 가운데 고지故地인 만주에 늦게까지 존재했던 종가격宗家格인 비류 집단이 한강 유역의 온조 집단을 통합하면서 비류를 형兄으로 표방한 전승이 생성되었다는 것이다.[39] 이 견해에서 4세기 근초고왕近肖古王 때에 만주지역에 있었던 비류 집단이 한강 유역으로 남하하여 온조 집단을 정복했다는 것에 대해서는 동의하기 어렵지만, 온조의 남하보다 늦은 시기에 백제 지역에 등장하여 한때 우위를 차지했던 비류 집단의 인식이 해부루解夫婁-우태優台-비류沸流 전승 속에 남아있다는 사실은 인정할 수 있다.

---

37) 盧泰敦, 1993,「朱蒙의 出自傳承과 桂婁部의 起源」,『韓國古代史論叢』5; 1999,『고구려사 연구』, 사계절, pp. 33~44.

38) 임기환, 2008,「東明神話의 전개와 변용」,『부여사와 그 주변』, 동북아역사재단, pp. 163~164.

39) 李道學, 1995,『백제 고대국가 연구』, 一志社, p. 314.

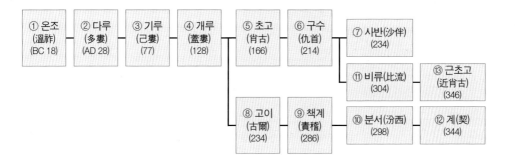

〈『삼국사기』 백제본기에 나타난 백제왕계표(괄호 안은 즉위년도)〉

　　백제사에서 왕실 계보의 변동이 있었을 가능성이 큰 시기로는 8대 고이왕古爾王을 주목할 수 있다. 『삼국사기』에서는 고이왕古爾王의 즉위에 대해, 구수왕仇首王의 장자 사반沙伴이 사위嗣位하였으나 어려서 정사를 볼 수 없었으므로 개루왕蓋婁王의 둘째 아들이자 초고왕肖古王의 '모제母弟'인 고이古爾가 즉위하였다고 한다.[40] 그런데 개루왕이 죽은 해인 166년에 고이왕이 출생하였다고 하더라도 286년의 사망시에는 무려 120세가 되니, 이러한 일은 상식적으로 납득하기 어렵다.[41] 그리고 『삼국유사』에 의하면 고이왕의 즉위는 사반沙伴(사비왕沙沸王 또는 사이왕沙伊王)이 즉위하였다가 폐위된 뒤에 이루어졌다고 하며, 혹은 그가 붕崩한 뒤에 즉위하였다는 이설異說도 기록되어 있다.[42] 이로 보면, 고이왕은 기존과는 다른 계통으로 즉위했다고 보는 것이 합리적일

---

40) 蓋婁王之第二子也 仇首王在位二十一年薨 長子沙伴嗣位 而幼少不能爲政 肖古王母弟古尒卽位〈『三國史記』卷24 百濟本紀2 古爾王 卽位年〉

41) 李基東, 1981,「百濟王室 交代論에 대하여」,『百濟研究』12, p.59.

42) 沙沸王[一作沙伊王] 仇首崩嗣位 而幼少不能政 卽廢而立古爾王 或云至樂初二年己未乃崩 古爾方立〈『三國遺事』卷2 紀異2 南扶餘 前百濟〉

것이다.

이에 백제 초기 왕계를 우태優台-비류沸流-고이계古爾系 우씨優氏와 주몽朱蒙-온조溫祚-초고계肖古系 부여씨扶餘氏의 두 계통으로 파악한 뒤, 이들 사이에 왕실의 교체가 있었던 것으로 파악하는 견해가 제기되었다.[43] 여기서 우태-비류-고이계를 우씨優氏로 파악한 것은 고이왕古爾王이 초고왕肖古王의 '모제母弟'라는 사료를 "모母의 제弟"로 해석하여 초고왕과 혈연관계를 달리하는 인물로 전제하고, 비류沸流의 부父 우태優台와 관련하여 고이왕 27년에 왕제王弟인 우수優壽가 내신좌평에 임명된 사실[44]과, 우두優豆 등 우씨優氏의 인물들이 왕의 친척으로 나오고 있는 데서 도출된 것이다.

'모제母弟'를 '모母의 제弟'로 해석한 것은 문제가 있다면서 혈연 계통이 바뀐 것이 아니라 부여씨 왕실 내에서의 방계 세력으로 고이왕을 상정하기도 하나,[45] 고이왕이 방계로 즉위하였을 경우에도 위에서 언급한 왕실 계보와 기년상의 문제점에 대한 해명이 이루어지지 않는다는 점에서, 새로운 왕계가 등장한 것으로 보는 것이 설득력이 있다.

따라서 7대 사반왕에서 8대 고이왕으로의 변화는 해부루解夫婁-우태優台-비류계沸流系로 왕실 계보가 달라진 것으로 보아야 할 것이다. 곧, 해부루-우태-비류계에 해당하는 고이왕의 즉위는 우태優台와 관련을 가지는 새로운 우씨왕계優氏王系의 등장으로 생각된다.[46] 우태는 북부여왕 해부루의 서손庶孫이라 하였기에, 우씨는 해씨의 다른 명칭이거나 해씨로부터 갈라져 나온 성

---

43) 千寬宇, 1976,「三韓의 國家形成」(下),『韓國學報』3, pp.134~137.
44) 三月 以王弟優壽爲内臣佐平〈『三國史記』卷24 百濟本紀2 古爾王 27年〉
45) 盧重國, 1988,「百濟의 國家形成」,『百濟政治史研究』, 一潮閣, pp.78~80.
46) 金起燮, 1993,「漢城時代 百濟의 王系에 대하여」,『韓國史研究』83.
    姜鍾元, 2002,『4세기 백제 정치사 연구』, 서경문화사, pp.33~40.

씨로 보인다.[47]

이처럼 고이왕古爾王의 즉위로 백제 왕실 계보가 동명東明-온조계溫祚系에서 해부루解夫婁-우태優台-비류계沸流系로 변화되면서, 이들 집단의 시조전승도 백제 건국전승 속에 들어오게 된 것으로 볼 수 있다. 본고에서는 뒤에 3장의 구태仇台 전승에 대한 분석을 바탕으로 하여, 4장에서 해부루解夫婁-우태優台-비류沸流 집단이 백제에 유입되는 구체적인 모습을 고구려·공손씨와의 관계 속에서 그려볼 것이다.

해부루解夫婁-우태優台-비류沸流 집단의 출자出自를 살펴보기 위해서는,『삼국유사』와『삼국사기』의 기록에서 해부루解夫婁-금와金蛙-대소帶素로 왕계가 이어지고 있는 부여扶餘의 존재를 고려해야 한다. 이 부여는 대부분 동부여東扶餘로 표기되고 있는데, 동부여는 고구려 건국 당시부터 실재했던 것이 아니라, 285년 선비 모용씨의 공격으로 부여의 수도가 함락되자 그 일부 세력이 동쪽으로 옥저 지역에 피난을 갔다가 잔여세력이 남아 건설한 국가로 이해하는 경우가 많다.[48] 그렇지만, 285년 이후의 동부여를 인정하더라도「광개토왕릉비문廣開土王陵碑文」과[49]『삼국유사』,『삼국사기』에 삼국시대 초기부터 구체적으로 나타나고 있는 동부여 관련 기록을 부정할 수는 없을 것이다.『삼국사기』고구려본기 유리왕·대무신왕조에는 해부루-금와-대소로 이어진 부여와의 전쟁 기사가 구체적으로 전하고 있는데, 그 전쟁 지역이 지금의 용강산맥龍崗山脈과 휘발하輝發河 일대이며, 당시 부여 남부의 중진은 휘발성輝發城이라는 연구

---

47) 김기섭, 2000,「백제의 왕실 계보와 근초고왕」,『백제와 근초고왕』, 학연문화사, pp.60~61.
48) 盧泰敦, 1989,「扶餘國의 境域과 그 變遷」,『國史館論叢』4.
　　朴京哲, 1994,「부여사의 전개와 지배구조」,『한국사 2 -원시사회에서 고대사회로 2』, 한길사.
49) 廿年庚戌 東夫餘舊是鄒牟王屬民 中叛不貢 王躬率往討 軍到餘城〈廣開土王陵碑文〉

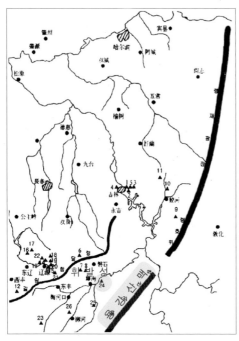

고구려 초기 부여와의 전쟁 지역(이종수, 2005 수정)

성과도 있다.[50]

그러므로 방위명 부여국 명칭에 관해서도 어느 정도의 정리가 필요하다. 이에 대해서는 고구려의 입장에서 붙여진 것이라는 견해와,[51] 부여의 입장에서 붙여진 것이라는 견해가[52] 대립하고 있다. 필자는 이를 고구려의 건국 이전과 이후라는 시간적 차이, 그리고 부여의 시각과 고구려 혹은 백제의 시각이라는 관점의 차이로 나누어 보아야 한다고 생각한다. 먼저, 해부루-금와-대소로 이어진 부여의 방위명 표기에 대하여,

『삼국사기』 고구려본기에서 동부여와 북부여의 명칭이 혼용되고 있다. 곧, 주몽 시기에는 동부여東扶餘로 표현되고 있지만,[53] 이후 유리왕 시기에는 북

---

50) 李鍾洙, 2005, 「高句麗의 夫餘진출 과정 연구」, 『高句麗研究』 21, pp. 354~357.

51) 盧泰敦, 1988, 「5세기 金石文에 보이는 高句麗人의 天下觀」, 『韓國史論』 19; 1999, 『고구려사 연구』, 사계절.

52) 李道學, 1991, 「方位名 夫餘國의 성립에 관한 檢討」, 『白山學報』 38.
金貞培, 1998, 「高句麗 建國의 諸問題」, 『講座 美術史』 10; 2000, 『한국고대사와 고고학』, 신서원.

53) 先是 扶餘王解夫婁 老無子 祭山川求嗣 其所御馬至鯤淵 見大石 相對流淚 王怪之 使人轉其石 有小兒 金色蛙形[蛙一作蝸] 王喜曰 此乃天賚我令胤乎 乃收而養之 名曰金蛙 及其長 立爲太子 後 其相阿蘭弗曰 日者 天降我曰 將使吾子孫立國於此 汝其避之 東海之濱有地 號曰迦葉原 土

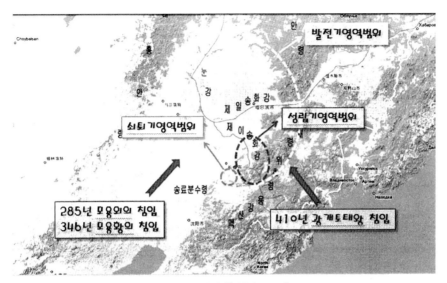

부여의 영역 변천(이종수, 2010)

부여 왕성으로 추정되는 길림 용담산성에서 바라본
동단산성과 제2송화강

길림성박물관에 전시되고 있는 부여 유물

부여北扶餘로 표현되고 있다.[54] 한편, 앞서 살펴본 A-②의『삼국사기』백제본기에도 해부루解夫婁(解夫婁)를 북부여왕으로 표기하고 있다.

이를 합리적으로 해석해본다면, 고구려가 건국된 주몽 이전에는 북부여와 동부여라는 명칭이 부여를 기준으로 이루어졌기 때문에, 해부루-금와-대소의 부여가 동부여로 불려졌다고 볼 수 있다. 이러한 인식이『삼국유사』와『삼국사기』고구려본기 동명성왕조에 나타나고 있다. 그러나 고구려 건국 이후 어느 시점부터는 해부루-금와-대소의 부여가 고구려의 북쪽에 자리잡고 있었기 때문에 북부여로 불렸으니, 이는 고구려가 가졌던 천하관과 관련된다고 생각된다. 그리고 백제에서도 백제 나름의 천하관에 따라 해부루-금와-대소의 부여를 북부여라고 불렀을 가능성이 있다.

본고에서는 기원전후 시기 해부루-금와-대소의 부여가 존재했음을 인정하면서,[55] 북부여에서 졸본부여로 이어지는 해모수(동명)-온조 집단과 해부루-우태-비류 집단의 구분에 초점을 둔다는 점에서, 해부루-금와-대소의 부여에 대하여 '동부여東扶餘'라는 명칭을 사용하고, 해부루-우태-비류 전승을 '동부여계東扶餘系'로 파악하고자 한다.

壞膏腴宜五穀 可都也 阿蘭弗遂勸王 移都於彼 國號東扶餘 … 十四年 秋八月 王母柳花薨於東扶餘 其王金蛙以太后禮葬之 遂立神廟《三國史記》卷13 高句麗本紀1 始祖東明聖王〉

54) 二十八年 秋八月 扶餘王帶素使來讓王曰 … 二十九年 夏六月 矛川上有黑蛙與赤蛙羣鬪 黑蛙不勝死 議者曰 黑北方之色 北扶餘破滅之徵也『三國史記』卷13 高句麗本紀1 琉璃王〉

55) 북부여와 동부여의 실체를 이해함에 있어서, 북부여와 동부여가 기원전후 시기에 함께 존재했다는 北・東扶餘 共時的 實在論과, 기원전후에는 북부여만이 존재했고 이후 3세기 말에 동부여가 분기되었다는 北・東扶餘 通時的 分岐論으로 나누어 논의를 전개하기도 한다(朴京哲, 2004,「扶餘史 研究의 諸問題」,『동북아시아 선사 및 고대사 연구의 방향』, 학연문화사, pp.88~91). 본고는 기원전후 시기에 해부루-금와-대소로 이어지던 동부여가 실재했다는 점에서 北・東扶餘 共時的 實在論을 따른다.

Ⅱ. 백제 시조 구태 건국전승의 의미

이번 절에서는 중국中國 사서史書에서 백제百濟의 시조始祖로 인식되고 있었던 구태仇台 전승의 의미에 대해 분석해 보고, 1절에서 살펴본 해부루解夫婁-우태優台-비류沸流 전승과의 관계에 대해 살펴보고자 한다.

　　B-① 백제百濟는 그 선대先代가 대체로 마한馬韓의 속국이며 부여夫餘의 별종別種이다. 구태仇台라는 자가 처음으로 대방고지帶方故地에 나라를 세우니, 그 땅의 경계는 동쪽으로 신라新羅에 닿는다. … 또 해마다 네 번씩 그 시조 구태仇台의 사당에 제사힌다.[56]

　　　　　　　　　　　　　　〈『주서周書』 권49 열진列傳41 이역상異域上 백제百濟〉

　　B-② 동명東明의 후손에 구태仇台라는 자가 있으니, 어질고 신의信義가 두터웠다. 대방고지帶方故地에 처음으로 그 나라를 세웠다. 한漢의 요동태수遼東太守 공손도公孫度가 딸로 아내로 삼게 하였다. 점차 이로써 번창하여 동이東夷 강국强國이 되었다. 처음에 백가百家가 바다를 건넜으므로, 이로 인하여 백제百濟라 이름하였다. 십여 대 동안 대대로 중국中國의 신하가 되었으니, 전사前史에 상세히 기록되어 있다. … 그 시조始祖 구태仇台의 사당

---

56)　百濟者 其先蓋馬韓之屬國 夫餘之別種 有仇台者 始國於帶方故其地界 東極新羅 … 又每歲四祠其始祖仇台之廟〈『周書』 卷49 列傳41 異域上 百濟〉 여기서 "帶方故其地界"를 "帶方故地其界"가 도치된 것으로 보면, 『隋書』의 "帶方故地"와 같은 기록이 된다는 점에서(김성한, 2014, 「百濟의 건국과 仇台」, 『歷史學研究』 56, p.92), 이 수정안을 따르고자 한다.

을 국성國城에 세우고, 해마다 네 번씩 제사한다.[57]

〈『수서隋書』 권81 열전列傳46 백제百濟〉

B-③ 백제는 본래 부여扶餘의 별종別種으로 마한馬韓의 고지故地에 살았다. 그 후손으로 구태仇台라는 자가 있었는데, 고려高麗에 의해 격파되었다. 이에 백가百家가 바다를 건넜으므로, 이로 인하여 백제라 이름하였다.[58]

〈『당회요唐會要』 권95 백제百濟〉

B-④ 백제百濟는 본래 부여왕夫餘王의 후손으로 구태仇台라는 자가 있었는데, 재차 고려高麗에게 격파되었다. 이에 백가百家가 바다를 건넜으므로, 이로 인하여 백제百濟라 이름하였다.[59]

〈『책부원귀册府元龜』 권956 외신부外臣部 종족種族〉

B-①의 『주서周書』에서 구태仇台가 대방고지帶方故地에서 시국始國했다는 내용이 처음 등장하는데, B-②의 『수서隋書』에서는 요동태수遼東太守 공손도公孫度의 딸을 부인으로 삼은 이후 "점차 이로써 번창하여 동이東夷 강국强國이 되었다[漸以昌盛爲東夷强國]"는 내용이 부가되고 있다. 이는 구태가 후한말後漢

---

57) 東明之後 有仇台者 篤於仁信 始立其國于帶方故地 漢遼東太守公孫度以女妻之 漸以昌盛爲東夷强國 初以百家濟海 因號百濟 歷十餘代 代臣中國 前史載之詳矣 … 立其始祖仇台廟於國城 歲四祠之〈『隋書』卷81 列傳46 百濟〉

58) 百濟者 本扶餘之別種 當馬韓之故地 其後有仇台者 爲高麗所破 以百家濟海 因號百濟焉〈『唐會要』卷95 百濟〉

59) 百濟 本夫餘王之後 有仇台者 復爲高麗所破 以百家濟海 因號百濟〈『册府元龜』卷956 外臣部 種族〉

末 공손씨公孫氏 정권과 밀접했다는 사실을 보여주고 있다. 이처럼 『수서隋書』는 『주서周書』에 없던 새로운 내용이 보인다는 점에서, 다른 자료도 이용하였음을 알 수 있다.[60] 『주서』와 『수서』는 당唐 태종太宗의 명에 의해 제齊, 주周, 양梁, 진陳, 수隋 등 다섯 왕조의 역사가 편찬되면서 함께 편찬된 기전체 정사로, 정관貞觀 10년(636)에 완성되었다.

B-③의 『당회요唐會要』는 981년에 완성되었지만, 그 주요부분은 정관연간貞元年間(785~804)의 회요會要 40권과, 대중大中 7년(853)에 편찬된 속회요續會要 40권을 저본으로 하였다고 한다.[61] B-④의 『책부원귀册府元龜』도 1013년에 완성되었지만, 그 저본자료는 7세기 후반 백제百濟 소멸기消滅期에 전문傳聞된 지식에 기초하였다고 한다.[62] 『당회요』와 『책부원귀』에는 구태仇台가 고려高麗에 의해 격파되어 백세를 건국했다는 인식이 보이고 있어 주목되는데, 이에 대해서는 4장에서 더 살펴보도록 하겠다.

여기서 요동태수遼東太守 공손도公孫度의 딸을 아내로 삼았다는 『수서隋書』의 기록과 관련하여, 3세기 후반에 편찬된 『삼국지三國志』 부여전夫餘傳에서는 2세기 말 3세기 초의 부여왕夫餘王 위구태尉仇台가 공손도公孫度의 종녀宗女와 결혼한 것으로 기록되고 있음이[63] 주목된다. 『후한서後漢書』 부여국전夫餘國傳에서는 위구태尉仇台라는 인물이 120년에 후한의 궁성을 방문한 부여의 사자嗣

---

60) 李康來 1998, 「7세기 이후 中國史書에 나타나는 韓國古代史像」, 『韓國古代史研究』 14, pp. 212~220.

61) 李春植, 2003, 「唐會要」, 『中國學資料解題』, 신서원, p. 152.

62) 尹龍九, 2004, 「仇台의 백제건국기사에 대한 재검토」, 『百濟研究』 39, p. 7.

63) 夫餘本屬玄菟 漢末公孫度雄張海東 威服外夷 夫餘王尉仇台更屬遼東 時句麗鮮卑彊 度以夫餘在二虜之間 妻以宗女〈『三國志』卷30 魏書30 烏丸鮮卑東夷傳 夫餘〉

子로도 기록되었다.[64]

2세기 전반에 활동한『후한서後漢書』의 '부여사자夫餘嗣子 위구태尉仇台'와 2세기 말에서 3세기 초에 활동한『삼국지三國志』의 '부여왕夫餘王 위구태尉仇台'는 연대상 차이가 있어 동일인으로 보기 어렵다. 이에 고구려어高句麗語에서 유사하다는 것을 '위位(尉)'라고 했던 것과 같이, 2세기 전반의 위구태尉仇台는 단지 '구태仇台'였으며, 2세기 말 3세기 초의 왕 이름을 그와 닮았다 하여 '위구태尉仇台'라 한 것으로 이해하는 견해가 있다.[65] 이를 바탕으로 하여 2세기 부여夫餘의 왕계를 "시왕始王(111년 전후)-구태왕仇台王(136년 전후)-부태왕夫台王(167년 전후)-위구태왕尉仇台王(190년 전후)"으로 복원한 견해도 나왔다.[66]

『삼국지三國志』부여전夫餘傳에 기록된 '부여왕夫餘王 위구태尉仇台'의 행적이『수서隋書』백제전百濟傳에 기록된 '백제百濟 시조始祖 구태仇台'의 행적과 연결되는 것에 대해서는,『수서』의 찬자撰者가『주서周書』백제전百濟傳에 기술된 구태仇台라는 인물을『삼국지』부여전의 부여왕 위구태尉仇台로 잘못 알았기 때문에 나타난 현상으로 보기도 한다.[67] 한편,『수서』에는 위구태尉仇台라는 표현이 없이 단지 구태仇台라고만 하였으며,『수서』의 찬자도 위구태尉仇台라 할 경우 부여왕이면서 동시에 백제의 건국자가 되는 모순을 모를 리 없었다면서[68]『삼국지』의 위구태尉仇台와『수서』의 구태仇台를 분리해 보는 견해도 있

---

64) 至安帝永初五年 夫餘王始將步騎七八千人寇鈔樂浪 殺傷吏民 後復歸附 永寧元年 乃遣嗣子 尉仇台 詣闕貢獻 天子賜尉仇台印綬金綵〈後漢書』卷85 東夷列傳75 夫餘國〉

65) 李丙燾, 1976,「夫餘考」,『韓國古代史研究』, 博英社, pp.219~220.

66) 박대재, 2008,「夫餘의 왕권과 왕위계승」,『韓國史學報』33.

67) 李丙燾, 1959,『韓國史-古代篇』, 震檀學會, p.473.
    兪元載, 1993,『中國正史 百濟傳 研究』, 學研文化社, p.68.

68) 尹龍九, 2004,「仇台의 백제건국기사에 대한 재검토」,『百濟研究』39, p.4.

1.	■■■世, 必授天道, 自承元王, 始祖鄒牟王之創基也.
2.	■■■子, 河伯之孫, 神(靈祐護假)蔭, 開國辟土, 継胤相承.
3.	■■■□, 各□烟戶, 以(安)河流, 四時祭祀. 然而世悠長, 烟
4.	(戶)□□□烟戶, (爲劣甚衰), 富足□, 轉賣數(衆), 守墓者, 以銘
5.	□□□□(王)·國岡上太王·(國)平安(太)王神亡l, 興東西
6.	(廟), □□□□室. 追述先聖功勳, 弥高(悠)烈, 継古人之慷慨.
7.	□□□好(太聖)王日, 自戊(午)定律, 教(內)發令, (更)脩復 各於
8.	□□□□立碑, 銘其烟戶頭卄人名, (以)示後世. 自今以後,
9.	守墓之民, 不得(擅買), 更相擅賣. 雖富足之者, 亦不得其買
10.	賣. □(有)違令者, 後世継嗣о(墓), 看其碑文, 与其罪過.

고구려에서 "사시제사(四時祭祀)"했다는 기록이 나타나고 있는
「집안 고구려비」탁본과 윤용구 판독안(2013)

다. 하지만, 『통전通典』에서 백제百濟가 후한말後漢末 부여왕夫餘王 위구태尉仇台의 후손으로 기록된 점이나,[69] 『문헌통고文獻通考』에서 백제百濟가 후한말後漢末 부여왕夫餘王 구태仇台의 후손으로 기록된 점에서[70] 위구태와 구태 사이에 착종이 있다는 점은 분명하다.

중요한 점은 비류와 온조는 시조묘가 없음에 반하여, 구태仇台는 시조로 전승되면서 국성國城에 시조묘始祖廟로 설치되어 사시四時로 제사를 지내는 존재였다는 것이다. 최근 구태묘仇台廟의 성립에 대한 논의로, 성왕대聖王代 양梁의 육후陸珝를 통해 수용된 삼례三禮에 입각하여, 기존 동명묘東明廟를 대체하면서 새로운 중국적 시조관의 채용과 더불어 종묘宗廟로 구태묘仇台廟가 성립되었다는 견해가 제시되었다. 이 견해에서는 구태仇台의 실체에 대하여, 『예기禮記』나 『의례儀禮』의 규정에 맞추어 백제사 속에서 태조太祖이자 시국자始國

---

69) 百濟 卽後漢末夫餘王尉仇台之後 〈『通典』卷185 百濟〉
70) 百濟 卽後漢末夫餘王仇台之後 〈『文獻通考』卷326 百濟〉

者의 위상을 가진 인물로, 부여사상夫餘史上 주목할 만한 위상을 가졌던 위구태尉仇台를 주목하였다. 그런데 백제의 시국자로 설정된 구태가 부여왕 위구태였으므로, 백제사상 실질적인 건국자로서의 위상을 갖지 못하는 것은 물론, 백제사와도 직결될 수 없었기 때문에, 성왕대에서 오래지 않아 구태는 종묘에서 훼철되면서 지배층에게도 망각되었고, 그 이후 전혀 사적에 남지 않게 되었다고 한다.[71]

본고에서는 구태묘仇台廟에 대해서 구체적으로 논하지 않지만, 중국식 종묘제宗廟制의 일환으로 구태묘仇台廟가 성립되었다는 견해는 설득력이 있다고 생각한다. 하지만, 구태묘仇台廟의 주인공이 백제사와 직결될 수 없는 부여왕 위구태尉仇台였으며, 그에 따라 오래지 않아 종묘宗廟에서 훼철되어 사적에 남지 않게 되었다는 견해에는 동의하기 어렵다. 위구태가 백제사와 직결될 수 없었다면, 중국의 종묘제에 대해 잘 알고 있었을 백제에서는 처음부터 구태묘仇台廟의 주인공으로 그를 설정하지 않았을 것이며, 잠깐 설치되었다가 없어진 것이라면, 많은 중국사서에 구태仇台의 이름이 남지 않았을 것이기 때문이다. 그러므로 6~7세기 백제사회의 정보가 유입되어 편찬된 중국사서에 실려 있는 구태仇台 전승은 당시 백제사회에서 널리 공인되고 있었던 시조전승임이 분명하며, 이러한 시조 구태仇台가 국내의 전승자료에 전해지지 않았을 가능성도 희박하다고 생각한다.

이제 이와 같은 점을 염두에 두면서 구태仇台의 실체를 생각해보기로 하겠다. 일찍이 한치윤韓致奫은 『해동역사海東繹史』에서 구태仇台를 시조 비류설에 나오는 비류의 부父인 우태優台로 추정하였다. 이병도는 구태仇台와 고이古爾

---

71) 김병곤, 2007, 「中國 史書에 나타난 百濟 始祖觀과 始國者 仇台」, 『韓國古代史硏究』 46.

가 음音이 유사한 점과 고이왕대古爾王代의 업적을 들어 구태仇台를 백제 제8대 고이왕古爾王이라고 주장하였다. 즉, 구태仇台를 '구이'로 음독音讀하여 고이古爾와 음이 유사할 뿐 아니라, 고이왕은 관제官制, 복색服色, 법금法禁을 정비하여 국가적 체제를 이룬 건국의 태조라고 할 만한 인물이기에 그가 중국에 알려져서 백제 시조 구태仇台로 기록되었다는 것이다.[72] 이후 여러 학자들이 고이왕설을 따르고 있는데, 이는 고이왕대에 왕실 계보의 변동이 있었다는 점과, 그가 백제 중흥을 이끈 인물이라는 점에서 실제적 건국자로 보고자 한 것이다.[73]

이홍직은 부여 계통의 인명이나 관직명에 붙는 태台는 '치', '티'로 읽는 것이 옳다고 하여 이병도의 고이왕설에 이의를 제기하였는데,[74] 『태평환우기太平寰宇記』 기록에서는 구태仇台가 '위구대尉仇臺'로 기록되고 있으므로,[75] 옳은 지적이라 할 수 있다. 그리고 2장에서 살펴본 것처럼 고이왕대에 왕실 계보의 변동이 있었다는 점은 사실이라고 할 수 있으나, 그렇다고 고이왕을 바로 구태로 비정하는 것은 문제가 있다. 특히 고이왕의 재위 기간(234~286)

72) 李丙燾, 1976, 「百濟의 建國問題와 馬韓中心勢力의 變動」, 『韓國古代史研究』, 박영사, pp.472~475.
73) 兪元載, 1993, 『中國正史 百濟傳 研究』, 학연문화사, pp.66~68.
   김주성, 1998, 「百濟 泗沘時代 政治史 研究」, 『韓國古代史研究』 13, p.143.
   李鍾泰, 1998, 「百濟 始祖 仇台廟의 成立과 繼承」, 『韓國古代史研究』 13, pp.94~121.
   이기동, 1996, 「百濟 建國史의 二, 三의 문제」, 『百濟史研究』, 일조각, pp.88~89.
   김두진, 1999, 「百濟 建國神話의 復元試論_祭天祀地'의 儀禮와 관련하여」, 『韓國古代의 建國神話와 祭儀』, 일조각, pp.172~174.
   김기흥, 2004, 「백제의 정체성에 관한 일 연구」, 『역사와 현실』 54, pp.204~205.
   최광식, 2006, 「백제의 신화」, 『백제의 신화와 제의』, 주류성, pp.43~44.
74) 李弘稙, 1971, 「百濟 建國說話에 대한 再檢討」, 『韓國古代史의 研究』, 新丘文化社, pp.331~332.
75) 百濟國 卽後漢末夫餘王尉仇臺之後 〈『太平寰宇記』 卷172 百濟〉

은 구태仇台가 활동했다는 공손도公孫度의 치세治世(189~204)보다 늦다. 이에 대해서는 뒤에서 자세히 살펴볼 것이다.

최근의 연구에서는 구태仇台가 비류沸流의 생부生父인 우태優台와 연결된다는 견해가 주류를 이룬다고 할 수 있다.[76] 이밖에 구태 전승 중 대방고지의 건국사실을 들어 대방지역을 공략한 근초고왕에 비정하거나,[77] 구수왕仇首王으로 비정하는 견해,[78] 부여신 하백녀河伯女로 보는 견해도 있다.[79]

부여계 북방인의 남주南走에 앞선 마한 토착민의 시조이자 개국조로 구태仇台를 상정하는 견해도 있다.[80] 이는 백제사에서 마한의 역할을 강조한 점에서는 의의를 지니나, 사료에 분명히 구태仇台가 동명의 후예이거나 부여와 연관되는 인물로 나온다는 점을 부정하고 있다는 점에서 설득력이 떨어진다.

한편, 출자계보상으로 온조溫祚나 구태仇台가 모두 동명東明의 후예로 나타나는 점에서 『삼국사기』의 동명東明-온조溫祚 전승과 중국 사서에 전해지는 동명東明-구태仇台 전승을 동일한 전승으로 보아, 구태仇台를 온조溫祚로 파악하기도 한다.[81] 건국시조로 받들어져 국가적 제의체계의 대상이 된 구태仇台

76) 千寬宇, 1976, 「三韓의 國家形成」(下), 『韓國學報』 3, p.143.
　　김기섭, 2000, 「백제의 왕실 계보와 근초고왕」, 『백제와 근초고왕』, 학연문화사, pp.44~46.
　　정재윤도 우태와 구태 사이의 관계는 밝히지 못했지만, 우태와 구태가 동일한 인물일 개연성이 있다고 보았다(정재윤, 2008, 「구태 시조설의 성립 배경과 그 의미」, 『韓國古代史硏究』 51).
77) 金在鵬, 1976, 「百濟仇台考」, 『朝鮮學報』 78, 朝鮮學會.
78) 丁謙, 1962, 「隋書四夷傳地理考證」, 『蓬萊軒地理學叢書』 2, 正中書局, p.376.
　　김성한, 2014, 「百濟의 건국과 仇台」, 『歷史學硏究』 56.
79) 王民信, 1986, 「百濟 始祖 仇台考」, 『百濟研究』 17.
80) 지병규, 1995, 「백제 시조신화의 고찰」, 『韓國敍事文學史의 硏究』 2(史在東 編), 中央文化社, pp.481~487.
81) 林起煥, 1998, 「百濟 始祖傳承의 형성과 변천에 관한 고찰」, 『百濟研究』 28, pp.9~17.
　　서영대, 2000, 「百濟의 五帝信仰과 그 意味」, 『韓國古代史硏究』 20, pp.123~126.
　　박찬규, 2003, 「百濟의 始祖 傳承과 出自」, 『先史와 古代』 19, p.45.

신라 종묘에서 태조로 모셔진 미추왕릉(대묘大廟)

의 실체는 국가체제를 정비한 왕이라는 실제적 성격으로 출현하는 것이 아
니라 왕실의 유구성과 정통성을 과시하는 관념적 측면에서 그 위상이 부각
되는 것이므로, 왕실 초대 왕의 존재를 무시하고 계보상 중간의 어떤 존재
가 되기는 어렵다는 이 견해의 전제는[82] 충분히 고려될 필요가 있다.

하지만 왕실의 혈통이 바뀌어 나라의 시조와 왕실의 시조가 분화되면서,
고구려에서는 국조왕國祖王이라고도 불린 태조대왕太祖大王의 명칭을 새로 올
리기도 했고,[83] 신라에서는 종묘宗廟(오묘五廟)에 모셔지는 시조始祖(태조太祖)를

박현숙, 2005, 「백제 建國神話의 형성과정과 그 의미」, 『韓國古代史研究』 39, p. 49.

82) 林起煥, 1998, 「百濟 始祖傳承의 형성과 변천에 관한 고찰」, 『百濟研究』 28, p. 16.

83) 太祖大王[或云國祖王] 諱宮 小名於漱 琉璃王子古鄒加再思之子也 母大后扶餘人也 慕本王薨
太子不肖 不足以主社稷 國人迎宮繼立〈『三國史記』卷15 高句麗本紀3 太祖大王 卽位年〉
고구려 시조는 朱蒙이지만 태조대왕이 따로 있다는 점에서, 왕위가 연노부(소노부)에서 계

⁸⁴ 미추왕味鄒王으로 다시 설정하기도 했다.⁸⁵ 그런 점에서 백제 왕실의 초대 왕으로 여겨졌는지조차 불분명한 온조를 구태묘의 주인공으로 단정할 수는 없다고 생각한다.

그리고 중국 사서에 나타나는 구태仇台는 '동명지후東明之後'이면서 후한말後 漢末의 인물로 나타난다는 점 또한 충분히 고려되어야 한다. 곧, 『주서周書』, 『수서隋書』 등의 기술대로라면, 부여夫餘 동명東明의 후손인 구태仇台가 후한 말 공손씨가 요동을 지배하던 시기(189~238)에 바다를 건너 대방과 관련된 지역에서 백제를 건국하였다는 인식을 살펴볼 수 있다. 여기서 '대방고지帶方故 地'라는 표현은 이것이 기록된 당시 중국인들의 지리 인식에서 백제의 건국지를 표현한 관념적인 용어로 해석할 수도 있다.⁸⁶ 하지만 백제와 대방 사이의 밀접한 관계로 보아 이를 실제의 지리적 상황이 반영된 표현으로 볼 수

루부로 넘어가면서 계루부 첫 왕에게 太祖 칭호가 올려졌다는 주장(金哲埈, 1975, 「高句麗・ 新羅의 官階組織의 成立過程」, 『韓國古代社會研究』, 知識産業社)이 설득력을 얻고 있다.

84) 始祖와 太祖 사이에는 약간의 구분이 있었다. 시조는 계보의 가장 上位에 加上되는 막연한 존재로 신성성이 부여되는 族祖的 성격을 지니고 있었으며, 태조는 계보상 혈연적으로 직접 연결되면서 왕실의 개창자나 그 기초를 마련한 인물로 家祖的 성격을 지녔다고 한다. 그러나 한국 고대에 그러한 구분은 확실하지 않았다. 이에 대해서는 李鍾泰, 1999, 「新羅의 始祖와 太祖」, 『白山學報』52 참조.

85) 至第三十六代惠恭王 始定五廟 以味鄒王爲金姓始祖 以太宗大王文武大王 平百濟高句麗有大功德 並爲世世不毀之宗 兼親廟二爲五廟〈『三國史記』卷33 雜志1 祭祀〉
非末鄒之靈無以遏金公之怒 王之護國不爲不大矣 是以邦人懷德與三山同祀而不墜 躋秩于五陵之上稱大廟云〈『三國遺事』卷1 紀異1 未鄒王竹葉軍〉

86) 隋는 삼국의 왕을 遼東郡公(고구려왕), 帶方郡公(백제왕), 樂浪郡公(신라왕)에 책봉하였다. 이는 과거의 중국군현명을 통하여 삼국을 蕃國으로 파악하려는 의도로 이해되므로, 帶方故 地라는 표현을 과거 대방군의 지리적인 정확성을 전제로 한 표현으로 이해하기 보다는, 당시 隋의 中華의식과 관련하여 이해하여야 한다는 것이다(林起煥, 1998, 「百濟 始祖傳承의 형성과 변천에 관한 고찰」, 『百濟研究』28, p.12).

있으며, 백제 건국이 대방 지역에서 이루어진 것으로 보는 견해도 있다.[87]

이러한 구태仇台의 실체는 비류의 아버지 우태優台로 보는 견해가[88] 자형字形이나[89] 발음상으로 가까울 뿐 아니라, 위와 같은 구태仇台의 행적으로 보아서도 그 가능성이 가장 크다고 생각한다. 그렇다면, 온조 전승과 함께 끝까지 남아 『삼국사기三國史記』 백제본기에 채록된 해부루解夫婁-우태優台-비류沸流 전승은 구태仇台 전승과 연결되면서 백제 건국전승의 계통에서 중요한 영향력을 보여준다고 할 수 있다.

우태優台는 『삼국지三國志』 고구려전高句麗傳의 관명官名에서도 나타나는데, 연장자年長者 등을 의미하는 형兄의 고유어로 추정된다.[90] 이 경우 백제의 우태優台는 인명人名이 아니라 존칭이 인명人名으로 여겨진 것일 수도 있다.

그렇다면 『후한서後漢書』에 나오는 2세기 전반 '부여夫餘 사자嗣子 위구태尉仇台'와 『삼국지三國志』에 나오는 2세기 말 3세기 초 '부여왕夫餘王 위구태尉仇台' 및 『수서隋書』에 나오는 2세기 말 3세기 초 '백제百濟 시조始祖 구태仇台' 사이의 관계를 정리할 수 있다. 먼저 나오는 '부여夫餘 사자嗣子 위구태尉仇台'를 '구태仇台'로 볼 수도 있지만, 고구려高句麗 관명官名 '우태優台'가 '구태仇台'와 연결된다면, 다음 장에서 살펴보듯이 이 관명은 1세기부터 등장하고 있다. 그렇다면 이는 이전부터 구태仇台(우태優台)라는 명칭을 사용했던 연속선상에서 이

---

87) 313년 낙랑과 대방군이 요서로 이동하자 패하(대동강)를 경계로 대방고지인 황해도 재령의 장수산성 일대에 백제의 초기 수도가 건설되었다는 견해가(全榮來, 1998, 「百濟의 興起와 帶方故地」, 『百濟研究』 28, pp.35~48) 대표적이다. 김성한, 2014, 「百濟의 건국과 仇台」, 『歷史學硏究』 56, p.94에서도 백제가 실제로 대방군 지역에서 건국한 것으로 보았다.

88) 千寬宇, 1976, 「三韓의 國家形成」(下), 『韓國學報』 3.

89) '優'의 略字로 '优'를 쓴다는 점에서도 '優(优)台'와 '仇台'는 거의 흡사하다(정재윤, 2008, 「구태 시조설의 성립 배경과 그 의미」, 『韓國古代史硏究』 51, p.61).

90) 金哲埈, 1975, 「高句麗·新羅 官階組織의 成立過程」, 『韓國古代社會研究』, 知識産業社, p.130.

해해야 할 것이다. 곧, '부여夫餘 사자嗣子 위구태尉仇台'와 '부여왕夫餘王 위구태尉仇台' 및 '백제百濟 시조始祖 구태仇台'는 이전부터 부여계 집단을 대표하는 수장首長의 명칭으로 써온 구태仇台(우태優台)라는 명칭을 공유한 것으로 볼 수 있다.

여기서 '부여왕夫餘王 위구태尉仇台'와 '백제百濟 시조始祖 구태仇台'는 같은 시기에 같은 행적을 보이고 있어, 동일 인물로 볼 수 있는 여지가 있다. 곧, 『주서周書』에서 『수서隋書』 단계로 오면서 '백제百濟 시조始祖 구태仇台'에 『삼국지三國志』에 기록된 '부여왕夫餘王 위구태尉仇台'의 행적이 덧붙여진 것으로 이해할 수도 있다. 하지만 『삼국지三國志』 단계에서는 '백제百濟'를 아직 인식하지 못하면서 '부여夫餘'만 인식하였기 때문에, 부여계 수장首長 출신이었던 '백제百濟 시조始祖 구태仇台'의 행적이 '부여왕夫餘王 위구태尉仇台'의 행적으로 기록된 것일 수도 있다.

구태仇台를 우태優台와 동일시함에 있어서 마지막으로 해결해야 할 문제가 있다. 그것은 구태仇台가 동명東明의 후손으로 나타나고 있는데 비해, 우태優台는 해부루解夫婁의 서손庶孫으로 나타난다는 점이다. 곧, 『삼국사기』의 비류 전승은 해부루解夫婁 →우태 優台 →비류沸流로 혈통이 계승되면서 동명東明과의 혈연관계가 부정되어 있지만, 구태仇台는 동명東明의 후예로 되어 있으므로 우태優台는 구태仇台와 연결되기 어렵다는 것이다. [91]

이 문제는 왕실의 변화에 따라 건국신화도 변화를 거치는 현상을 통해 해결할 수 있다. 고이왕대 건국신화에서 동명-온조 신화와 해부루-우태-비류 전승의 관계 성립까지를 담아내는 본고에서는 자세히 다루지 못하지만, 이

---

91) 徐大錫, 1985, 「百濟神話 硏究」, 『百濟論叢』1, 8쪽; 2001, 『한국신화의 연구』, 집문당, p.153.

는 이후 4세기 근초고왕대에 다시 한번 왕실의 변화를 거치면서 성립된 계보이다. 태양을 묘사한 신격의 일반명사로 볼 수 있는 '동명'과 '해모수'라는 명칭은 졸본 지역에서 북부여의 계승을 내세웠던 인물의 명칭으로 함께 쓰이고 있는데,[92] 이렇게 동명과 연결된 해모수의 아들이 해부루라는 전승이다. 곧, 백제 계통 자료로 생각되는『삼국유사』북부여조에서는 해부루의 아버지로 해모수를 설정하고 있으니, 동명 → 구태의 계보는 해모수(동명) → 해부루 → 우태(구태)의 계보를 통해 연결될 수 있다. 이 계보의 성립은 근초고왕이 집권하고 역사서가 편찬되면서 건국신화와 왕실 계보가 재정리되면서 나타난 것이다.[93]

그렇다면, 부여계이면서 고구려와 관련을 가진 이들 해부루-우태-비류 세력이 곧 구태 집단과 연결될 수 있음을 말할 수 있다.

---

92) 이장웅, 2008,「百濟 系統 資料로 본 卒本扶餘의 東明神話」,『白山學報』81.
93) 근초고왕 때에 동명-온조계와 해부루-우태-비류계 왕실 계보가 통합된 점에 대해서는 이장웅, 2006,「百濟 漢城期 王室의 變動과 建國神話의 變化 過程」, 고려대 석사학위논문 및 본서 나오며 부분 참조.

III. 구태 집단의 남하와 고구려 · 공손씨 관계

이제 동부여계 해부루解夫婁-우태優台-비류沸流 집단, 곧 구태仇台 집단이 한 반도 중부 백제 지역으로 남하하는 과정에 대하여 살펴볼 차례이다. 앞의 2절에서 우태優台와 구태仇台가 연결됨을 살펴보았으므로, 여기서는 해부루解夫婁-우태優台(구태仇台)-비류沸流 집단으로 한꺼번에 표현하고자 한다.

해부루解夫婁-우태優台(구태仇台)-비류沸流 집단의 남하 과정을 알아보기 위해서는 『삼국사기』 초기 기사에 나타나는 고구려와 동부여 사이의 관계를 먼저 살펴보아야 한다.

해부루解夫婁-금와金蛙-대소帶素로 이어지던 동부여는 AD 22년에 고구려 대무신왕의 공격으로 왕 대소가 죽고 나서 그의 동생은 갈사국曷思國을 세우고,[94] 사촌동생은 만여 명을 이끌고 고구려에 투항하여 왕王에 봉해지고 연나부椽那部(椽那部)에 안치되어 낙씨絡氏 성을 받는다.[95]

『삼국사기』에서는 2세기 후반에서 3세기에 걸쳐 제나부提那部 출신 귀족이 계루부桂婁部 왕실과 대대로 혼인관계를 맺고 있는데, 이 제나부와 연나부椽那部(椽那部)를 같은 표기로 보면서 『삼국지三國志』 고구려전高句麗傳에서 계루부 왕실과 여러 대에 걸친 혼인관계를 맺어 왔다는 절노부絕奴部와 같은 실체로

---

94) 夏四月 扶餘王帶素弟 至曷思水濱立國稱王 是扶餘王金蛙季子 史失其名 初 帶素之見殺也 知 國之將亡 與從者百餘人至鴨淥谷 見海頭王出獵 遂殺之 取其百姓至此始都 是爲曷思王 〈『三 國史記』卷14 高句麗本紀2 大武神王 5年〉

95) 秋七月 扶餘王從弟謂國人曰 我先王身亡國滅 民無所依 王弟逃竄 都於曷思 吾亦不肖 無以興 復 乃與萬餘人來投 王封爲王 安置椽那部 以其背有絡文 賜姓絡氏 〈『三國史記』卷14 高句麗 本紀2 大武神王 5年〉

보는 것이 일반적이다.[96] 그러나 제나부와 연나부掾那部(椽那部)를 다른 표기로 보면서 제나부를 왕비족인 절노부絶奴部에 비정하고, 『삼국사기』 기록에서 국상國相 명림답부明臨答夫나 명림어수明臨於漱, 명림홀도明臨笏覩 등의 활동으로 미루어 보아 그 세력이 매우 컸다고 짐작되는 연나부掾那部(椽那部)를 『삼국지三國志』 고구려전高句麗傳에서 전왕족으로 나타나고 있는 연노부涓奴部(소노부消奴部)로 비정하는 견해도 제기되고 있다.[97] 『삼국사기』에 기록된 고구려 부部의 명칭과 『삼국지』 등 중국사서에 나타나는 부部의 명칭을 서로 연결시키는 문제는 고구려사의 입장에서 더 많은 논의가 필요할 것이므로, 여기서는 그 판단을 유보하기로 한다.

한편, 동부여의 분열 이후 갈사국曷思國을 세운 갈사왕曷思王의 손자 도두都頭는 태조왕太祖王 16년(68)에 고구려에 복속되어 우태于台(優台)에 임명되는데,[98] 그는 고구려에서 최초로 우태于台(優台)에 임명된 인물이다. 우태于台(優台)는 가부장가족이 소속되어 있는 친족공동체의 장,[99] 친족집단의 장,[100] 수장층,[101] 중심 나국那國에 통합된 나국那國의 국도國都 세력을 편제하는 기준으로 작용한 관계官階[102] 등으로 파악된다. 갈사왕曷思王의 손자 도두都頭가 우태于台에 임명된 이후의 태조왕太祖王 때 기사에는 관나貫那 우태于台 미유彌儒

---

96) 노태돈, 1999, 「部體制의 성립과 그 구조」, 『고구려사 연구』, 사계절, pp.105~106.
97) 田美姬, 1992, 「高句麗初期의 王室交替와 五部」, 『水邨朴永錫教授華甲紀念 韓國史學論叢』 上, 탐구당에서는 提那部=絶奴部, 掾那部(椽那部)=涓奴部(消奴部), 沸流部=桂婁部, 貫那部 =灌奴部, 桓那部=順奴部로 연결시켰다.
98) 秋八月 葛思王孫都頭 以國來降 以都頭爲于台〈『三國史記』卷15 高句麗本紀3 太祖大王 16年〉
99) 金哲埈, 1975, 『韓國古代社會研究』, 知識産業社, p.128.
100) 盧重國, 1979, 「高句麗國相考(上) -初期의 政治體制와 關聯하여-」, 『韓國學報』 16, p.19.
101) 金光洙, 1983, 『高句麗 古代集權國家의 成立에 관한 研究』, 연세대 박사학위논문, p.114.
102) 余昊奎, 1992, 「高句麗 初期 那部統治體制의 成立과 運營」, 『韓國史論』 27, 서울대 국사학과, p.52.

와 환나桓那 우태于台 어지류菸支留가 나타나고 있는 것으로 보아,[103] 우태于台
(優台)는 나那(나부那部) 내 한 집단의 장長을 의미한다고 볼 수 있다.[104] 그렇다
면 도두都頭도 나那(나부那部) 내에 편입된 우태于台(優台)로 볼 수 있는데, 이전
에 동부여 대소왕의 사촌동생이 안치되었던 연나부椽那部(椽那部) 또는 계루부
이전의 전왕족이었던 연노부涓奴部(소노부消奴部) 내에 편입되었을 가능성이
있다.

그렇다면 백제 해부루解夫婁-우태優台-비류沸流 전승에서 해부루解夫婁의 서손
庶孫으로 나타나고 있는 우태優台는 바로 해부루의 방계 혈통인 이들 세력을
가리키는 것으로 볼 수 있다. 아마 이들의 후예가 한반도 중부 지역으로 남하
하여, 먼저 남하하였던 동명-온조 집단과 연합하면서 형성된 것이 바로 국내
사서의 해부루-우태-비류 전승이자 중국 사서의 구태 전승으로 생각된다.

이제 이들의 남하 시기와 계기에 대하여 중국 사서의 구태仇台 관련 기록
을 통해 더 살펴보고자 한다. 구태 관련 기록들에서는 부여夫餘 동명東明의 후
손인 구태仇台가 공손씨가 요동을 지배하던 시기(189~238)에 바다를 건너 대
방고지에서 백제를 건국하였다는 인식을 살펴볼 수 있었다. 그런데 앞서 살
펴본 B-③『당회요唐會要』권卷95 백제百濟의 "고려高麗에 의해 격파되었다. 이
에 백가百家가 바다를 건넜으므로, 이로 인하여 백제라 이름하였다[爲高麗所
破 以百家濟海 因號百濟焉]"라는 기록과 B-④『책부원귀册府元龜』권卷956 외
신부外臣部 종족種族의 "재차 고려高麗에게 격파되었다. 이에 백가百家가 바다

---

103) 秋七月 逐成獵於倭山 與左右宴 於是 貫那于台彌儒 桓那于台菸支留 沸流那皂衣陽神等 陰
　　謂逐成曰〈『三國史記』卷15 高句麗本紀3 太祖大王 80년〉
104) 고구려 초기 관명 중 相加, 古雛加, 對盧, 沛者, 優台가 족장적 속성을 지니고 있으며, 이를
　　大加(相加, 古雛加, 對盧, 沛者)와 小加(優台)로 구분해 본 견해도 있다(문창로, 2009,「부
　　여의 官制와 그 계통적 접근」,『한국학논총』31, p.30).

를 건넜으므로, 이로 인하여 백제百濟라 이름하였다[復爲高麗所破 以百家濟海 因號百濟焉]"는 기록을 통해, 구태의 백제 건국 계기가 고구려에게 격파된 상황 때문으로 나타나 있다는 점이 흥미롭다. 이는 고구려의 압박으로 인한 주민 이동이 몇 차례 있었음을 암시하고 있다.

그렇다면, 이 당시 고구려 및 구태와 연결된 세력으로 등장하는 공손씨 집단 사이의 관계 속에서 구태 관련 기록을 살펴볼 필요가 있다. 『삼국지三國志』 위서魏書 동이전東夷傳 고구려高句麗와 『삼국사기三國史記』 고구려본기에는 백고伯固 또는 고국천왕故國川王이 죽었을 때 고구려에서 일어난 내분을 설명하는 부분이 있는데, 이를 통해 이 시기 고구려와 공손씨 정권 사이의 관계를 살펴볼 수 있다.

C-① 백고伯固가 죽고 두 아들이 있었는데, 큰 아들은 발기拔奇, 작은 아들은 이이모伊夷模였다. 발기拔奇는 어질지 못하여, 국인國人들이 함께 이이모伊夷模를 옹립하여 왕王으로 삼았다. 백고伯固 때부터 자주 요동遼東을 노략질하였고, 또 유망流亡한 호胡 5백여 가家를 받아들였다. 건안建安 연간 (196~219 : 고구려高句麗 고국천왕故國川王 18~산상왕山上王 23)에 공손강公孫康이 군대를 보내어 공격하여 기국其國을 격파하고 읍락을 불태웠다. 발기拔奇는 형兄이면서도 왕이 되지 못한 것을 원망하여, 연노가涓奴加와 함께 각기 하호下戶 3만여 구口를 이끌고 공손강公孫康에게 투항하였다가 돌아와서 비류수沸流水 유역에 살았다. 항복했던 호胡도 또한 이이모伊夷模를 배반하므로 이이모伊夷模는 다시 새 나라를 세웠는데[更作新國] 오늘날 있는 곳이 이곳이다. 발기拔奇는 드디어 요동遼東으로 가고, 그 아들은 구려국句麗國에 머물렀으니, 지금 고추가古雛加 박위거駮位居가 바로 그 사람이다. 그 후에 다시 현도玄菟를 공격하므로 현도玄菟와 요동遼東이 함께 공격하여 크

게 격파하였다.[105]

〈『삼국지三國志』권卷30 위서魏書30 오환선비동이전烏丸鮮卑東夷傳 고구려高句麗〉

C-② 처음에 고국천왕故國川王이 죽었을 때 왕후王后 우씨于氏가 비밀리에 초상난 것을 알리지 않고 … 다음날 새벽에 선왕先王의 명이라 속이고, 여러 신하들에게 명령하여 연우延優를 왕으로 삼았다. 발기發歧가 이를 듣고 크게 화가 나서 병력을 동원해서 왕궁을 포위하고 소리치기를 "형이 죽으면 아우가 잇는 것이 예이다. 네가 차례를 뛰어 넘어 왕위를 찬탈한 것은 큰 죄이다. 마땅히 빨리 나와라. 그렇지 않으면 처자식까지 목베어 죽일 것이다."라 하였다. 연우가 3일간 문을 닫고 있으니, 국인國人 또한 발기를 따르는 자가 없었다. 발기가 어려운 것을 알고 처자를 거느리고 요동으로 도망가서 태수 공손도公孫度를 보고 고하기를 "나는 고구려왕 남무男武의 친동생입니다. 남무가 죽고 아들이 없자 나의 동생 연우가 형수 우씨와 함께 모의하고 즉위하여 천륜의 의를 무너뜨렸습니다. 이 때문에 분하여 상국上國에 투항하러 왔습니다. 엎드려 원하건대 병사 3만을 빌려주어, 그들을 쳐서 난을 평정할 수 있게 해주소서." 하였다. 공손도가 이에 따랐다. 연우가 동생 계수罽須를 보내 병력을 거느리고 막게 하였는데, 한의 병사가 크게 패했다. 계수가 스스로 선봉이 되어 패배자를 추격하니, 발기가 계수에게 고하여 말하기를 "네가 지금 차마 늙은 형을 해칠 수

---

105) 伯固死 有二子 長子拔奇 小子伊夷模 拔奇不肖 國人便共立伊夷模爲王 自伯固時 數寇遼東 又受亡胡五百餘家 建安中 公孫康出軍擊之 破其國 焚燒邑落 拔奇怨爲兄而不得立 與涓奴加 各將下戶三萬餘口詣康降 還住沸流水 降胡亦叛伊夷模 伊夷模更作新國 今日所在是也 拔奇 遂往遼東 有子留句麗國 今古雛加駮位居是也 其後復擊玄菟 玄菟與遼東合擊 大破之〈『三國志』卷30 魏書30 烏丸鮮卑東夷傳 高句麗〉

있겠느냐?" 하였다. 계수가 형제의 정이 없을 수 없어 감히 해치지 못하고 말하기를 "연우가 나라를 양보하지 않은 것은 비록 의롭지 못한 것이지만, 당신이 한 때의 분함으로 종국宗國을 멸망시키려 하니 이는 무슨 뜻입니까? 죽은 후에 무슨 면목으로 조상들을 뵙겠습니까?"라 하였다. 발기가 그 말을 듣고 부끄럽고 후회스러움을 이기지 못하여 배천裵川으로 달아나 스스로 목을 찔러 죽었다. 계수가 소리내어 슬피 울며 그 시체를 거두어 풀로 덮어 매장하고 돌아왔다.[106]

〈『삼국사기三國史記』권卷16 고구려본기高句麗本紀4 산상왕山上王 즉위조卽位條〉

C-①의 『삼국지三國志』에 기록된 백고伯固는 8대 신대왕新大王 백고伯固(89~179)가 아니라, 9대 고국천왕故國川王 남무男武(179~197)를 잘못 기술한 것으로 보는 것이 일반적이며, C-②의 『삼국사기三國史記』 기록에 따라 고국천왕이 죽었을 때 그 동생인 발기發歧(拔奇)와 10대 산상왕山上王 이이모伊夷模(연우延優, 197~227) 사이에 일어난 내분을 기술한 것으로 보는 것이 옳다.[107] 여기서 『삼국지三國志』의 "발기拔奇는 형兄이면서도 왕이 되지 못한 것을 원망하여, 연노가涓奴加와 함께 각기 하호下戶 3만여 구口를 이끌고 공손강

---

106) 初 故國川王之薨也 王后于氏秘不發喪 … 至翌日質明 矯先王命 令群臣 立延優爲王 發歧聞之大怒 以兵圍王宮 呼曰 兄死弟及 禮也 汝越次簒奪 大罪也 宜速出 不然則誅及妻孥 延優閉門三日 國人又無從發歧者 發歧知難 以妻子奔遼東 見太守公孫度 告曰 某高句麗王男武之母弟也 男武死 無子 某之弟延優與嫂于氏謀 卽位 以廢天倫之義 是用憤恚 來投上國 伏願假兵三萬 令擊之 得以平亂 公孫度從之 延優遣弟罽須 將兵禦之 漢兵大敗 罽須自爲先鋒追北 發歧告罽須曰 汝今忍害老兄乎 罽須不能無情於兄弟 不敢害之 曰 延優不以國讓 雖非義也 爾以一時之憤 欲滅宗國 是何意耶 身沒之後 何面目以見先人乎 發歧聞之 不勝慙悔 奔至裵川 自刎死 罽須哀哭 收其屍 草葬訖而還〈『三國史記』卷16 高句麗本紀4 山上王 卽位條〉

107) 노태돈, 1999,「娶嫂婚과 친족 집단」,『고구려사 연구』, 사계절, p.174.

公孫康에게 투항하였다가 돌아와서 비류수沸流水 유역에 살았다"는 내용이 주목된다.

두 사료를 비교해 보면, 발기가 투항하여 귀부할 당시의 요동태수를『삼국사기』에서는 공손도公孫度(189~204)로,『삼국지三國志』에서는 공손강公孫康(204~221)으로 각각 달리 표시하고 있다. 공손도公孫度의 아들인 공손강公孫康이 아버지에 이어 요동태수가 된 것은 204년인데,[108]『삼국지三國志』의 기록대로라면 발기의 난이 204년 이후, 즉 산상왕이 즉위한지 8년이 지난 후에 일어난 것이 되므로 옳지 않으며,『삼국사기』의 기록대로 고국천왕故國川王이 죽고 산상왕山上王이 즉위한 197년에 바로 발기가 난을 일으켰다고 보는 것이 옳다. 그렇다면 이때의 요동태수는 공손도公孫度가 맞다.

여기서 '연노가涓奴加'와 '하호下戶 삼만여구三萬餘口'의 행방에 주목하고자 한다.『삼국지三國志』에 의하면 연노가涓奴加가 하호下戶 삼만여구三萬餘口를 이끌고 발기拔奇의 편에 가담하였다가 돌아와 비류수沸流水에 거주했다고 표현하였으나,『삼국사기三國史記』에서는 발기發歧가 병사 삼만三萬을 빌려달라고 하자 공손도公孫度가 이를 허락했다고 표현하였다. 같은 사건을 달리 표현한 것으로 보이는 이 서술은 당시 고구려 왕실과 요동태수 공손도公孫度 사이에서 갈팡질팡했던 연노가涓奴加와 하호下戶 삼만여구三萬餘口의 모습을 잘 보여주고 있다고 생각된다. 중국측 입장에서는 이들이 원래 고구려의 연노부涓奴部 세력이었다가 투항해온 무리로 간주하고 있으며, 산상왕山上王의 고구려 왕실에서는 이들을 이미 공손도公孫度의 세력으로 간주하고 있는 것이다.

발기拔奇와 연노가涓奴加의 난은 결국 실패했고, 산상왕山上王 이이모伊夷模는

---

108) 요동 공손씨 정권의 흥망에 대해서는 권오중, 2007,「遼東 公孫氏政權의 興亡과 '夷人'問題」,『東北亞歷史論叢』15 및 권오중, 2012,『요동왕국과 동아시아』, 영남대학교출판부 참조.

'갱작신국更作新國'하였다. 이때 비류수沸流水로 돌아온 발기拔奇, 연노가涓奴加와 하호下戶 삼만여구三萬餘口는 어떻게 되었을까. 중국측 입장에서는 이들을 정통으로 간주하면서 산상왕山上王 이이모伊夷模가 '갱작신국更作新國'했다고 이해하였으며,[109] 난의 실패 후 자살했다는 『삼국사기』의 기록과는 달리 『삼국지三國志』에서는 발기拔奇가 요동遼東으로 갔다고 한다.

대체로 『삼국지三國志』의 연노부涓奴部는 『후한서後漢書』의 소노부消奴部에 해당되며,[110] 『삼국사기』에 나타나는 송양松讓의 비류국沸流國과[111] 비류부沸流部로[112] 보고 있다. 『삼국지三國志』에서 발기拔奇의 난 이후 연노가涓奴加와 하호下戶 삼만여구三萬餘口가 비류수沸流水로 돌아왔다는 점에서도 연노부涓奴部와 비류부沸流部가 서로 연결될 가능성이 크다. 연노부涓奴部는 주몽의 계루부가 왕위를 차지하기 이전의 전왕족으로, 유리왕 때에는 왕비를 배출하였다.[113] 3세기 중엽에도 연노부는 자체적으로 종묘宗廟와 영성사직靈星社稷에 제사를 지내는 등[114] 어느 정도 독자적인 기반을 유지하였다. 『삼국지三國志』에 고구려 전체의 인구수가 "호삼만戶三萬"으로 나타나 있는 것으로 보아,[115] 당시 연

109) 金哲埈, 1975, 「高句麗·新羅의 官階組織의 成立過程」, 『韓國古代社會研究』, 知識産業社, p. 228.
최일례, 2015, 「산상왕의 혼인과 고구려의 정치」, 『歷史學研究』 58, pp. 16-17.
110) 凡有五族 有消奴部絶奴部順奴部灌奴部桂婁部 本消奴部爲王 稍微弱 後桂婁部代之〈『後漢書』東夷列傳 高句驪〉
111) 王見沸流水中有菜葉逐流下 知有人在上流者 因以獵往尋 至沸流國 其國王松讓出見曰〈『三國史記』卷13 髙句麗本紀1 東明聖王 卽位年〉
112) 春三月 黜大臣仇都逸苟焚求等三人爲庶人 此三人爲沸流部長〈『三國史記』卷14 髙句麗本紀2 大武神王 15年〉
113) 秋七月 納多勿侯松讓之女爲妃〈『三國史記』卷13 髙句麗本紀1 琉璃王 2年〉
114) 王之宗族 其大加皆稱古雛加 涓奴部本國主 今雖不爲王 適統大人 得稱古雛加 亦得立宗廟 祠靈星社稷 絶奴部世與王婚 加古雛之號〈『三國志』卷30 魏書30 東夷傳 高句麗〉
115) 高句麗 在遼東之東千里 南與朝鮮濊貊 東與沃沮 北與夫餘接 都於丸都之下 方可二千里 戶

노가涓奴加를 따른 하호下戶 삼만여구三萬餘口가 대단히 많은 인구수였음도 알 수 있다.

한편,『삼국사기』의 연나부椽那部는 차대왕을 시해한 명림답부明臨答夫가 신대왕 2년(166)에 국상國相이 되면서[116] 세력을 확장하였다. 고국천왕 2년(180)에는 제나부提那部 우씨于氏가 왕비가 되었다.[117] 12년(190)에는 왕비의 친척이 4연나椽那와 함께 모반하였지만,[118] 왕비 우씨에 대한 처벌은 없었다.

이러한 시점에 고국천왕이 후사없이 죽었고, 우씨 왕후는 차기 왕위 계승권자인 맏동생 발기가 아닌 다음 동생 연우(산상왕)를 후계자로 내세웠다. 그러자 발기는 연노가와 함께 산상왕 정권을 이탈하여 요동 공손씨 정권과 연결되었다. 연노부는 발기의 지지기반이었던 것이다.

여기에 공손도公孫度가 딸을 처妻로 주었다는 구태仇台의 기사를 연결시켜 해석해볼 필요가 있다. 하호下戶 삼만여구三萬餘口를 이끌고 발기의 편에 가담하였던 연노가涓奴加 세력은 연노부涓奴部 내의 가加로 공손도公孫度와 가까운 집단이었으므로, 우태于台(優台), 곧 구태仇台를 가리킨 것으로 볼 수 있다고 생각된다. 그렇다면,『당회요唐會要』와『책부원귀册府元龜』의 "고려소파高麗所破"라는 기록은 연노부涓奴部 내의 가加였던 우태于台(優台), 곧 구태仇台가 발기와 함

三萬〈『三國志』卷30 魏書30 東夷傳 高句麗〉

116) 冬十月 椽那皂衣明臨荅夫 因民不忍 弑王 號爲次大王〈『三國史記』卷15 高句麗本紀3 次大王 20年〉
拜荅夫爲國相 加爵爲沛者 令知內外兵馬 兼領梁貊部落 改左右輔爲國相 始於此〈『三國史記』卷16 高句麗本紀4 新大王 2年〉

117) 春二月 立妃于氏爲王后 后提那部于素之女也〈『三國史記』卷16 高句麗本紀4 故國川王 2年〉

118) 秋九月 京都雪六尺 中畏大夫於畀留評者左可慮 皆以王后親戚 執國權柄 其子弟並恃勢驕侈 掠人子女 奪人田宅 國人怨憤 王聞之 怒欲誅之 左可慮等與四椽那謀叛〈『三國史記』卷16 高句麗本紀4 故國川王 12年〉

께 공손도에게 투항한 후 고구려에게 공파된 것을 표현한 것으로 볼 수 있다. 이로 보면, 『삼국지三國志』의 연노가涓奴加 우태于台(優台)는 동부여東扶餘의 방계 세력들(해부루의 서손庶孫)을 이끌던 수장이었던 것이다.

고구려와 공손씨 정권 사이에서 벌어진 이 사건을 계기로 연노부涓奴部의 동부여계 세력을 이끌던 수장이었던 우태于台(優台)가 백가百家를 이끌고 대방고지帶方故地로 이동하였다면, 중국 사서에 시조 구태설仇台說로 기록되었을 가능성이 충분하다. 그는 패수浿水와 대수帶水를 건너 대방군의 변경에 자리잡았는데, 그가 원래 비류수沸流水를 근거로 한 연노부涓奴部 내의 수장이었으므로 비류沸流가 미추홀彌鄒忽에 자리를 잡았다는 전승이 생겨난 것으로 볼수 있다. 대수帶水는 낙랑군의 속현인 함자현含資縣에 있는 하천으로, 서쪽으로 대방현帶方縣에 이르러 바다로 들어간다고 한다.[119] 함자현含資縣은 이후 대방군에 속하게 되므로, 대수帶水는 대방과 밀접한 관계가 있다.

특히 구태가 활동하던 시기에 공손강公孫康은 대방군帶方郡을 설치하고 공손모公孫模와 장창張敞 등을 보내 유민을 수습하게 하였다.[120] 여기서 공손모는 공손씨 일족으로 유민 수습을 지휘한 인물인 것으로 보아 대방태수로 임명되었을 가능성이 크다. 이로 보아 당시 『삼국지三國志』에 기록된 부여왕 위구태尉仇台와 혼인했다는 공손도公孫度의 종녀宗女는 바로 대방태수 공손모의 딸이며, 이 전승이 『삼국사기』 백제본기 책계왕 즉위조의 대방왕녀帶方王女 보과寶菓와도[121] 연결될 수 있다는 견해가 있다. 이 견해에서는 '부여왕 위구

---

119) 樂浪郡 武帝元封三年開 莽曰樂鮮 屬幽州 戶六萬二千八百一十二 口四十萬六千七百四十八 有雲鄣 縣二十五 … 含資[帶水西至帶方入海]〈『漢書』卷28下 地理志8下〉

120) 建安中(196~220) 公孫康分屯有縣以南荒地爲帶方郡 遣公孫模張敞等收集遺民 興兵伐韓濊 舊民稍出 是後倭韓遂屬帶方『三國志』卷30 魏書30 烏丸鮮卑東夷傳 韓〉

121) 高句麗伐帶方 帶方請救於我 先是 王娶帶方王女寶菓爲夫人 故曰 帶方我舅甥之國 不可不副

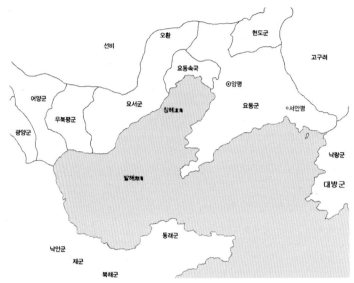

선비
오환
현도군
고구려
요동속국
어양군
요서군
○양평
우북평군
창해_{滄海}
요동군
○서안평
광양군
낙랑군
발해_{渤海}
대방군
동래군
낙안군
제군
북해군

공손씨 정권 시기의 요동 지역(권오중, 2012 수정)

태'가 '백제 시조 구태' 전승으로 변화하면서, 공손도의 종녀보다 격이 높은 딸과 혼인한 것으로 격상시켜 시조전승을 구성한 것으로 보았다.[122]

공손씨가 대방군을 설치한 황해도 지역에는 2세기 후반부터 전축분塼築墳이 거의 완성된 형태로 갑자기 나타나는데, 이 전축분의 구조는 공손씨 세력권이었던 요동 일대에서 계보를 찾을 수 있다고 한다.[123] 이는 당시 요동에서 대방 지역으로의 주민 이동 결과로 볼 수 있으며, 대방과 백제의 밀접한

其請 遂出師救之 高句麗怨 王慮其侵冦 修阿旦城蛇城備之〈『三國史記』卷24 百濟本紀2 責稽王 卽位年〉

122) 김성한, 2014, 「百濟의 건국과 仇台」, 『歷史學硏究』 56, pp. 89~92.

123) 高久健二, 1995, 『樂浪古墳文化硏究』, 學硏文化社, pp. 188·219.

| 연천 삼곶리 적석총 | 연천 학곡리 적석총 |

관계는 바로 이러한 구태 전승에서부터 비롯된 것으로 볼 수 있을 것이다.

구태가 건국하였다는 대방고지帶方故地(미추홀彌鄒忽)는 해부루-우태-비류계의 근거지와 깊이 관련될 것인데, 그 지역을 대방군帶方郡(황해도나 경기 북부)으로 보거나, 그에 근접한 지역이면서 고구려와 문화적으로 밀접한 관계가 있는 적석총이 축조된 경기도 서북부 서해 근처의 임진강 유역으로 보려는 견해가 있다.[124] 구체적으로는 대방고지에 나라를 세웠다는 구태仇台를 곧 우태優台로 보면서, 이들 집단이 『삼국지』 한전韓傳에 기록된 우휴모탁국優休牟涿國에 자리잡았다는 견해도 있다.[125] 곧, 구태(비류집단)의 일시적인 정착지(미추홀彌鄒忽, 대방고지帶方故地)는 서울 지역보다 이른 시기의 적석총인 삼곶리·학곡리 적석총과 육계토성 등이 위치한 임진강 유역에 있었을 가능성이

---

124) 李賢惠, 1991,「馬韓 伯濟國의 形成과 支配集團의 出自」,『百濟研究』22, p. 24.
    李賢惠, 1997,「3세기 馬韓과 伯濟國」,『百濟의 中央과 地方』, 忠南大學校 百濟研究所, pp. 9~11.
    全榮來, 1998,「百濟의 興起와 帶方故地」,『百濟研究』28, pp. 36-37.
    金起燮, 1993,「漢城時代 百濟의 王系에 대하여」,『韓國史研究』83, p. 25.
125) 金起燮, 2002,「백제의 국가성장과 沸流系의 역할」,『淸溪史學』16·17合, pp. 502-503.
    金起燮, 2007,「백제의 건국시기와 주체세력」,『先史와 古代』27, p. 17.

임진강 유역 육계토성과 적석총 분포도　　　　　파주 주월리 육계토성

크다는 것이다.[126]

　백제 초기 기록에 보이는 낙랑 및 말갈과의 잦은 충돌 기록도 서울 지역
에 있던 초기 백제가 임진강 유역까지 출병하여 대결하였던 사실을 나타낸
것이라기보다는, 이들의 활동 중심지가 그 지역이었기 때문으로 보는 견해
가[127] 타당할 것이다.

　그렇다면, 해부루解夫婁-우태優台(구태仇台)-비류沸流 집단의 남하南下와 대방
고지帶方故地에의 정착 과정을 설득력 있게 받아들일 수 있을 것이다. 이들 집
단은 본래 비류수 유역에 있던 고구려 전왕족 연노부消奴部 세력의 일원이었
다가 2세기 말에서 3세기 초 사이에 임진강 유역으로 남하하였다. 이들은
고구려의 일원으로 오랜 기간 존재했었기 때문에 고구려의 묘제인 적석총
을 쓰게 된 것으로 볼 수 있다.

　그리고 예성강禮成江·임진강臨津江 유역流域 일대에 자리잡았던 비류沸流 집
단이 한군현漢郡縣과 충돌하던 중 고이왕대古爾王代(234~286)에 한강유역漢江流

---

126) 文安植, 1997,「百濟의 對中國郡縣關係 一考察」,『전통문화연구』4, p. 172.
127) 李賢惠, 1997,「3세기 馬韓과 伯濟國」,『百濟의 中央과 地方』, 忠南大學校 百濟研究所.

域으로 이주移住하였다는 견해가 있는데,[128] 설득력을 가진다고 생각된다. 그렇다면 비류집단沸流集團을 서부西部에만 연결시키는 종래의 편견에서 벗어나 북부北部의 해씨解氏와도 연결시켜 볼 수 있다.[129]

정리하면, 한반도 중부지역으로 남하한 동부여계의 해부루解夫婁-우태優台 (구태仇台)-비류沸流 집단이 2세기 말 3세기 초 즈음에는 임진강 유역 일대에 자리잡았다가, 3세기 중반 고이왕 때에 한강 유역으로 유입하여 북부여-졸본부여계의 동명-온조 집단과 연합한 것이다.

해부루解夫婁-우태優台-비류沸流 전승에서 우태優台의 부인으로 나오고 있는 소서노召西奴의 실체도 이와 관련하여 이해할 수도 있겠다. 소서노召西奴의 '노奴'가 '나那'와 연관되면서 집단의 명칭으로 볼 수 있다는 견해가 제기되었으므로,[130] 소서노召西奴는 인명人名이라기보다 집단을 상징화한 것으로 볼 수 있다. 그렇다면 비류수沸流水 유역에 거주하던 부여계 집단인 연노부涓奴部 내의 수장인 우태優台(구태仇台)와 고구려 사이에서 갈등하던 집단의 모습이, 우태와 주몽을 남편으로 하면서 고구려 건국에 큰 도움을 주고도 그에게 배신당한 후 백제 건국에 힘을 쏟았다는 소서노召西奴라는 여인의 모습으로 회자된 것이 아닌가 한다.

구태仇台가 백제에 영입된 직후의 기록인 『진서晉書』 동이열전東夷列傳 마한조馬韓條에 의하면, 태희太熙 원년元年(290)까지 마한馬韓이란 명칭으로 서진西晉

---

128) 文安植, 1995, 「百濟 聯盟王國 形成期의 對中國郡縣關係 硏究」, 東國大 碩士論文, pp. 33~39.
    李賢惠, 1997, 「3세기 馬韓과 伯濟國」, 『百濟의 中央과 地方』, 忠南大學校 百濟研究所, pp. 9~11

129) 김기섭, 1998, 「彌鄒忽의 位置에 대하여」, 『韓國古代史研究』 13, p. 97.

130) 李龍範, 1966, 「高句麗의 成長과 鐵」, 『白山學報』 1.
    문안식, 2004, 「백제의 시조전승에 반영된 왕실교대와 성장과정 추론」, 『東國史學』 40.

가락동 2호분 흑색마연토기

몽촌토성 출토
전문도기(錢文陶器)편

몽촌토성 출토 과대 금구

과의 교섭이 이루어지고 있었다. 『진서』에 보이는 마한, 동이東夷의 이름으로 기록된 견사遣使 집단의 실체에 대해서는 매우 다양한 견해가 있는데, 백제국을 맹주로 하는 정치세력이 견사遣使의 중심 역할을 하였으리라는 견해가 있고,[131] 백제와 전혀 관련이 없는 마한의 움직임으로 이해하는 견해도 있다.[132] 여기서는 『진서晉書』에 보이는 마한의 실체에 대하여, 마한의 이름으로 하는 서진西晉과의 교섭이 백제의 주도 하에 이루어진 것으로 보고자 한다.

이러한 고고학적인 증거로는 흑색마연토기黑色磨研土器에 나타나는 일련의 특징적인 문양 요소 및 후한後漢 만기에서 진대晉代에 걸쳐 중원지방에서 유행한 기종의 영향을 받은 것으로 보이는 직구호直口壺 등의 토기상이 한강 유역을 중심으로 보이고 있다는 점과,[133] 풍납토성 및 몽촌토성 출토 전문도

131) 李丙燾, 1959, 『韓國史』古代篇, 震檀學會, pp. 350-351.
  千寬宇, 1989, 「三韓考 第 3部」『古朝鮮史・三韓史研究』, 一潮閣, pp. 341-342.
  이기동, 1990, 「백제국의 성장과 마한병합」, 『百濟論叢』2, pp. 114-115.
  李賢惠, 1984, 「小國聯盟體의 대두와 三韓의 分立」, 『三韓社會形成過程研究』, 一潮閣, p. 176.
132) 李道學, 1995, 「백제초기기사에 대한 접근방법」, 『백제고대국가연구』, 一志社, pp. 40~42.
  兪元載, 1994, 「晉書의 馬韓과 百濟」, 『韓國上古史學報』17, pp. 149~152.
133) 朴淳發, 2001, 「백제토기의 형성과 백제의 국가형성」, 『漢城百濟의 誕生』, 서경문화사, p. 109.

기錢文陶器와 과대금구銙帶金具[134] 등 이 시기의 중국 문물이 한강 유역에 집중되고 있다는 점을 들 수 있다. 이는 이전에 고구려 연노부涓奴部(소노부消奴部) 지역에 있으면서 중국과 북방의 문물을 신속히 받아들였던 해부루-우태(구태)-비류 집단의 면모가 잘 드러난 것으로 볼 수 있겠다.

---

134) 錢文陶器의 편년에 대해서는 지금까지 대개 西晉代로 보아왔으나, 최근 중국제 錢文陶器와 施釉陶器의 편년을 남조 초기(5세기 초)까지 내려 보는 王志高의 견해도 제기되었다. 이들 백제지역 출토 중국도자기와 帶金具의 편년 문제에 대한 정리는 조윤재, 2015, 「고고 자료로 본 한성백제와 양진, 십육국의 대외교섭」, 『백제의 성장과 중국(백제학연구총서 쟁점백제사 5)』, 한성백제박물관, pp.190~212 참조.

Ⅳ. 마무리

본고는 백제의 복잡한 건국전승을 통해 건국신화를 복원해보려는 입장에서 『삼국사기』백제본기百濟本紀에 나타난 백제 건국전승의 한 계통인 해부루解夫婁-우태優台-비류沸流 전승과 중국사서中國史書에 나타난 구태仇台 전승에 대하여 분석해 보았다. 그 결과, 해부루解夫婁의 서손庶孫으로 나타나고 있는 우태優台는 고구려高句麗의 관계官階인 우태于台(優台)와 연결될 수 있으며, 중국사서의 구태仇台와 연결될 수 있음을 알 수 있었다. 이에 따라 동부여東扶餘의 분열과 고구려 초기의 정치적 변동 및 공손씨 정권과의 관련 속에서 해부루解夫婁-우태優台-비류沸流 집단의 백제 유입 과정에 대하여 알아보았다.

해부루解夫婁-금와金蛙-대소帶素로 이어지던 동부여는 고구려 대무신왕大武神王의 공격으로 대소왕帶素王이 죽음을 당하고 분열하게 된다. 그 가운데 대소의 막내 동생은 갈사국曷思國을 세우고, 대소의 사촌동생은 고구려 연나부椽那部에 편입된다. 그리고 갈사국을 세운 갈사왕曷思王의 손자 도두都頭는 태조왕太祖王 때에 고구려에 복속되어 우태于台(優台)에 임명된다. 우태于台(優台)는 나那(나부那部) 내부 한 집단의 장長을 의미하며, 이때 우태于台(優台) 도두都頭는 이전에 대소의 사촌동생이 연나부에 편입되었던 예와 마찬가지로 나那(나부那部) 내에 편입되었을 가능성이 크다. 그렇다면 백제 해부루解夫婁-우태優台-비류沸流 전승에서 해부루解夫婁의 서손庶孫으로 나타나고 있는 우태優台는 바로 해부루의 방계 혈통인 이들을 가리킨다고 볼 수 있다.

이들의 백제 유입 과정은 중국사서에 나타나고 있는 구태仇台 전승을 통해 살펴볼 수 있었는데, 공손도公孫度 정권 시기에 있었던 고구려의 왕위 계승 분쟁과 연관시켜 살펴보았다. 곧, 발기와 함께 한 연노가涓奴加와 하호下戶 삼만여구三萬餘口 세력이 고구려의 분열 속에서 대방帶方과 관련된 지역에 자리 잡게 된 사실이 구태 전승으로 자리잡게 된 것으로 보았다. 이들은 고구려의 비류수沸流水 지역을 중심으로 한 전왕족 연노부涓奴部 세력이었기에, 해부루解夫婁의 서손庶孫 우태優台와 그 아들 비류沸流의 전승이 생겨난 것으로 볼수 있었다. 이들 집단은 남하하여 대방과 관련된 지역인 임진강 유역에 자리잡고 있다가, 고이왕古爾王 때에 백제 왕위를 차지한 것으로 볼 수 있다.

백제 왕실 계보상에서 해부루解夫婁-우태優台(구태仇台)-비류沸流 집단의 등장은, 기존 동명東明(해모수解慕漱)-온조溫祚 집단과의 사이에 갈등과 통합 과정을 일으켰을 것이다. 이에 따라 해부루解夫婁-우태優台(구태仇台)-비류沸流 집단과 명東明(해모수解慕漱)-온조溫祚 집단 사이의 관계 설정이 필요하게 되었을 것이니, 비류가 온조의 형으로 나타나는 백제 건국전승의 내용은 바로 이러한 정치적 상황에서 나온 것으로 볼 수 있다.

제 4 장

백제 웅진기 곰 신화와
공주 혈사

백제의 수도 웅진熊津이었던 현재의 공주 지역에는 곰나루 전설을 비롯한 곰 관련 전설이 많이 전승되고 있다.[1] 그리고 이와 관련되는 곰나루와 곰굴, 웅신사熊神祠, 송산리宋山里 고분군古墳群 입구에서 발견된 곰 석상石像[2] 등의 증거물도 전하고 있다. 그런데 이들 곰나루 전설이나 곰 신앙과 관련된 구체적인 역사적 증거가 남아있지 않으면서, 막연하게 백제 때의 것으로만 알려져 있을 뿐이다. 그래서 곰나루 전설에 대한 연구는 국문학의 입장에서 분석[3]

1) 국문학계에서는 신성성을 가진 이야기를 '神話', 신성성이 제거된 영웅적 인물의 奇行談으로 비극적인 결말을 갖는 이야기를 '傳說', 평범한 인물의 흥미로운 체험을 '民譚'으로 정의하면서, 이 셋을 통틀어 '說話'라는 큰 범주로 정의하고 있다(장덕순, 1995, 『한국 설화문학 연구』, 박이정, pp. 3~9). 그러므로 곰나루 이야기는 원래 신화였지만 현재 신성성이 제거된 상태의 비극적 결말을 가진 이야기로 전승되고 있다는 점에서 '곰나루 전설'로 통칭하며, 신화와 전설을 포괄적으로 다룰 때에는 '설화'라 칭하고자 한다.
2) 윤용혁, 1979, 「公州地方 곰信仰 資料의 一整理 -백제시대의 熊神崇拜-」, 『湖西史學』 7.
3) 최래옥, 1982, 「현지조사를 통한 백제설화의 연구」, 『韓國學論集』 2.
   金均泰, 1987, 「公州地域의 곰傳說攷」, 『한남어문학』 13.
   조재훈, 1995, 「공주 곰나루설화 연구」, 『공주의 역사와 문화』, 공주대학교 박물관 · 충청남도 공주시.
   이정재, 1996, 「동북아 설화의 곰과 호랑이 연구」, 『韓國民俗學報』 7.
   김헌선, 1998, 「동북아시아 곰신화 비교연구 -한국, 만주, 아이누의 곰신화를 중심으로」, 『아시아문화』 14, 한림대 아시아문화연구소.
   조현설, 1999., 「웅녀 · 유화 신화의 행방과 사회적 차별의 세계」, 『구비문학연구』 9.
   김균태, 2000, 「곰나루 전설의 변이와 의미」, 『說話와 歷史』, 集文堂.
   강현모, 2003, 「백제 건국신화의 전승 양상과 의미」, 『비교민속학』 24.
   강헌규, 2005, 「곰, 고마나루, 곰굴, 곰나루 전설 그리고 공주 -어학적, 설화적 고찰을 중심으되어 왔을 뿐, 역사학에서의 논의는[4] 그리 활발하지 못했다.

곰나루 전설과 관련하여 인수교혼人獸交婚 화소를 보이면서 문헌에 비교적 일찍 채록된 것으로 단군신화가 있다. 사람으로 변한 곰이 천자天子와 결합 하여 단군을 낳는다는 단군신화에 나타난 곰의 존재는 단군신화의 많은 구 성요소 중에서도 가장 중요한 대목으로 취급되어 역사 · 민속 · 고고 · 신화 등 여러 학문의 입장에서 해석이 분분하게 시도되어 왔다. 그리고 동북아시 아 일대에서 곰에 대한 숭배가 구석기시대 이래의 오랜 전통이었다는 광범 위한 곰 신앙에 대한 지식을 바탕으로 하여, 단군신화에 나타나는 곰에 대한 대목이 바로 우리 민족의 출자를 설명해주는 중요한 자료라는 것이 논의된 바 있다.[5] 그러나 실제 곰 숭배와 관련된 구체적인 자료가 현재 우리나라에 는 별로 남아있지 않은데, 공주 지역에 곰나루와 곰굴 · 사당 등의 증거물과 함께 곰 관련 전설이 많이 전승되고 있다는 점은 특이한 일이라 할 수 있다.

곰나루 전설이 문헌에 정착된 것은 1935년에 채록된 가루베 지온輕部慈恩 과[6] 최상수崔常壽의[7] 것이 가장 오래된 것이므로, 백제 때부터의 원형이 그대 로 남아 전한다고 볼 수는 없다. 하지만, 그렇다고 한반도에서 특이하게 공 주 지역을 중심으로 구비전승口碑傳承되고 있는 곰나루 전설이 아무런 역사 적 의의를 지니지 못하는 것은 아닐 것이다. 특히 주목되는 것은 이 곰나루

　　로」, 『한국의 민속과 문화』 10.

4) 윤용혁, 1979, 「公州地方 곰信仰 資料의 一整理 -백제시대의 熊神崇拜-」, 『湖西史學』 7.
　　신종원, 2002, 「단군신화에 보이는 곰(熊)의 實體」, 『韓國史研究』 118.

5) 김정배, 1972, 「고조선의 민족구성과 문화적 복합」, 『白山學報』 12.

6) 輕部慈恩, 1935, 『忠南鄕土誌』, 公州公立高等普通學校校友會; 조재훈, 1995, 「공주 곰나루설
　　화 연구」, 『공주의 역사와 문화』, 공주대학교 박물관 · 충청남도 공주시에 번역문 전문이 실려
　　있다.

7) 崔常壽, 1947, 『朝鮮民間傳說集』, 通文館.

전설의 화소가 북방 소수민족인 에벤키鄂溫克와 오로촌鄂倫春 신화와 매우 흡사하다는 점이다. 설화의 구성 요소 가운데 중요치 않은 것들은 시대나 지역, 또는 화자의 입장에 따라서 얼마든지 변화할 수 있지만, 다른 각편version의 이야기라 하더라도 뼈대를 이루는 주요한 구성 틀은 그대로 남아 있는 경우가 많다고 한다. 곧, 이야기의 틀이 잘 변화하지 않는다는 것은 설화의 전승자들이 공유하는 인식체계가 어느 정도 유지된다는 것이며, 이에 역사적인 자료로 구비문학이 가치를 가질 수 있다는 견해가 있다.[8] 특히 레비-스트로스는 신화적 사고가 지적으로 미개한 사고라는 편견을 비판하면서, 신화 연구에 구조주의적 분석방법을 도입하여 신화적 사고의 과학적 논리성을 입증하였다.[9] 그렇다면 이들 설화의 유사성을 바탕으로 하여 그 역사적 배경을 추적해 본다면, 공주 지역의 먼 역사, 나아가 한국 민족문화의 한 기원을 찾을 수도 있을 것으로 기대된다.

지금까지 곰나루 전설이 면면히 전해지고 있는 것은 그것이 곰나루(웅진熊津)라는 땅 이름과 연관되었기 때문이다. 그렇지만 가루베 지온輕部慈恩은 '고마나루'가 곰과 관련하여 발생한 지명이 아니라 '큰 부락의 도선장' 또는 '큰 부락을 낀 강'이라는 의미에서 백제의 서울인 대도시를 가리키는 것으로 생각되며, 곰이라는 의미가 되는 것은 후대 음의 유사함에서 비롯되었다고 하였다. 이와 관련하여 '곰'이라고 하여 다 동물 '웅熊'을 의미하는 것은 아니며, 공주 연미산燕尾山 아래 금강이 구비 도는 것에서 고마나루의 '고마'가 등장했

---

8) 함한희, 2002, 「구비문학을 통한 문화연구 방법」, 『구비문학과 인접학문』, 박이정, pp.324~331.
9) 김현자, 2001, 「잃어버린 낙원을 찾아서 -엘리아데와 레비스트로스의 신화」, 『宗敎學硏究』20, pp.44~47.

공주 웅진단 터에서 바라본 연미산(燕尾山)　　　공주 연미산(燕尾山) 정상에서 바라본 금강(웅천하)

고, 지명에 나타난 '곰'은 '구비曲'에 해당하는 해안의 만곡부로, '굽은 나루' 또는 '큰 나루'라는 뜻에서 온 것이라는 의견도 있다.[10]

또한, '웅熊'은 '곰'의 한자어 표기로 신神과 같은 의미에서 차자借字된 것에 불과하므로, 지명과 전설에 등장하는 곰이 실제로는 곰 숭배와 관련이 없고 수신水神으로서의 용신龍神과 연결된다는 견해가 제기되기도 했다.[11] 이에 의하면, 특히 『삼국사기』 제사지에 신라 중사中祀 가운데 사독四瀆의 하나로 웅천하熊川河가 등장하고 있는 것은 그곳이 하천이기 때문에 들어간 것이므로 곰 숭배와 관련지을 수 없으며, 곰나루 전설은 수신水神의 유래담과 사당 유래담인 '당신堂神 좌정담坐定譚'일 뿐이라고 하였다.

하지만 고마나루의 곰 전설이 지명에 연유하여 황당하게 만들어진 것으로 볼 수 없다는 것은, 곰 신앙과 설화가 동북아 일대에 선사 이래로 많이 유포되어 있었으며,[12] 공주 지역의 곰나루 전설이 이들 곰 신앙의 설화와 일정

10) 강헌규, 2005, 「곰, 고마나루, 곰굴, 곰나루 전설 그리고 공주 -어학적, 설화적 고찰을 중심으로」, 『한국의 민속과 문화』 10.
11) 신종원, 2004, 「단군신화에 보이는 곰[熊]의 실체」, 『삼국유사 새로 읽기(1)』, 일지사.
12) A. p. Okladnikov, 金貞培 譯, 1973, 「신석기시대 동시베리아 종족의 곰숭배 사상」, 『韓國民族文化의 起源』, 高麗大學校出版部, pp. 236~257.

한 연계성이 보인다는 점에서이다. 만일 곰나루 전설이 곰과는 아무 관련이 없이 "웅진熊津", "웅천熊川"이라는 지명에 맞추어 후대에 만들어진 것이라고 한다면, 곰나루 전설과 에벤키鄂溫克·오로촌鄂倫春의 곰 신화 사이의 유사성을 설명하기 힘들다. 그러므로 '고마'라는 지명은 원래 단군신화에 등장하는 곰의 경우와 같이 곰 숭배와 연관이 있으며, 타 지역에서는 관련 설화가 거의 전해지지 않은 상태에서 구전되어온 희귀한 설화로 볼 수 있다는 견해에 13 주목하고자 한다.

특히 이들 여러 설화에서 모두 강이 중요한 클라이막스의 무대가 된다는 점에서도 곰나루 전설이 수신제水神祭에 맞추어 후대에 만들어진 이야기로 보기 어렵다는 증거가 된다. 곧, 이들 전승은 그 지역의 웅신熊神 숭배 전통을 반영하는 설화이며, 같은 곰 전승을 오로촌족은 종족의 기원을 설명하는 근거로, 곰나루 전설은 시간의 경과에 따라 웅진단熊津壇 제사의 기원을 설명하는 것으로 필요에 따라 다소 변형된 것으로 생각된다. 곰나루 전설은 신화가 변형되어 유지되고 있는 전설로, 전설이 갖는 '비극적 결말'이라는 일반적 특징에 맞추어 신화의 성격이 변질된 사례로 볼 수 있을 것이다.14

하지만 이런 증거만을 가지고 백제 웅진기의 역사적인 모습을 바로 복원하는 것은 충분하지 못하므로, 다른 자료들을 통해 곰나루 전설을 역사적으로 해석할 수 있는지 살펴보고자 한다. 특정한 설화를 만들어낸 개인이나 집단의 인식세계에 접근하려면, 텍스트의 내용에 대한 충실한 해석도 중요

---

13) 윤용혁, 2007, 「고마나루의 역사와 변천」, 『고마나루의 역사문화적 성격과 현대적 활용(제8회 충청남도역사문화연구원 학술심포지엄 자료집)』, 충청남도역사문화연구원, pp. 59~65.
14) 김헌선, 1998, 「동북아시아 곰신화 비교연구 -한국, 만주, 아이누의 곰신화를 중심으로」, 『아시아문화』 14, 한림대 아시아문화연구소, p. 328.

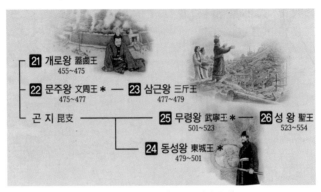

백제 웅진기 왕계표(한성백제박물관)

하지만 그 텍스트의 맥락context, 즉 역사적·문화적인 상황에 대한 고려가 더욱 중요하다. 특히 뒤메질은 신화가 무연無緣의 극적 또는 서사시적 창조물이 아니라, 정치조직, 사회조직, 의례, 법률, 관습 등의 근거를 대고 이들을 조직하고 유지하는 대사상大思想들(great ideas)이 이미지로 표현된 것이라고 하였다.[15]

이에 본고에서는 곰나루 전설에 대한 분석과 함께 백제 웅진기熊津期 및 그 이전 마한 시대의 역사적 상황에 대한 면밀한 검토를 하고자 한다. 백제가 차지하기 전에 이곳에는 마한의 유력 세력이 자리잡고 있었다. 그리고 백제 한성기漢城期 말에 고구려 장수왕의 침입을 받아 개로왕蓋鹵王이 전사하고 왕족이 몰살된 급박한 상황에서 아우 문주文周가 웅진으로 천도하여 이후 성왕聖王이 백제의 재부흥을 위해 사비泗沘로 천도하기까지 64년간의 웅진기를 맞이하게 된다. 곰나루 전설이 역사적 배경을 가지고 전승된 것이라면, 이

---

15) Georges Dumézils, 1968, *Mythe et épopée* I, Paris, Gallimard, p.10(김현자, 2002, 「신화 연구 방법의 모색을 위한 성찰」, 『구비문학과 인접학문』, 박이정, p.293에서 재인용).

공주 정지산에서 바라본 취리산(치미산)

공주 연미산(燕尾山) 정상 석단(石壇)

공주 연미산(燕尾山)의 웅녀 이야기 안내판

공주 연미산(燕尾山) 곰굴

러한 점이 반영되었을 것이다.

곰나루 전설이 백제 당시의 신화를 어느 정도 반영하고 있다면, 신화와 밀접한 관련을 갖고 있는 제의와도 비교해볼 수 있을 것이다. 백제의 국가 제사는 대체로 한성기의 동명묘 제사와 '제천지祭天地' 의례가 사비기의 구태묘 제사와 천天 및 오제五帝에 대한 의례로 바뀌어 가는 것으로 이해되고 있다.[16] 그 사이의 과도기인 웅진기에는 동성왕 11년 10월의 '제천지祭天地' 기사만이 『삼국사기』에 유일하게 전하고 있는데, 이 시기에 백제 국가제사의

---

16) 노중국, 2004, 「百濟의 祭儀체계 정비와 그 변화」, 『啓明史學』 15.
　　서영대, 2007, 「백제의 천신 숭배」, 『百濟의 祭儀와 宗敎』, 충청남도 역사문화연구원.

변화가 진행되었다고 생각된다. 다만, 웅진기에는 정치적 불안으로 인해 제
사체계를 완전히 재정비하지는 못하였고, 이는 성왕의 사비천도 단행과 더
불어 이루어진 듯 하다.[17] 여기서는 그 과도기에 해당하는 웅진기의 제사체
계와 곰나루 전설이 서로 연관되는지 살펴보고자 한다.

현재 공주 지역에는 왕실 제사와 관련된 것으로 생각되는 금강 남쪽의 정
지산艇止山 유적遺蹟,[18] 665년 8월에 당 유인원의 입회 하에 백제 부여융扶餘隆
과 신라 문무왕文武王이 삽혈歃血 회맹會盟한 곳으로 전해지고 있는 취리산就利
山(공주 생명과학고 뒤의 치미산으로 추정) 유적과[19] 함께, 최근 연미산燕尾山 정
상에서 발견된 석단石壇 유적이[20] 제사 유적으로 생각되고 있다.

마지막으로 공주지역의 곰 신앙과 관련하여 중요한 유적이 공주 지역의
방위명 혈사穴寺라고 생각된다. 물론 이들 혈사는 대부분 백제 당시가 아닌
신라 중대 이후의 사찰로 정리되고 있다.[21] 하지만 본고에서 주목하고자 하
는 것은 사찰 자체가 아니라 사찰 주위에 특이하게 배치된 자연동굴이다.
일반 사찰에서는 찾아볼 수 없는 이런 독특한 점은, 연미산의 곰굴과 함께
백제 당시의 토착 곰 신앙을 살펴볼 수 있는 증거로 주목해볼 수 있다고 생
각한다.

---

17) 채미하, 2008, 「웅진시기 백제의 국가제사 -'祭天地'를 중심으로-」, 『百濟文化』 38, p. 2 · 10.
18) 국립공주박물관 · 현대건설, 1999, 『艇止山』, 국립공주박물관.
19) 李南奭, 1998, 『(濟 · 羅會盟址)就利山』, 公州大學校博物館 · 忠淸南道 公州市.
20) 공주대학교박물관, 2008, 「연미산 정상부(就利山 會盟址 推定地) 문화재 발굴(시굴)조사 개
    략보고; 李賢淑, 2009, 「就利山遺蹟의 考古學的 檢討」, 『先史와 古代』 31, pp. 17~20.
21) 趙源昌, 1999, 「公州地域 寺址 研究」, 『百濟文化』 28.
    趙源昌, 2001, 「公州地域 穴寺 研究」, 『國立公州博物館紀要』, 국립공주박물관.

I. 곰나루 전설에 나타난 곰의 성격

곰나루 전설의 역사적 성격을 살펴보기 위하여, 먼저 공주 지역에 전해오는 곰나루 전설부터 면밀히 분석해 보고자 한다. 곰나루 전설은 가루베 지온輕部慈恩에 의해 채록한 1930년대 이후에도 여러 학자들에 의하여 채집·수록되어, 여러 각편version들이 조사·보고되어 있다.[22] 그 중요한 뼈대는 동일하므로, 이 설화의 개략적인 내용만 서사단락으로 나누어 살펴보면 다음과 같다.

ㄱ. 연미산燕尾山의 암곰(사람으로 변신하기도 함)이 사람(사냥꾼, 나그네, 채약자, 어부, 나무꾼)을 강제로 납치하여 동굴로 데려와 동거.

ㄴ. 둘 사이에 자식이 태어남.

ㄷ. 사람이 연미산에서 강을 건너 탈출을 시도함.

ㄹ. 늦게 사람이 없어진 사실을 안 곰이 강가에 가서 돌아오라고 애걸을 하며 자식을 죽이겠다고 위협하지만 사람은 그냥 달아남.

ㅁ. 화가 난 곰은 새끼를 물에 빠트려 죽이고 자신도 강에 투신하여 죽음.

ㅂ. 그 후부터 풍랑이 심해 배가 뒤집히는 일이 많아짐.

ㅅ. 곰을 위한 제단을 쌓고 위령제를 지내자 사고가 없어져 그 이후에도 계속함.

---

22) 충청남도 향토문화연구소, 1986, 『충남전설집(상)』, 명문사, pp. 319~321; 한국정신문화연구원, 1983, 『한국구비문학대계』 5-2(완주군편), 고려원, pp. 789~792·1-4(의정부편) p. 123·6-7(신안군편(2)) pp. 375-376·5-4(군산시편)) pp. 37-38; 임헌도, 1973, 『한국전설대관』, 정연사, pp. 69~71; 김균태·강현모, 1995, 『부여의 구비설화(2)』, 보경문화사, pp. 57~60.

이 전설의 주된 화소話素는 사람과 동물이 결합하는 인수교혼人獸交婚 화소이다. 이 유형의 전설에 나타난 곰과의 결합 과정을 보면, 사람과 곰이 직접 혼교하기도 하고, 연미산 산신령에게 부탁하여 인간으로 변신한 뒤에 혼교하기도 한다. 후자의 방식은 환웅에게 빌어서 인간이 된 웅녀가 환웅과 혼교한 단군신화와 같다. 이처럼 곰나루 전설이 단군신화의 화소를 모방한 것은 두 설화의 향유층 사이에 서로 어떤 관련이 있다고 생각된다.

이와 관련하여 곰나루 전설과 흡사한 것으로 알려진 북방 소수민족 신화는 결말이 약간 다르다. 이들 신화에서는 성이 난 곰이 새끼를 두 쪽으로 찢어 한 쪽은 사냥꾼에게 던지고 한 쪽은 자기가 가지는데, 남은 쪽은 곰이 되고 던져진 쪽은 에벤키鄂溫克 사람[23] 또는 오로촌鄂倫春 사람이 된다고 하여,[24] 자기 종족의 기원 신화로 끝을 맺고 있다.

곰나루 전설과 에벤키鄂溫克 · 오로촌鄂倫春 신화에 의하면, 자식이 생기면서 둘 사이에 파탄이 생겨 인간은 자식과 곰을 버리고 도망가는데, 이 사실을 알아차린 곰의 추적이 이루어지지만, 인간이 도구를 이용해 물을 건너 도망치면서 곰의 추적은 실패하고, 인간과 곰은 결별하게 된다. 여기서 인간과 곰의 결별에 결정적인 작용을 하는 요소는 자연과 문화의 경계를 뜻하는 물로 공통되고 있다. 이때 에벤키鄂溫克 · 오로촌鄂倫春 신화에서 곰은 자식의 반을 찢어 인간에게 던져주고 나머지 반은 곰이 가지고 가면서, 곰과 인간은 특별한 혈족적 공통성을 유지하게 된다. 하지만 한국의 곰나루 전설은 남녀 결합은 인정하지만 자식대의 사실을 철저하게 부정하고 있는데, 이는 인간의 좌절된 의지나 비극적 상황을 말해주는 경우가 많은 전설의 관습에

---

23) 조현설, 1999, 「웅녀 · 유화 신화의 행방과 사회적 차별의 세계」, 『구비문학연구』9, p.3.
24) 김균태, 2000, 「곰나루 전설의 변이와 의미」, 『說話와 歷史』, 집문당, p.170.

[25] 맞춰 신화의 성격이 변형되어 유지된 사례로 생각된다. 곰나루 전설에서 인간과 곰의 혈족적 동질성 상실은 곰 자체에 대한 위무의 형식으로 사당을 짓고 제사를 지내는 것으로 나타나며, 이는 신화와 밀접하게 관련되는 1차 적 의례를 상실했음을 뜻할 것이다.[26] 물을 사이에 두고 사람은 속세로 돌아 와 일상생활로 돌아가지만, 산으로 돌아간 곰은 산신山神이 된 것으로 볼 수 있다.

여기서 서로 멀리 떨어진 지역인 북방 에벤키鄂溫克·오로촌鄂倫春 신화와 곰나루 전설의 연관성이 주목되는데, 그 사이에서 단군신화가 중요한 역할 을 하고 있다고 생각된다.

단군신화의 중심 주제는 곰이 여인으로 변해 단군을 출생하는 것으로, 이 는 한국의 신석기문화를 담당한 고아시아족의 곰 숭배 사상과 연결되며, 환 웅桓雄과 웅녀熊女의 결합은 신석기 문화와 청동기 문화의 융합이라는 견해 가 있다.[27] 이에 의하면 단군신화는 곰을 조상으로 섬기는 북방 시베리아 종 족에서 찾을 수 있는 곰에 대한 인식과 많은 유사점을 갖고 있는데, 시베리 아에는 원래 신석기문화新石器文化의 담당자로 고아시아족이 곰 문화를 가지 고 살고 있었으며, 뒤에 청동기문화靑銅器文化의 담당자인 우랄어와 알타이어 를 사용하는 퉁구스 계통의 예맥족이 등장하면서 고아시아족과 융합 내지 이동을 시작한다고 한다. 물론, 한반도에서 고아시아족과 예맥족 사이에 주 민이 교체되었다는 이러한 가설에 대하여 여러 방면에서 비판적 검토가 이

---

25) 金泰坤 外, 1995, 『韓國口碑文學槪論』, 民俗苑, pp. 109~111.

26) 김헌선, 1998, 「동북아시아 곰신화 비교연구」, 『아시아문화』 14, pp. 328~330.

27) 金貞培, 1973, 「古朝鮮의 住民構成과 文化的 複合」, 『韓國民族文化의 起源』, 高麗大學校出版部, pp. 160~168.

루어졌지만,[28] 아직 이를 대체할 만한 이론이 제시되지 않은 상태에서, 곰 숭배사상을 가진 문화권에 예맥족이 들어오고 유목민의 문화가 영향을 주면서 고조선이 성립했다는 점은 대략 받아들일 수 있다고 생각된다. 그렇다면 주변의 문화적 상황을 고려하면서 단군신화에 곰과 호랑이가 등장하는 맥락과 그 상징성을 분석해볼 수 있을 것이다.

일반 사냥제의와는 다른 곰 제의 및 신화가 완벽하고 통일된 양상으로 북반구의 거의 모든 종족에게서 보편적으로 수집되고 있으며, 특히 고아시아족에게서 곰은 최고 동물신이며 동시에 조상신으로 나타나고 있다. 그리고 극동 지역에 사는 퉁구스족에게는 호랑이가 주요 신앙적 동물로 부각되어 있어, 곰과 호랑이의 관계는 이미 예견되었다고 한다. 아무르와 만주 지역에서는 호랑이와 곰이 같이 출현하고 있는데, 이곳의 동물 제의 역시 곰에게 그 제의성의 비중이 집중되어 있다. 이로 보아 적어도 곰 제의는 호랑이 제의보다 선행되었고, 그 문화사적 기원도 더 거슬러 올라간다고 볼 수 있을 것이다.[29]

단군신화의 시기에는 곰이 호랑이보다 우위를 차지하면서 시조 동물로 나타나고 있다. 이는 한국의 기층문화에서 예맥족과 알타이 유목문화가 들어오기 이전 시기 곰 숭배사상의 문화와 연결시켜 볼 수 있을 것이다. 그리고 만주족의 설화에서는 호랑이가 곰을 물리치는 내용이 나타나고 있는데,

---

28) 정영화, 1980, 「考古學的 側面에서 본 韓民族의 起源」, 『民族文化의 源流』, 한국정신문화연구원; 전경수, 1984, 「韓國民族文化의 起源研究에 대한 方法論의 批判的 檢討」, 『韓國史論』 14; 이선복, 1991, 「신석기·청동기시대 주민교체설에 대한 비판적 검토」, 『韓國古代史論叢』 1; 崔楨苾, 1991, 「人類學上으로 본 韓民族 起源에 대한 批判的 檢討」, 『韓國上古史學報』 8.

29) 이정재, 1997, 「동북아 지역의 곰제의와 곰토템 연구」, 『동북아의 곰문화와 곰신화』, 민속원, p.136.

계룡산 신원사 중악단 산신도의 호랑이

이를 통해 이후 호랑이가 우위를 점하게 되는 과정도 알 수 있다.[30] 현재의 한반도에서는 곰보다 호랑이가 설화나 씨족의 신화에 훨씬 자주 등장한다. 호랑이는 산신령山神靈으로 널리 숭배되고 있으며, 특히 사찰 산신각의 산신 도에도 호랑이가 등장하지만 곰은 실리지 않았다. 곧, 오늘날 한국에서는 호랑이 문화가 곰보다 우위를 차지하고 있다. 이는 예맥족이 우리 민족의 근간을 이루게 되면서 변화된 상황으로 볼 수 있을 것이다.

그런데 현재 한반도에서 곰 신앙을 찾아보기가 쉽지 않은 상황에서, 공주 지역에 곰나루 전설과 함께 곰과 관련된 지명이 전해지고 있다. 그렇다면 이 곰나루 전설과 지명은 어떤 방식으로 지금까지 전해 내려올 수 있었던 것일 까? 이에 대하여 단편적이긴 하지만 문헌 기록을 통해 유추해 보고자 한다.

'웅熊'이라는 문자를 가진 지명이 모두 곰 신앙과 결부될 수 있는 것은 아

---

30) 이정재, 1996, 「동북아 설화의 곰과 호랑이 연구」, 『韓國民俗學報』 7, pp. 555~558.

'웅천(熊川)'명 기와(공산성 추정왕궁터, 신라 하고기)　　　공주 공산성 앞 웅진탑 곰상

니지만, 이와 같은 땅이름의 존재는 고대 곰 숭배와 맥이 닿아 있을 수 있다. 웅천熊川이라는 지명은『삼국사기』권23 백제본기百濟本紀1 온조왕溫祚王 13년조에 초기 백제의 영역에 대하여 언급하는 부분에서 백제의 남쪽 경계로 등장하고 있다.[31] 웅천熊川은 마한馬韓과의 경계로 나타나며, 웅천변熊川邊에 성책城柵을 세워 웅천책熊川柵이라 하였는데, 이곳을 경계로 하여 남쪽에는 마한이 자리했고, 북쪽에는 북방에서 내려온 부여계 이주민 집단인 백제百濟가 자리하면서 영토 분쟁이 발생하였다.[32] 여기에 등장하는 웅천熊川은 지금의 안성천安城川을 가리킨다는 견해와[33] 금강錦江을 가리킨다는 견해가 있다.[34]

31) 八月 遣使馬韓告遷都 遂劃定疆域 北至浿河 南限熊川 西窮大海 東極走壤〈『三國史記』卷23 百濟本紀1 溫祚王 13年〉
32) 秋七月 王作熊川柵 馬韓王遣使責讓曰 王初渡河 無所容足 吾割東北一百里之地安之 其待王 不爲不厚 宜思有以報之 今以國完民聚 謂莫與我敵 大設城池 侵犯我封疆 其如義何 王慙遂壞 其柵〈『三國史記』卷23 百濟本紀1 溫祚王 24年〉
33) 李丙燾, 1976,「三韓問題의 新考察」,『韓國古代史 研究』, 博英社.
34) 李道學, 1995,『百濟古代國家研究』, 一志社, pp.318~320.

백제의 수도였던 웅진熊津과 관련해서는『일본서기日本書紀』권14 웅략천황
雄略天皇 21년 3월조에 '구마나리久麻那利를 문주왕汶洲王에게 내렸다'는 기사가
있으며,『일본서기』권26 제명천황齊明天皇 6년 9월조에는 '달솔達率 여자진餘自
進이 중부中部 구마노리성久麻怒利城에 거據하였다'는 기사가 있다. 그리고『한
원翰苑』번이부蕃夷部 백제조百濟條에 인용된『괄지지括地志』와『양서梁書』,『남사
南史』,『주서周書』등의 중국사서 백제조百濟條에는 '고마성固麻城'이 보이고 있
다. 구마나리久麻那利와 구마노리久麻怒利, 고마固麻는 모두 웅진熊津의 우리식
발음에 가까운 것들로, '고마/곰'의 음차音借이다. 음이 '고마(구마)'이고 뜻이
'웅熊'이 되는 것은 '곰'일 수밖에 없다.[35] 따라서 '웅진熊津' 혹은 '웅천熊川'이라
는 지명은 곰으로부터 파생된, 기록만으로도 2천년을 거슬러 올라가는 오랜
이름으로, 곰 신앙과의 관련 속에 성립되었다고 볼 수 있다.

　곰나루(고마나루)의 훈차訓借인 '웅熊'은 신라의 삼국 통합 이후 경덕왕 때 지
방제도를 정비하면서 웅천주熊川州(웅주熊州) 가 되었고, 고려 태조 때에 공주
公州가 되었다. 이러한 지명의 전승과정을 볼 때, '곰'과 얽혀 있는 설화는 그
연원이 백제까지 거슬러 올라갈 수 있다. 그리고 강이 깊고 서남쪽으로 급히
방향을 바꾸는 지점에 곰나루가 있으므로 도강渡江에 위험이 수반된 데에 따
라, 웅진단熊津壇을 만들어 오랜 기간 동안 웅진熊津 수신제水神祭를 지내오면서
민간신앙의 성역이 되었기 때문에 설화가 꾸준히 전승되었던 것이다.[36]

　『삼국사기』권32 잡지雜志1 제사조祭祀條에 의하면, 신라 중사中祀의 사독四瀆

---

35) 윤용혁, 2005,「백제시대의 웅신(熊神) 崇拜 -공주지방 곰신앙 자료의 정리-」,『공주 역사문
　　화론집』, 서경문화사.
36) 조재훈, 1995,「공주 곰나루설화 연구」,『공주의 역사와 문화』, 공주대학교 박물관 · 충청남
　　도 공주시, pp.81-82.

현재의 공주 웅진단과 연미산

현재의 공주 웅진단

백제 동악이자 신라 서악이었던
계룡산(계람산)과 중악단

신라 사독 중 하나인 웅천하(금강)와 공산성

중 하나로 웅천하熊川河가 포함되었고 그 제행처가 웅천주熊川州였다.³⁷ 웅천 주에는 신라 중사中祀의 오악五岳 중 서악西岳으로 계룡산鷄龍山도 보이고 있으 며,³⁸ 이는 백제 때부터 오악 중 동악으로 여겨져 신성시되었다.³⁹ 신라 오 악신앙의 성립은 대략 문무왕 혹은 신문왕대의 일로 추정되고 있는데, 계룡

---

37) 四瀆 東吐只河[一云槧浦 退火郡] 南黃山河[歃良州] 西熊川河[熊川州] 北漢山河[漢山州]
〈『三國史記』卷32 雜志1 祭祀〉

38) 五岳 東吐含山[大城郡] 南地理山[菁州] 西鷄龍山[熊川州] 北太伯山[奈巳郡] 中父岳[一云 公
山押督郡] 〈『三國史記』卷32 雜志1 祭祀〉

39) 이장웅, 2016, 「百濟 東岳 鷄藍山과 玄光의 翁山 梵刹」, 『韓國古代史探究』 23.

산이 서악西岳이 된 것은 백제 때부터 존재해온 산악신앙의 전통을 일종의 정치적 의도를 반영하여 조직화한 것이라 할 수 있으며,[40] 웅천하熊川河 제사 역시 백제의 전통이 반영되었을 것이다.

곰나루에서 빠져죽은 곰은 이후 일종의 하신河神으로 전환되었고,[41] 이 하신河神이 된 웅신熊神을 진정시키기 위한 방편으로 제사가 시행된 것이다. 시간이 지나면서 점차 곰 신앙은 약화되었고, 그에 따라 본래 웅신제熊神祭였던 제사의 성격이 시대를 내려오면서 약화·소멸된 것을 보여주는 것이 신라 중사中祀 중 사독四瀆의 하나로 제사된 웅천하熊川河이며, 이는 곰에 대한 제사에서 대천大川에 대한 일반적인 제행祭行의 성격으로 변모된 것이다.[42] 『신증동국여지승람新增東國輿地勝覽』 권17 충청도 공주목公州牧 사묘조祀廟條에도 "웅진사熊津祠는 웅진熊津 남안南岸에 있다. 신라 때에는 서독西瀆으로 기록되어 있는데, 본조(조선)에서는 남독南瀆으로 삼고, 중사中祀로 정하여 봄 가을에 향과 축문을 내려서 제사하게 한다. 여단厲壇은 주州 북쪽에 있다"는 기록이 있어, 조선시대에도 웅진사熊津祠에서 제사가 행해졌음을 알 수 있다.

---

40) 尹龍爀, 1995,「鷄龍山의 문화사적 성격」,『공주의 역사와 문화』, 공주대학교 박물관·충청남도 공주시, p. 58.
41) 곰은 陸棲動物이기는 하나, 흔히 水精河神으로 인식되었다(三品彰英, 1935,「久麻那利考」(上)『靑丘學叢』19, pp. 56~77).
42) 윤용혁, 1979,「公州地方 곰信仰 資料의 一整理 -백제시대의 熊神崇拜-」,『湖西史學』7.

II. 백제 웅진기 귀족 세력의 동향과 곰나루 전설

앞절에서는 공주 지역의 곰나루 전설이 만주 지역 소수민족의 곰 신화와 관련이 있으며, 단군신화와도 관련을 가진다는 점을 살펴보았다. 이러한 점 때문에 곰나루 전설은 단군신화를 믿는 곰 숭배 집단의 일부가 남하하여 공주 지역의 역사적 사실을 함축하면서 만들어졌을 가능성을 이야기하기도 한다.[43] 이에 여기서는 백제 웅진천도를 중심으로 한 역사적 사실을 통해 그 가능성을 살펴보고자 한다.

먼저 문헌을 통해 당시 웅진지역 토착세력의 양상을 살펴보겠다. 문주왕 은 목협만치木劦滿致와 조미걸취祖彌桀取의 보좌를 받아 웅진으로 천도遷都하고 있다.[44] 목씨가 기록에 처음 보이는 것은 근초고왕 24년(369)에 활동한 백제 의 장군인 목라근자木羅斤資이며,[45] 목라근자가 신라를 토벌할 당시 신라의 여 자와 결혼하여 낳았다고 전해지고 있는 목만치木滿致(=목협만치木劦滿致)는 구이 신왕대(재위 420~427)에 국정을 장악하였다고 한다.[46] 목씨木氏의 출자는 목 지국目支國,[47] 또는 가야계 귀화인으로 보는 견해가[48] 있으며, 공주 의당에서

---

43) 최래옥, 1982, 「현지조사를 통한 백제설화의 연구」, 『韓國學論集』 2, pp. 135-136.
　　金均泰, 1987, 「公州地域의 곰傳說攷」, 『한남어문학』 13, pp. 299-300.
　　강현모, 2003, 「백제 건국신화의 전승 양상과 의미」, 『비교민속학』 24, pp. 321~325.
44) 文周乃與木劦滿致 · 祖彌桀取[木劦 · 祖彌皆複姓 隋書以木劦爲二姓 未知孰是] 南行焉 〈『三 國史記』 권25 백제본기3 개로왕 21년〉
45) 『日本書紀』 권9 신공기 49년.
46) 『日本書紀』 권10 응신기 25년.
47) 노중국, 1994, 「백제의 귀족가문연구」, 『大丘史學』 48, pp. 6-7.
48) 정재윤, 1999, 『웅진시대 백제정치사의 전개와 그 특징』, 서강대 박사학위논문, p. 50 · 58.

발굴된 수촌리 백제고분의 조영 집단과 연결시키기도 한다.[49] 그런데 목씨는 주 활동기반이 가야 지역인 점, 목협만치가 문주왕을 보필하여 웅진으로 천도하였음에도 불구하고 해씨 세력이 다시 권력을 장악하고 있는 점에서 웅진 지역의 토착세력으로 보기는 어렵다. 아마 목협만치는 구이신왕 때부터의 가야 세력 기반을 가지고 문주왕을 보필했던 것으로 볼 수 있겠다.

문주왕은 4년(478)에 병관좌평兵官佐平 해구解仇가 보낸 도적에 의해 시해弑害당했다.[50] 문주왕의 아들로 즉위한 삼근왕 2년(479)에는 좌평佐平 해구解仇와 은솔恩率 연신燕信이 함께 반란을 일으키고, 이는 좌평佐平 진남眞男과 덕솔德率 진로眞老에 의해 진압된다.[51] 해구는 도적을 보내 문주왕을 시해한 후 1년이 지나기도 전에 다시 반란을 일으킨 것인데, 당시 권력을 잡고 있던 해구에게는 문주왕을 시해하고 이후 반란을 일으킬 동기를 찾기 어렵다는 점에서, 이는 왕족 부여씨-해씨 연합세력과 신진 귀족세력-진씨 연합세력의 대결구도 속에서 승리자인 진씨에 의해 조작된 것이며, 실제는 해구의 전횡에 정치적 불만을 품고 있던 진씨가 일으킨 정변에 대한 대응책으로 해구가 반란을 일으킨 것이라는 견해가 있다.[52] 해씨解氏와 진씨眞氏는 모두 한성기부터 왕비족王妃族으로 북부北部에 재지기반을 둔 구 귀족세력이는데,[53] 이때 진씨가 해씨를 배제하면서 신진 귀족세력과 연합한 것은, 이후 동성왕이 왕

49) 김수태, 2004, 「백제의 천도」, 『韓國古代史研究』 36, pp. 35~36.
50) 四年秋八月 兵官佐平解仇擅權亂法 有無君之心 王不能制 九月 王出獵 宿於外 解仇使盜害之 遂薨 〈『三國史記』卷26 百濟本紀4 文周王 4年〉
51) 二年春 佐平解仇與恩率燕信聚衆 據大豆城叛 王命佐平眞男 以兵二千討之 不克 更命德率眞老 帥精兵五百 擊殺解仇 燕信奔高句麗 收其妻子 斬於熊津市 〈『三國史記』卷26 百濟本紀4 三斤王 2年〉
52) 이희관, 2000, 「百濟 熊津遷都 初期의 政治的 變動에 대한 再檢討」, 『韓國古代史研究』 18.
53) 강종원, 1997, 「백제 한성시대 정치세력의 존재양태」, 『충남사학』 9, pp. 18-19.

위에 올라 구 귀족과 신진 귀족을 골고루 등용하면서 왕권을 강화하려는 노력의 배경이 된 것으로 생각된다.

연씨燕氏는 웅진 천도 이후에 중앙의 귀족세력으로 등장하고 있는데, 삼근왕 2년 당시 은솔恩率이었던 연신燕信은 해구와 함께 반란을 일으키고 있다. 반란이 진압된 이후 연신燕信은 고구려로 달아났고 그의 처자妻子는 웅진熊津 저자 거리에서 죽임을 당했다. 하지만, 삼근왕대 연신燕信이 반란에 참여했음에도 불구하고, 이후 동성왕 12년에 연돌燕突이 달솔達率에 올랐으며,[54] 이후 병관좌평兵官佐平이 된다.[55] 이처럼 동성왕대에 연씨가 다시 중용될 수 있었던 것은 재지기반이 있었기 때문에 가능하였을 것이며, 이들의 재지기반은 해구와 함께 반란을 일으킨 대두산성과 깊은 관련이 있는 것으로 생각된다. 해씨는 웅진 천도로 인해 재지기반을 상실한 상황이었기 때문에 반란을 일으키기 위해서는 재지기반을 가진 유력한 귀족세력과 결탁하지 않을 수 없었고, 이때 해씨가 택한 세력이 연씨였을 가능성이 높다. 이에 대두산성의 위치를 아산의 영인산성에 비정하면서 연씨의 재지기반이었을 것으로 추정하는 견해가 있다.[56]

백씨는 동성왕의 신·구 귀족세력 융합책에 따라 동성왕 8년에 처음 등장하고 있으니, 곧 백가苩加가 위사좌평衛士佐平에 임명되고 있다.[57] 이때 최상위의 관등이자 관직인 좌평에 오른 백씨 세력의 재지기반이 공주 일원이었을 것으로 추정되어 왔으며, 구체적으로 의당 지역에 비정하는 견해가 제기

---

54) 九月 王田於國西泗沘原 拜燕突爲達率〈『三國史記』卷26 百濟本紀4 東城王 12年〉

55) 十九年夏五月 兵官佐平眞老卒 拜達率燕突爲兵官佐平〈『三國史記』卷26 百濟本紀4 東城王 19年〉

56) 兪元載, 1992,「百濟 湯井城 硏究」,『百濟論叢』3, pp.80~86.

57) 八年春二月 拜苩加爲衛士佐平〈『三國史記』卷26 百濟本紀4 東城王 8年〉

부여 가림성(성흥산성) 성벽 발굴조사(2015)

공주 수촌리 토성

되었다.[58] 동성왕 말년에 백가苩加를 가림성加林城에 진수시키고자 할 때 백
가가 이를 거부하고자 했던[59] 이유는 그가 공주 지역에 재지기반을 두고 있
었기 때문으로 이해된다. 금강 유역의 수촌리 토성을[60] 중심으로 한 의당 일
대에 기반을 둔 백씨 세력은 중앙과의 관련 속에 웅진 천도를 주도하였고,
이후 신흥 세력으로 대두하였다고 한다.[61] 이에 최근 발굴된 공주 의당면 수
촌리 고분군의 조영세력을 백씨로 비정하는 견해가 있는데,[62] 주목할 만한
견해로 생각된다.

공주 일원에는 수촌리 고분군과 취리산 고분군처럼[63] 한성기까지 연대가

58) 유원재, 1997,『웅진백제사연구』, 서경문화사, pp. 32~34.

59) 八月 築加林城 以衛士佐平苩加鎭之 冬十月 王獵於泗沘東原 十一月 獵於熊川北原 又田於泗
沘西原 阻大雪 宿於馬浦村 初 王以苩加鎭加林城 加不欲往 辭以疾 王不許 是以怨王 至是 使
人刺王 至十二月乃薨〈『三國史記』卷26 百濟本紀4 東城王 23年〉

60) 국립공주박물관, 2002,『公州 水村里 土城』I 에서는 신라 중대 이후에 만들어진 것으로 보
았다. 이에 백제 때의 거점은 수촌리고분군 뒤편에 있는 산성을 지목하기도 한다.

61) 유원재, 1997,『웅진백제사연구』, 서경문화사, p. 34.

62) 강종원, 2005,「수촌리 백제고분군 조영세력 검토」,『百濟研究』42, pp. 48~54.

63) 취리산에서 발굴된 토광묘들은 유구의 내용이나 출토 유물로 미루어 웅진 천도 이전에 조영
된 것으로 판단되는 것이 대부분이라고 한다(李南奭, 1998,『(濟・羅會盟址)就利山』, 公州大
學校博物館・忠淸南道 公州市, p. 124).

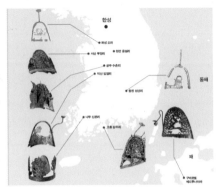

공주 수촌리 제사유구에서 바라본 II지점 고분군   백제 지방 출토 금동관 분포도

올라가는 고분군들이 금강 이북에 분포하고 있으며, 웅진기의 고분군은 금
강 이남의 산록에 밀집되어 있다.[64] 수촌리 고분군에서는 웅진 천도 이전의
백제 한성기 최고급 위세품이 대량으로 출토되었다. 조영 시기는 4세기말
에서 5세기 전반기로, 1호에서 5호까지 순차적으로 조성된 것으로 보이며,
토광목곽묘→횡구식석실묘→횡혈식석실묘 순의 묘제 변화를 보여주고 있
다.[65] 이들 고분의 조영 세력은 마한의 문화적 전통을 계승하고 있는 세력이
라고 할 수 있는데, 마한 제국諸國은 백제의 중앙세력에 의해 편제되었지만,
유력한 재지세력들이 존재하면서 중앙과의 일정한 정치적 관계 속에서 지
방세력화의 길을 걷게 되었을 것이다. 그리고 이들 재지세력은 중앙의 관등
체계에 편제되어 지방관적인 성격을 가지고 토착사회를 지배해 나갔던 것
으로 추정된다. 수촌리 백제고분군에는 재지적 기반과 관련된 수촌리 1·2
호 토광목곽묘와 함께 중앙의 석실묘도 채용되었으며, 출토 유물 가운데 금

---

64) 이한상, 2009, 『(장신구 사여체제로 본)백제의 지방지배』, 서경문화사, p.178.
65) 이훈, 2004, 「묘제를 통해 본 수촌리유적의 연대와 성격」, 『百濟文化』 33.

동관 및 금동식리, 환두대도, 중국제 도자기 등은 중앙으로부터 유입되었을 가능성이 크므로,[66] 이는 당시 피장자가 중앙과 일정한 정치적 관계를 맺고 있었음을 보여준다. 유적과 유물을 통해 볼 때 고분군 조영세력은 경제적 · 사회적 · 군사적으로 상당한 독립성을 지니고 있었던 것으로 파악되며, 정치적으로는 중앙과 밀접한 관계를 맺고 있었음을 알 수 있다.

백제 중앙세력이 한성기 때부터 공주지역의 재지세력과 긴밀한 정치적 유대관계를 맺고 있었기 때문에 475년 갑작스럽게 천도를 하면서 공주지역이 왕도로 선택될 수 있었으며, 천도 과정에서 수촌리 백제고분군 조영 세력의 역할이 크게 작용하였을 것으로 파악된다. 그 결과 백씨는 웅진 도읍기에 유력한 신진세력으로 중앙정치에 등장할 수 있게 된 것이다.[67]

그렇다면 이들 백씨 세력 집단의 연원은 무엇인가? 이와 관련하여 지금까지 마한馬韓 지역에서 출토된 한식경漢式鏡이 모두 공주公州-부여扶餘-익산益山의 금강錦江 중 · 하류권에만 한정되는 양상을 보여주고 있어 이 일대가 당시 마한馬韓의 중심지였으며, 특히 이 지역이 목지국目支國에 중심을 두었던 2-3세기경의 진왕辰王과 관련된다는 견해가[68] 참고된다.

그리고 앞장에서 살펴본 곰 신앙 집단은 마한 지역의 선주민일 가능성이 높은데, 토착 원주민이라기보다는 그 원주민을 일찍이 지배한 북방의 집단일 가능성이 높다는 견해가 있다.[69] 이에 의하면, 먼저 자리잡은 북방계 마한 집단과 뒤에 남하한 부여계 백제 집단이 갈등을 야기하여 결국 선주민이

---

66) 吉井秀夫, 1997, 「횡혈식석실분으로 본 백제의 중앙과 지방」, 『百濟의 中央과 地方』, 忠南大學校 百濟研究所, p.189.

67) 강종원, 2005, 「수촌리 백제고분군 조영세력 검토」, 『百濟研究』 42, pp.48~54.

68) 박대재, 2006, 『고대한국 초기국가의 왕과 전쟁』, 경인문화사, pp.113-114.

69) 金均泰, 1987, 「公州地域 곰傳說攷」, 『한남어문학』 13, pp.302-303.

공주 수촌리 Ⅰ지점 고분군

공주 수촌리 Ⅰ지점과 Ⅱ지점 위치도

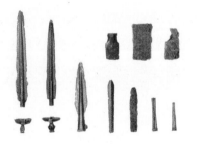

공주 수촌리 Ⅰ지점 철기시대 고분 출토
청동·철기 유물

공주 수촌리 Ⅰ지점 철기시대 고분 출토 토기

백제에 복속되는 과정이 곰나루 전설에 담겨있다고 한다. 이 입장에 따르면서, 강의 북쪽은 곰이 살았던 방향이고 남쪽은 사람이 탈출한 방향이므로, 곰 집단의 종언과 이를 바탕으로 한 북방계 집단의 남진이 설명된다고 보기도 한다.[70] 필자는 곰나루 전설이 먼저 정착한 곰 신앙을 가진 고조선계 마한 집단과 후에 동명신화를 가지고 남하한 부여계 백제 집단 간의 갈등을 보여주고 있다고 생각한다.

이와 관련하여, 수촌리 일대에는 백제시대 뿐만 아니라 청동기시대에서 조선시대에 이르는 폭넓은 기간 동안의 생활 유적과 분묘 유적이 다양하게 존재하고 있음이 주목된다. 수촌리 Ⅰ지점에서는 철기시대 전기(초기철기시대)의 토광묘와 석관묘가 조사되었는데, 토광묘 내부에서는 청동 세형동검과 검파두식劍把頭飾, 동부銅斧, 동사銅柶, 동모銅矛 등과 함께 점토대토기粘土帶土器, 장경호長頸壺가 출토되었으며, 석관묘에서는 청동 세형동검과 검파두식, 동착銅鑿과 철부鐵斧 등의 철기류와 관옥, 장경호 등이 출토되었다. 이러한 청동기 세트의 출토는 드문 경우로, 청동기시대에서 철기시대로 이행되는 과정을 보여주는 좋은 예이므로, 이들을 당시 수장급 무덤으로 볼 수 있다고 한다.[71] 그렇다면 이는 이 지역에 존재했던 마한의 지배계층과 관련이 있을 것으로 생각된다. 마한의 성립과 관련하여 기존에는 위만조선의 성립시기에 준왕의 남하를 기준으로 보았으나, 최근에는 위만조선의 멸망 후 고조선 유민들의 이동을 강조하기도 한다.[72] 이 중 어느 의견을 따르던 간에 고조선의 유민이 마한 지역에 유입된 사실은 분명하므로, 이를 계기로 고조선 준왕계의 곰 신화와 신앙 체계가 마한 지역에 유입되었을 것으로 볼 수 있다. 그리고 이들 세력은 백제의 웅진 천도 이전에 이 지역에서 수촌리 고분을

70) 조재훈, 1995,「공주 곰나루설화 연구」,『공주의 역사와 문화』, 공주대학교 박물관·충청남도 공주시, p.84.

71) 이훈, 2003,「公州 水村里遺蹟」,『百濟文化』32, pp.279-280.

72) 박대재, 2006,『고대한국 초기국가의 왕과 전쟁』, 경인문화사.

조영하는 유력한 집단으로 자리잡았던 백씨 세력으로 추정된다.

마한은 처음 백제 집단이 남하하였을 때, 동북 1백 리의 땅을 주어 정착하도록 하였지만,[73] 얼마 후 백제는 마한 집단을 정복하였다.[74] 그러므로 수촌리 고분군 조영 세력인 백씨 집단의 도움으로 문주왕이 웅진으로 천도한 후에는 웅진 지역 곰 숭배 집단의 협조를 얻거나 갈등을 줄이기 위해서 그들의 신화를 수용할 필요성이 있었을 것이다. 따라서 곰나루 전설의 원형은 백제 왕실 집단과 백씨로 표현된 고조선-마한계 곰 숭배 집단의 제휴를 목적으로 수용된 신화였을 것으로 생각된다.

이러한 상황을 알려주는 직접적인 자료는 없지만, 백제 웅진기의 유일한 국가제사 기록인 동성왕 11년 10월의 '제천지祭天地' 기사를 통해,[75] 그러한 사실을 유추해볼 수 있다. 백제의 '제천지' 의례는 왕실의 계보가 옮겨진 왕들이 정통성 확보를 위해 행했다고 한다.[76] 특히 신전이나 희생 제단의 건축은 우주 창조를 반복하는 행위라고 하는데,[77] 백제의 '제천지'에서 제사 때마다 제단을 새로 축조하였다는 점에서, 국가와 사회의 질서를 갱신한다는 의미를 지녔다고 생각된다. 그리고 한성기의 '제천지' 의례는 정월이나 2월 혹

---

73) 二十四年 秋七月 王作熊川柵 馬韓王遣使責讓曰 王初渡河 無所容足 吾割東北一百里之地 安之 其待王不爲不厚 冝思有以報之 今以國完民聚 謂莫與我敵 大設城池 侵犯我封疆 其如義何 王慙遂壞其柵《三國史記》卷23 百濟本紀1 溫祚王〉

74) 二十六年 秋七月 王曰 馬韓漸弱 上下離心 其勢不能久 僅爲他所幷 則脣亡齒寒 悔不可及 不如先人而取之 以免後艱 冬十月 王出師陽言田獵 潛襲馬韓 遂幷其國邑 唯圓山錦峴二城 固守不下 二十七年 夏四月 二城降 移其民於漢山之北 馬韓遂滅《三國史記》卷23 百濟本紀1 溫祚王〉

75) 十一年 冬十月 王設壇祭天地 十一月 宴羣臣於南堂《三國史記》卷26 百濟本紀4 東城王〉

76) 車勇杰, 1994,「百濟의 崇天思想」,『百濟의 宗敎와 思想』, 충청남도, pp. 12~17.

77) Eliade, M., 1976, *Cosmos and History : The Myth of Eternal Return*, trans. Willard R. Trask, 1959; 鄭鎭弘 譯,『宇宙와 歷史-永遠回歸의 神話』, 現代思想社, pp. 111~114.

공주 정지산

공주 정지산 유적 유구 배치도

은 4월에 행해지면서 새로운 왕의 즉위의례적 성격을 가진 것으로 이해되고 있다.[78] 그런데 동성왕은 이와 달리 11년 10월에 '제천지' 의례를 거행하였으니, 이는 토착 마한 지역의 농경의례인 수확제 시기에 맞추어 행한 것으로,[79] 웅진 천도 후에 제사 성격의 변화가 있었던 것으로 볼 수 있다. 이때 '제천지' 의례를 거행한 장소로는 당시 왕성王城이었을 공산성公山城의 서쪽이면서 금강의 남쪽 돌출 구릉에 위치한 정지산艇止山 유적遺蹟을 주목할 수 있다.[80] 그리고 『삼국사기』 백제본기百濟本紀에 의하면, 동성왕 때에 웅진熊津 북北과 웅천熊川 북원北原에서 전렵田獵을 하는 기사가 나타나고 있다.[81] 전렵지田獵地는 제의처와 밀접한 관련을 가진다는 점에서,[82] 이는 금강 북쪽에 자리

78) 최광식, 1994, 『고대한국의 국가와 제사』, 한길사.
79) 노중국, 2004, 「百濟의 祭儀체계 정비와 그 변화」, 『啓明史學』 15, pp.146~148.
80) 정지산 유적에서는 구릉 정상을 에워싼 형태의 토루 시설과 내부에 특수 용도의 여러 건물지가 확인되었는데, 백제의 웅진 천도 후 왕실에서 天祭를 거행하던 곳으로 추측하는 견해가 있다(李南奭, 1998, 『(濟·羅會盟址)就利山』, 公州大學校博物館·忠淸南道 公州市, p.15).
81) 五年 夏四月 獵於熊津北 獲神鹿; 二十三年 十一月 獵於熊川北原 又田於泗沘西原 阻大雪 宿於馬浦村 〈『三國史記』 卷26 百濟本紀4 東城王〉
82) 金瑛河, 2002, 『韓國古代社會의 軍事와 政治』, 고려대 민족문화연구소.

잡고 있던 공주 의당면 수촌리 지역의 토착집단인 백씨 집단이 가졌던 제의祭儀가 백제 왕실로 편입되는 과정과 관련이 있을 것으로 생각된다.

하지만 점점 커져가는 백씨 집단의 세력에 위협을 느낀 동성왕은 백가苩加를 가림성으로 보내고자 하였고, 이에 백가는 반발하여 동성왕을 시해하였지만, 무령왕에 의해 진압되고 만다. 무령왕은 강력한 토착세력의 한계를 극복하고자 하였고, 이후 아들 성왕은 곰 신앙이 아닌 동명신화를 강조하는 부여 계승의식을 가지고 사비로 천도하면서 백제의 국력을 재부흥시키고자 한다. 이러한 역사적 과정 속에서 고조선-마한계 곰 신앙을 가진 백씨 집단의 비극이 곰나루 전설에 투영된 것이라고 생각한다.

그렇다면 문헌에 등장하지 않는 곰 신앙이 백제 때에 존재했다고 볼 수 있는 증거는 어디서 찾을 수 있을까? 이와 관련해서는 백제와 같이 부여에서 분화된 국가인 고구려에 곰 신앙이 존재했던 예를 통해 살펴볼 수 있다고 생각한다.

북한에서는 단군신화의 연대관을 고구려 시기까지 소급시킬 수 있는 자료로 현재 집안 지역에 존재하고 있는 각저총角抵塚과 장천長川 1호분을 제시하고 있다.[83] 각저총角抵塚에서는 곰과 호랑이가 나무 아래에서 씨름을 구경하는 모습이 확인되었고, 장천長川 1호분 백희기악도百戱伎樂圖 그림 중앙에 나무를 향한 여인의 모습은 웅녀의 단군 잉태 기원 모습과 연결되며, 특히 그림 좌측 나무 아래 굴 속에 곰으로 생각되는 동물이 웅크리고 있는 모습이 단군신화와 연결된다고 보았다. 각저총角抵塚과 장천長川 1호분은 5세기초에서 중반으로 편년되고 있는데,[84] 벽화에 나타난 꿩, 사슴, 호랑이, 멧돼지 등

---

83) 강룡남, 1996, 「단군에 대한 고구려사람들의 리해와 숭배」, 『력사과학』 1996-3.
84) 전호태, 2000, 『고구려 고분벽화 연구』, 사계절.

은 수렵 대상으로 등장하지만, 동굴 속에 있는 곰은 단순한 칩거가 아니라 세계수世界樹의 성격을 띤 나무와 연결된 형태로, 굴 속에서 햇빛을 피해 100일 동안 쑥과 마늘을 먹으며 사람되기를 준비하는 상황을 묘사하고 있는 단군신화의 내용과 연결된다는 견해도 있다.[85] 한편, 『삼국사기』 고구려본기에는 해모수와 유화의 만남 장소와 관련하여 곰을 연상시키는 웅심산熊心山이 나타나고 있으며,[86] 「동명왕편東明王篇」에 인용된 『구삼국사舊三國史』에는 웅심연熊心淵으로 나타나고 있다.[87]

고구려 각저총 씨름도(왼쪽 아래 곰과 호랑이)

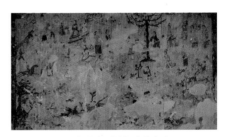

고구려 장천 1호분 백희기악도
(왼쪽 나무 아래 웅크린 곰과 사냥 대상 호랑이)

고구려는 5부 중 연노부涓奴部(소노부消奴部)에서 계루부桂婁部로 왕계가 변화되었으며, 연노부涓奴部는 이전에 국주國主였기 때문에 독자적인 종묘宗廟가 있고 영성靈星과 사직社稷에도 제사지냈다.[88] 연노부는 기원전 2세기경에

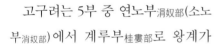

85) 조법종, 2005, 「고구려 고분벽화에 나타난 단군 인식 검토」, 『단군학연구』 12, pp. 375~378.

86) 自言天帝子解慕漱 誘我於熊心山下鴨淥邊室中 私之 〈『三國史記』卷13 高句麗本紀1 始祖東明聖王〉

87) 自青河出遊熊心淵上 〈「東明王篇」 所引 舊三國史〉

88) 本有五族 有涓奴部 絶奴部 順奴部 灌奴部 桂婁部 本涓奴部爲王 稍微弱 今桂婁部代之…涓奴部本國主 今雖不爲王 適統大人 得稱古雛加 亦得立宗廟 祠靈星社稷 〈『三國志』卷30 魏書30

이미 존재하고 있다가 위만조선의 멸망 이후 현도군의 속현인 고구려현에 편입되면서 한漢과의 관계를 주도하였다고 한다.[89] 연노부涓奴部(소노부消奴部)는 송양왕松讓王의 비류국沸流國과 연결해 보는 것이 일반적인데,[90] 이들 집단은 주몽의 천손의식天孫意識(천제天帝+수신水神)과 대별되는 선인의식仙人意識(천제天帝+산신山神)을 가졌으며, 선인仙人은 아사달 산신山神이 된 단군왕검檀君王儉을 가리키므로, 송양은 위만조선의 등장으로 축출된 준왕계準王系와 연결되는 고조선 계통의 세력 집단이며, 단군檀君으로 상정되는 시조 신화와 의례를 보유했다는 견해가 있다.[91]

준왕과 연결되는 고조선 계통 세력 집단이 단군으로 상징되는 시조 신화와 의례를 보유하였으며, 그러한 인식이 각저총과 장천 1호분의 곰 신앙으로 나타나고 있다는 사실은 백제와 관련해서도 많은 시사점을 주고 있다. 곧, 백제에서도 백씨 집단으로 상징되는 마한계 집단이 공주 지역에 자리잡고 있었으며, 그들이 준왕계 고조선 세력 집단으로 생각되므로, 자연스럽게 곰 신앙 역시 가지고 있었을 것으로 생각해볼 수 있는 것이다.

백제 당시의 확실한 곰 신앙 관련 유적이나 유물을 찾아보기는 힘들지만, 몇 가지 단편적인 자료를 들어볼 수는 있다. 먼저 공주 웅진동 송산리宋山里 고분군古墳群 입구의 남쪽 200m 지점 밭에서 발견·출토된 곰 석상石像이 있다. 이는 조각수법의 고졸古拙함이나 풍화의 진행상태 등으로 보아 백제의

烏丸鮮卑東夷傳30 高句麗〉

89) 田美姬, 1992,「高句麗初期의 王室交替와 五部」,『水邨朴永錫教授華甲紀念 韓國史學論叢』上, 探求堂.

90) 李丙燾, 1976,「高句麗國號考」,『韓國古代史研究』, 博英社, pp.359-360.

91) 조법종, 2001,「고구려 사회의 檀君認識과 종교문화적 특징 -蘇塗文化와의 관련성을 중심으로-」,『韓國古代史研究』21, pp.184~190·200~208.

공주박물관 소장 송산리 출토 곰 석상(石像)　　　　부여 구아리 유적 출토 소조 곰상

작품이라 하며, 곰상 출토지 주변이 백제 왕족 혹은 귀족들의 무덤 밀집지역이고, 곰나루에서 웅진 도성으로 들어오는 고갯길 가까운 곳에 위치한다는 역사적 환경과, 출토지점 부근에서 백제의 기와편과 토기편이 확인된다는 보고도[92] 이 곰상이 백제 때의 것일 가능성을 높여준다. 이 곰상의 용도에 대해서는 신앙적 대상물, 혹은 무덤의 진묘수 등으로 상정해볼 수 있다. 이와 관련하여 무령왕릉에서 출토된 진묘수도 그 제도는 중국에서 온 것이지만, 여기에 백제 때 신수神獸로서의 곰에 대한 이미지가 투영되어 있다는 견해도 있다.[93]

한편, 부여 구아리 유적에서도 오른쪽 뒷발은 꿇고 앞발을 버티고 서 있는 높이 5cm의 소조 곰상이 발굴되었는데,[94] 논란이 있기는 하지만 이를 통해 백제 때의 곰 신앙을 어렴풋하게나마 짐작해볼 수 있다.

---

92) 백제문화개발연구원, 1988, 『충남지역의 문화유적(공주군편)』, p.483.

93) 윤용혁, 2005, 「백제시대의 熊神 숭배」, 『공주, 역사문화론집』, 서경문화사, pp.115-116.

94) 李炳鎬, 2007, 「扶餘 舊衙里 出土 塑造像과 그 遺蹟의 性格」, 『百濟文化』36, p.79에서는 이 상을 목탑 내부에 봉안했던 소조상으로 이해하여 곰 모양으로 보기 어렵다고 하였으나, 국립부여박물관, 1997, 『國立扶餘博物館』, p.42에서는 곰으로 보았다.

Ⅲ. 공주 지역 혈사의 동굴과 곰 신앙

부여계 신화에서 지신地神은 하천과 관계된 수신水神이었으니, 부여의 신모神母인 유화는 하백의 딸로 우발수와 연관을 맺고 있었으며, 고구려에서 유화는 부여신이면서 동굴에 거주하는 수신隧神으로 이해되었다. 그러므로 역시 부여계인 백제 건국신화의 지신地神도 수신水神으로 동굴과 연관을 가졌으며, 공주에 있었던 웅진사熊津祠를 통해 백제에도 곰에 대한 신앙이 동굴과 연관되어 수신隧神으로 존재했던 사실을 알 수 있다는 견해가 있다.[95] 한편, 『삼국유사』에 인용된 『단군기壇君記』에서는 단군의 부인을 서하西河 하백河伯의 딸로 기록하였고,[96] 『제왕운기』에 인용된 『단군본기檀君本紀』에서는 단군의 부인을 비서갑非西岬 하백河伯의 딸로 기록하고 있어,[97] 이는 고조선의 단군신화와도 관련된다. 그렇다면 이를 살펴볼 수 있는 당시의 유적이 남아 있을까? 이와 관련하여 여기서는 공주 지역의 동굴 사찰(혈사穴寺)에 주목하고자 한다.

공주 지역에 자리했던 백제 때의 사찰로는 대통사大通寺, 수원사水源寺가 기록에 남아 전하고 있다. 그러나 『삼국유사』 권3 흥법興法3 원종흥법原宗興法에 나오는 대통사로 추정되는 곳은 현재 시가지가 형성되어 정확한 가람배치를 확인할 수 없으며, 현재 남아있는 신라 때의 당간지주 일대를 시굴조사

---

95) 金杜珍, 1999, 「百濟 建國神話의 復元試論」 韓國古代의 建國神話와 祭儀』, 一潮閣, pp. 194~198.
96) 壇君記云 君與西河河伯之女要親 有産子名曰夫婁〈『三國遺事』卷1 紀異1 高句麗〉
97) 檀君本紀曰 與非西岬河伯之女 婚而生男 名夫婁〈『帝王韻紀』卷下 因分此地爲四郡〉

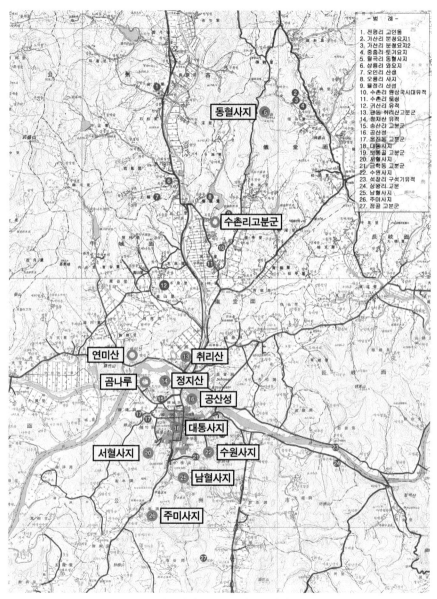

- 범 례 -

1. 전평리 고인돌
2. 가산리 분청요지1
3. 가산리 분청요지2
4. 중흥리 토기요지
5. 월곡리 동혈사지
6. 상룡리 와요지
7. 오인리 산성
8. 오룡리 사지
9. 율정리 산성
10. 수촌리 원삼국시대유적
11. 수촌리 토성
12. 귀산리 유적
13. 관음 취리산고분군
14. 정지산 유적
15. 송산리 고분군
16. 공산성
17. 웅진동 고분군
18. 대통사지
19. 보통골 고분군
20. 서혈사지
21. 금학동 고분군
22. 수원사지
23. 석장리 구석기유적
24. 상왕리 고분
25. 남혈사지
26. 주미사지
27. 정골 고분군

동혈사지

수촌리고분군

연미산 **취리산**

곰나루 **정지산**

공산성

대통사지

서혈사지 **수원사지**

남혈사지

주미사지

본고에 등장하는 공주 일대 유적 위치도

공주 반죽동 대통사지 당간지주　　　　　공주 수원사지

공주 수원사지 발굴 현황도

한 결과 백제 때의 유구가 나오지 않았다.[98] 『삼국유사』 권3 탑상塔像4 미륵선화彌勒仙花 미시랑未尸郎 진자사眞慈師에 나오는 수원사도, 현재 공주시 옥룡동 수원골에 있는 전 수원사지를 발굴한 결과 백제와 무관한 신라의 탑지塔址와 조선시대의 건물지 여러 동棟만이 확인되었으므로,[99] 현재까지 백제 웅진기로 확실히 알려진 사찰의 유구는 알려지지 않은 셈이다.

이러한 상황에서 동혈사東穴寺, 서혈사西穴寺, 남혈사南穴寺 등의 방위명을 가진 혈사穴寺가 백제 때부터의 절로 알려져 왔다. 『신증동국여지승람新增東國輿地勝覽』 권17 충청도忠淸道 공주목公州牧 불우佛宇

---

98) 이남석, 2002, 「百濟 大通寺址와 그 出土遺物」, 『湖西考古學』 6·7.

99) 이남석, 2002, 「水源寺와 水源寺址」, 『湖西史學』 32.

공주 동혈사지

동혈사지 석굴

동혈사지 석탑

에 의하면, 동혈사東穴寺는 동혈산東穴山에
있으며, 서혈사西穴寺는 망월산望月山에 있
다고 기록되었다.[100] 조선 철종 10년
(1858) 임정회林挺會 등이 간행한 『공산지
公山誌』에는 북혈北穴도 등장하고 있다.[101]

『공산지公山誌』에 동혈사銅穴寺로 기록되
기도 한 동혈사東穴寺는 의당 월곡 천태산
중턱에 있다. 땅에서 7m 높이쯤에 있는
거대한 바위의 중간에 굴을 뚫었으며, 바
위 조각들을 떼어낸 계단을 따라 굴속에

공주 동혈사지 발굴조사 현황도

---

100) 水原寺[在月城山] 東穴寺[在東穴山] 西穴寺[在望月山] 舟尾寺[在舟尾山] 艇止寺[在艇止山]
　　〈『新增東國輿地勝覽』卷17 忠淸道 公州牧 佛宇〉
101) 南穴寺[府南五里今無] 西穴寺[府西五里今無] 銅穴寺[在府北三十里] 北穴[在府北四十里花
　　庄]〈『公山誌』卷2 寺刹〉

다다르게 되어 있다. 굴의 높이는 2.2m로 몇 명이 들어 앉을 수 있다.

동혈사지는 부분적인 시굴조사 결과 대체로 고려-조선시대의 유물이 출토되었고, 대웅전 서쪽에 고려시대의 것으로 추정되는 석탑이 하나 있다. 동혈사 석굴은 옛 절터의 북쪽인 현재 동혈사의 대웅전 북서쪽에 우뚝 서 있는 암괴巖塊의 바닥에서 약 3m 정도 높이에 위치하고 있다. 이러한 굴들은 현재 동혈사 주변에서 어렵지 않게 여러 개를 볼 수 있으므로, 인위적인 것이라기 보다는 자연적인 풍화에 의해 생성된 것으로 추정할 수 있다.[102]

서혈사西穴寺는 웅진동 쉬엇골의 해발 260m 망월산望月山 동쪽 경사면 중턱에 있다. 쉬엇골 마을 끝의 소류지小溜池를 중심으로 약 1km쯤 서쪽으로 봉황鳳凰 고개를 오르는 언덕에 절터가 있는데, 남쪽 산 계곡 일대를 쉬엇골이라 부르고, 북쪽 계곡과 저지대 일대를 곰내골이라 부른다고 한다. 웅천熊川(곰내)이라고 각자刻字한 것이 이 저수지의 암반에 지금도 남아 있으며, 곰내골은 이곳 곰나루 전설과도 매우 밀접한 곳이라 한다.[103]

서혈사지에서는 절터 중단中段 서남쪽에서 수습된 8엽단판연화문葉單瓣蓮花紋 와당瓦當과 금당지 서남쪽에서 출토된 8엽복판연화문葉複瓣蓮花紋 와당瓦當이 백제 때의 것으로 추정되며, 신라 때 석탑지의 기단 아래에 이전의 건물이 있었을 것으로 추정되었다.[104] 하지만 2차에 걸친 발굴조사 결과 대부분 신라 이후 고려시대로 추정되는 여러 동棟의 건물지와 탑재석塔材石, 초석礎石, 기와 등이 확인되었다.[105] 서혈사지에서는 부분적으로 백제 고토의 조상 양

---

102) 安承周, 1984, 「公州 東穴寺址에 對한 考察」, 『尹武炳博士 回甲紀念 論叢』, 通川文化社.
　　　忠淸埋藏文化財研究院, 2000, 「公州 東穴寺址 試掘調査 報告書」.
103) 金永培 · 朴容塡, 1970, 「公州 西穴寺址에 關한 調査硏究(Ⅰ)」, 『百濟文化』 4, pp.14~16.
104) 安承周, 1971, 「公州 西穴寺址에 關한 調査硏究(Ⅱ)」, 『百濟文化』 5, p.9.
105) 金永培 · 朴容塡, 1970, 「公州 西穴寺址에 關한 調査硏究(Ⅰ)」, 『百濟文化』 4.

서혈사지 석조여래좌상 　　　서혈사지 석조여래좌상 　　　서혈사지 석조비로자나불좌상

식을 보이면서 8세기대에 유행한 신라 중앙 양식을 이어받아 9세기대에 조성된 것으로 추정되는 석조비로자나불좌상石彫毘盧舍那佛坐 像과 석조여래좌상石彫如來坐像 2구가 출토되었 다.[106]

　서혈사의 석굴石窟은 절터에서 북쪽 약 100m 떨어진 언덕 위에 위치하고 있는데, 동혈사 석굴에 비해 규모가 매우 큰 자연석 굴이다. 석굴내 벽면에 접해 8각형의 대좌臺 座가 얕게 만들어져 있어, 이곳에 불상을 안 치하고 예배를 했던 것으로 판단된다.

　남혈사南穴寺는 금학동 남산 서쪽 약 200m

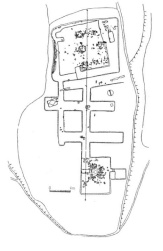

공주 서혈사지 발굴조사 현황도

　安承周, 1971, 「公州 西穴寺址에 關한 調査研究(Ⅱ)」, 『百濟文化』 5.
106)　조원창, 1999, 「西穴寺址出土 石佛像에 對한 一考察」, 『역사와 역사교육』 3・4, 熊津史學會, pp. 146-147.

공주 서혈사지

공주 서혈사지 석굴

공주 남혈사지

공주 남혈사지 석굴

중턱에 있다. 망월산 서혈사로부터 약 2km 동남방에 떨어져 서로 마주하고 있다. 남혈사지는 조사 결과 백제 때의 유구와 유물은 확인되지 않았고, 신라에서 조선시대에 이르는 유적이 주로 확인되었다.[107]

남혈사 석굴은 남혈사지의 동쪽에 위치한 전체 길이 26m의 자연동굴로, 길고 천장도 높아 수십 명이 활동하기에 충분하다. 여기서도 서혈사 석굴과 같이 불상을 모셨던 것으로 생각되는 8각의 단 시설이 조사되었다.

이들 사찰과 관련된 문헌자료를 거의 찾아볼 수 없는 상황에서, 백제 때

---

107) 國立公州博物館, 1993., 『南穴寺址』, 公州市.

공주 지역의 신앙에 대하여 알 수 있는
자료로『삼국유사』권3 탑상塔像4 미륵
선화彌勒仙花 미시랑未尸郎 진자사眞慈師가
주목된다. 이 기록에서 진자眞慈는 미
륵선화를 만나기 위해 웅천熊川 수원사
水源寺에 찾아갔는데, 그곳의 승려는 여
기서 남쪽으로 가면 예로부터 현인賢人
과 철인哲人이 머물러 있어 명감冥感이
많은 천산千山이 있으니 그곳으로 가보
라고 하였고, 진자眞慈가 이에 따라 산
아래에 이르니 산신령山神靈이 노인老人
으로 변하여 나와 맞았다고 한다.[108]

공주 남혈사지 발굴조사 현황도

여기에 등장하는 신라의 미륵선화인 미시랑未尸郎은 신선神仙과 사람(제사장祭
司長)을 매개하거나[109] 토착 신선신앙과 불교의 미륵신앙을 매개하는 역할을
하였는데,[110] 역시 토착신앙의 성격을 가지고 있었던 진자眞慈와 연결되면서

---

108) 及眞智王代 有興輪寺僧眞慈[一作貞慈也] 每就堂主彌勒像前 發願誓言 願我大聖化作花郎
出現於世 我常親近晬容 奉以周旋 其誠懇至禱之情 日益彌篤 一夕夢有僧 謂曰 汝往熊川[今
公州]水源寺 得見彌勒仙花也 慈覺而驚喜 尋其寺 行十日程 一步一禮 及到其寺 門外有一郎
濃纖不爽 盼倩而迎 引入小門 邀致賓軒 慈且升且揖曰 郎君素昧平昔 何見待殷勤如此 郎曰
我亦京師人也 見師高蹈遠屆 勞來之爾 俄而出門 不知所在 慈謂偶爾 不甚異之 但與寺僧 敍
曩昔之夢 與來之之意 且曰 暫寓下榻 欲待彌勒仙花何如 寺僧欺其情蕩然 而見其懃恪 乃曰
此去南隣有千山 自古賢哲寓止 多有冥感 盍歸彼居 慈從之 至於山下 山靈變老人出迎曰 到
此奚爲 答曰 願見彌勒仙花爾 老人曰 向於水源寺之門外 已見彌勒仙花 更來何求 慈聞卽驚
汗 驟還本寺〈『三國遺事』卷3 塔像4 彌勒仙花 未尸郎 眞慈師〉

109) 金杜珍, 1987,「新羅 中古時代의 彌勒信仰」,『韓國學論叢』9, p.23.

110) 姜英卿, 1991,「新羅 眞興王代 花郎國仙의 設置」,『雪岡林采源博士華甲紀念 史學論叢』, 새

그 전통을 계승한 국선(화랑)과 불교의 미륵으로 변화되는 것은, 토착신앙이 불교에 융화되는 모습을 나타내는 것이라 한다.[111]

이 기록의 중심은 신라 경주이며, 웅진이라는 지역 배경은 매개체에 불과하긴 하지만, 이를 통해 백제 웅진 지역에 산신 신앙과 융화된 불교의 미륵신앙이 유행하고 있었음을 알 수 있다.[112] 이 설화가 등장하는 시기는 신라 진지왕대(백제 위덕왕대)로 나타나고 있지만, 백제 웅진기에 이미 미륵신앙이 수용되어 있었으므로 그 연원을 웅진기로 소급해볼 수 있고, 산신령이 노인으로 변하는 모습은 산신신앙의 모습을 보여주는 것이며, 여기에 미륵선화가 등장하는 모습은 토착신앙의 불교화 과정을 보여주는 것으로 볼 수 있다.

『삼국유사』미륵선화 미시랑 진자사조에 나오는 천산千山에 대하여, 현재 공주에 있는 주미산을 우리 옛말인 즈믄산의 다른 한자 표현으로 보아 서로 관련시켜 보면서, 다만 현재 주미산 기슭에 자리한 주미사지에서는 대부분

공주 주미사지

공주 주미사지 출토 '아니(阿尼)' 명문 석편

누리, p. 494.

111) 金德原, 2004,「新羅 眞智王代의 王權强化와 彌勒信仰」,『史學硏究』76, pp. 46~48.

112) 길기태, 2007,「水源寺 彌勒信仰의 性格」,『百濟文化』36, pp. 10~16.

신라 때의 유적과 유물들이 발
견되었으므로 절의 조영은 신
라 때로 보는 견해가 있다.[113]
한편, 천산은 '옛부터 지혜가 깊
고 사리가 밝은 분들이 머물러
사신 곳[賢哲寓止]'이라 하였으
며, 진자는 그곳에서 산신령이
변한 노인을 만나 미륵선화가
주변에 있음을 깨닫게 해주었
으므로, 천산은 불교의 절이 있
는 곳이 아니리 많은 봉우리를

공주 주미사지 발굴 현황도

가진 신령스러운 완전무결한 산을 말하며, 산신령이 거주할 만한 남쪽 방향
의 산은 계룡산으로 볼 수 있다는 견해도 있다.[114]

여기서 미륵선화가 수원사水源寺에 있었다는 기록을 통해서는 위덕왕대
수원사水源寺에 토착신앙과 연관된 불교의 미륵신앙이 있었다는 점을 알 수
있지만, 웅천熊川 수원사水源寺 남쪽에 있는 천산千山에서 산신령山神靈이 노인
老人으로 변해 나타났다는 기록을 통해서는 백제 웅진 지역에 산신신앙山神信
仰이 존재했다는 점을 알 수 있을 것이다.

이와 관련하여 공주 지역의 혈사穴寺들을 다시 살펴보자. 보통 백제 사비
기의 절인 능산리사지나 왕홍사지, 정림사지, 군수리사지, 금강사지 등은

---

113) 朴容塡, 1969, 「公州 舟尾寺址에 關한 硏究」, 『百濟文化』 3, pp. 14~22.
114) 추만호, 1995, 「공주의 절터와 절」, 『공주의 역사와 문화』, 공주대학교 박물관·충청남도 공
주시, pp. 224~226.

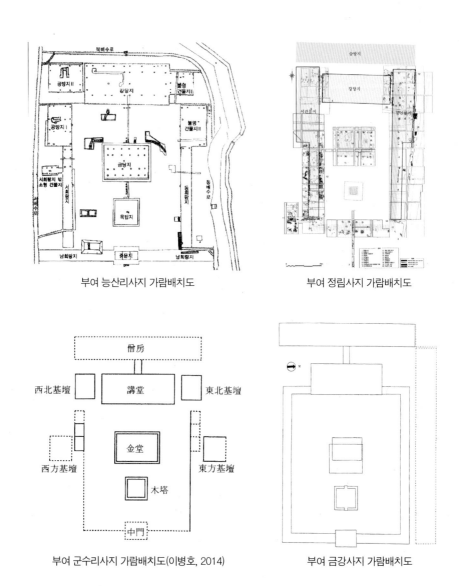

부여 능산리사지 가람배치도

부여 정림사지 가람배치도

부여 군수리사지 가람배치도(이병호, 2014)

부여 금강사지 가람배치도

대체로 강을 곁에 두고 중문-탑-금당-강당 등이 일직선으로 구성된 1탑 1금
당식의 평지가람이면서 회랑을 갖추고 있지만, 공주지역의 혈사(穴寺)들은 도

심이 아닌 깊은 산중에 위치한 산지가람이다. 이러한 입지조건 및 가람배치 상의 특징과 함께, 혈사穴寺에서 발견되는 유물과 유적들의 양상에서도 대체로 백제 때보다는 신라 중대 이후의 절로 보는 것이 합당할 것으로 생각된다.[115]

하지만 절의 유구가 아닌 동굴은 사찰이 등장하기 이전부터 이 지역의 산신山神이 거주하던 토착신앙의 성지로 기능하였을 것으로 생각된다.[116] 앞장에서 살펴보았듯이 백제 때 공주 지역에는 귀족들의 토착신앙이 강했기 때문에, 불교가 제대로 자리잡지 못하면서 불교 유적도 거의 남아있지 않은 것으로 해석할 수 있을 것이다. 동굴은 주로 산곡山谷에 자리잡고 있으므로 동굴신앙은 산신신앙과 관련되며, 단군신화에서 단군이 1908세에 구월산에 들어가 산신이 되었다는 것으로 보아, 산신신앙은 조상신과도 연결된다. 그러므로 백제 웅진기에도 산신으로서의 동굴신이 조상신으로 모셔지고 있었으며, 그 실체는 곰이었을 가능성이 크다고 하겠다.

그렇다면 백제 웅진기에 이루어졌을 곰 제의는 어떤 양상이었을까? 혈사의 동굴과 연미산 중턱에 있는 곰굴은 『삼국사기』 제사조에 보이는 고구려의 국동대혈國東大穴과 연관이 있는 것으로 생각된다. 『삼국지三國志』 고구려조高句麗條와 『한원翰苑』 고구려조高句麗條에 인용된 『위략魏略』에 의하면, 나라의 동쪽에 큰 굴이 있으며 10월마다 수혈隧穴을 모셔다가 물가에서 제사祭祀를 지냈다고 한다.[117] 현재 중국 길림성 집안현성의 동쪽 17km 지점인 집안

---

115) 趙源昌, 1999,「公州地域 寺址 硏究」,『百濟文化』28, pp.129~138.
　　趙源昌, 2001,「公州地域 穴寺 硏究」,『國立公州博物館紀要』, 국립공주박물관.
116) 길기태, 2007,「水源寺 彌勒信仰의 性格」,『百濟文化』36, p.9.
117) 其國東有大穴 名隧穴 十月國中大會 迎隧神還于國東上祭之 置木隧于神坐〈『三國志』卷30 魏書30 烏丸鮮卑東夷傳30 高句麗〉; 迎穢穴神於國東水上祭之〈『翰苑』卷30 蕃夷部 高句麗

고구려 국동대혈(國東大穴)로 추정되는
집안 통천동(通天洞)

환인 망천동(望天洞)

시集安市 태왕향太王鄉 상해방촌上解放村 홍동자구汞洞子溝의 압록강 북쪽 400m
에 있는 통천동通天洞이라는 동굴이 고구려의 수혈隧穴인 국동대혈國東大穴로
알려져 있다.[118]

　수신제隧神祭의 하이라이트는 수혈隧穴에서 수신隧神의 신체神體인 목수木隧
를 밖으로 모시고 나와 물가에서 제사하는 것이다. 신화와 의례는 밀접한
관계에 있는데, 고구려 건국신화에서 유화柳花는 웅심연熊心淵에 놀러 나왔다
가 해모수에게 잡혀 동실銅室에 유폐됨을 통해 주몽을 잉태하였으므로, 수혈
隧穴 속의 수신隧神은 유폐 상태의 유화이며, 수신제隧神祭는 유화의 주몽 잉태
와 출산의 신화를 압록강변에서 재현한 의례라고 한다.[119] 백제에서도 한성
기부터 이와 비슷한 수혈 신앙이 있었다는 증거로 서울 강서구 가양동의 공
암孔巖을 예로 들기도 하며,[120] 웅진 곰나루의 곰 신위神位도 산 위의 굴에서

　　所引 魏略〉
118) 鄭永鎬, 1994, 「高句麗의 同盟과 그 遺蹟」, 『于江權兌遠教停定年紀念論叢 民族文化의 諸問題』, 世宗文化社, pp. 1~15.
119) 徐永大, 2003, 「高句麗의 國家祭禮 -東盟을 중심으로-」, 『韓國史研究』 120, pp. 11~15.
120) 이도학, 2003, 『(살아있는) 백제사』, 휴머니스트, pp. 493~495.

모셔와 강가에서 제사祭祀를 지냈을
것으로 보는 견해가 제시되어 있
다.[121]

백제 웅진기의 정치적 상황은 동
성왕에 이르기까지 귀족에 의해 왕
이 계속 살해될 정도로 귀족 세력이
매우 컸다. 이러한 상황에서 왕실이
중심이 된 불교 사원의 건립은 어려

서울 강서구 가양동의 공암(孔巖)

웠을 것이며, 귀족 세력이 중심이 된 토착신앙의 제장이 그대로 유지되었을
것으로 짐작된다. 그러던 것이 무령왕대의 왕권 강화 이후 성왕이 전륜성왕
轉輪聖王을 표방하면서 불교가 본격적으로 귀족층에까지 침투되었다고 볼 수
있다. 특히 이 당시 백제의 불교는 미륵신앙의 계율을 중시하였는데, 이는
율령사회와 연관이 있으며, 웅진기의 혼란을 정리하면서 보다 강력한 지방
통치 체제를 정비하는 과정에서 왕실 주도로 이루어진 신앙이라고 한다.[122]
『삼국유사』미륵선화彌勒仙花 미시랑未尸郎 진자사眞慈師에서 미륵선화가 백제
사비기 위덕왕대의 웅진 지역에서 나타나고 있는 것은 이러한 상황이 반영
된 것으로 볼 수 있을 것이다.

그렇다면 공주 지역의 사방에 있던 토착신앙의 제장이 불교사원으로 완
전히 변화된 때는 언제일까?「봉암사정진대사원오탑비鳳巖寺靜眞大師圓悟塔碑」
에 의하면, 정진대사靜眞大師 긍양兢讓은 공주 남혈원南穴院의 여해선사如解禪師
밑에서 삭발하였고, 건녕乾寧 4년(897, 신라 진성여왕 10)에 계룡산雞龍山 보원

121) 정경희, 1983,「東明型說話와 古代社會」,『歷史學報』98, pp. 12-13.
122) 金杜珍, 1993,「百濟의 彌勒信仰과 戒律」,『百濟史의 比較硏究』, 서경문화사, pp. 79~82.

「봉암사정진대사원오탑비(鳳巖寺靜眞大師圓悟塔碑)」에 나타난 남혈원(南穴院)과 서혈원(西穴院)

경주 마동 삼층석탑(장수사)

정사普願精舍에서 계를 받았으며, 이후 서혈원西穴院 양부선사楊孚禪師를 만났다고 한다.[123] 양부楊孚는 신라말 9산선문의 하나인 희양산문曦陽山門의 종찰 봉암사鳳巖寺를 창건한 지증대사智證大師 도헌道憲의 제자이다. 여기서 남혈원南穴院은 공주 남혈사南穴寺로, 서혈원西穴院은 공주 서혈사西穴寺로 볼 수 있으므로,[124] 신라 하고기下古期에 남혈사南穴寺와 서혈사西穴寺가 희양산문과 관련된 선종사찰의 성격을 갖추고 있었음을 알 수 있다. 특히 앞서 살펴본 대로 서혈사지西穴寺址에서는 8-9세기 신라의 작품으로 추정되는 석조여래좌상石彫如

---

123) 本州南穴院如解禪師 因爲剃髮…乾寧四載 於雞龍山普願精舍 稟持犯…遂謁西穴院揚孚禪師〈「鳳巖寺靜眞大師圓悟塔碑」〉
124) 李仁在, 2005, 「선사(禪師) 긍양(兢讓; 878-956)의 생애와 대장경(大藏經)」, 『韓國史硏究』 131, p.168.

來坐像도 발견되었다.

곰을 모셨던 토착신앙의 제장이 불교사원으로 변화한 것과 관련해서는 『삼국유사』 권5 효선孝善9 대성효이세부모신문왕대大城孝二世父母神文王代에 기록된 신라 중대의 인물인 김대성과 관련된 곰 설화가 참고된다. 이는 김대성이 토함산吐含山에 올라 곰 한 마리를 잡은 후 산 아래 마을에서 자다가 꾼 꿈에서 곰이 귀신(웅귀熊鬼)으로 변해 시비를 걸었고, 대성이 두려움으로 용서를 청하며 곰을 위하여 곰을 잡은 자리에 장수사長壽寺라는 절을 세웠다는 내용이다.[125] 이 설화에 등장하는 웅귀熊鬼가 의미하는 것은 곰도 사람과 같이 죽으면 돌아가 귀신이 된다는 것으로, 이는 곰을 조상으로 관념하는 인식을 보여준다는 견해가 있다.[126] 이를 통해 이 시기에 토함산 아래에 곰을 조상으로 숭배하는 집단이 있었으며, 이들이 김대성에 의해 불교를 수용하게 되었음을 알 수 있다고 한다. 한편, 김대성의 꿈에 나타난 곰의 위력으로 보아 토함산 산신山神으로 생각된다는 견해도 있다.[127] 현재 토함산 기슭의 마동馬洞 탑마을에는 8세기 중엽에 만들어진 것으로 추정되는 5.4m의 웅장한 3층석탑이 남아있는데, 이곳이 장수사長壽寺로 추정되고 있다.[128]

이로 보아 장소는 다르지만 공주 지역에서 곰을 모시던 토착신앙의 제장이 혈사穴寺라는 불교 사원으로 변화되는 과정도 이와 비슷한 과정을 거쳤을

---

125) 一日登吐含山 捕一熊 宿山下村 夢熊變爲鬼 訟曰 汝何殺我 我還啖汝 城怖懍 請容赦 鬼曰 能爲我創佛寺乎 城誓之曰喏 旣覺 汗流被蓐 自後禁原野 爲熊創長壽寺於其捕地〈『三國遺事』卷5 孝善9 大城孝二世父母神文王代〉

126) 강영경, 2005, 「고대 한국 무속의 역사적 전개」, 『한국무속학』 10, p.79.

127) 신경득, 2008, 「웅녀의 산신격 연구」, 『배달말』 42, p.292.

128) 大坂金太郎, 1931, 「慶州に於ける新羅廢寺址の寺名推定に就て」, 『朝鮮』 197.

것으로 생각해볼 수 있을 것이다.[129]

한편, 혈사(穴寺)는 특별히 방위 관념도 가지고 있다. 백제의 사방위 신앙은 사비기 오제 제사의 제장에서도 드러나고 있고,[130] 후백제 전주 도성에도 사령(四靈)체계가 나타나고 있다.[131] 공주 지역의 사방에 자리잡고 있는 자연 동굴들을 백제 웅진기 토착신앙의 제장으로 볼 수 있다면, 그 연원을 여기에서도 찾아볼 수 있을 것이다. 백제의 웅진 천도 이후 마한 지역이었던 이 지역의 토착 곰 신앙을 수용하려는 노력이 사방위 동굴 제장으로 나타났지만, 백씨로 대표되는 이 지역 세력 집단이 백제 왕실의 집권화 노력에 반발하게 되면서 동성왕이 시해된다. 이후 이를 무력으로 진압하고 즉위한 무령왕은 왕권 강화에 성공하게 되고, 그의 아들 성왕대에 이르러 백제 왕실은 마한 집단의 이데올로기보다는 부여 동명신화의 정통성을 더욱 강조하는 방향으로 제사체계를 정립시키면서 국호를 남부여로 변경하고 사비로 천도하기에 이른다. 특히 백제 사비기에 마한의 토착신앙을 배제한 채 중국식의 유학과 불교에 의한 제사체계의 정비가 이루어지는 배경에는 이러한 역사적 사실이 있었을 것으로 보인다.

---

129) 신라 애장왕대(800~808) 건립된 「高仙寺誓幢和上碑」에 의하면, 686년 元曉가 입적한 장소로 穴寺가 나타나고 있어(垂拱二年三月卅日 終於穴寺 春秋七十也), 신라에도 穴寺가 존재했음을 알 수 있다.

130) 이장웅, 2010, 「百濟 泗沘期 五帝 祭祀와 陵山里寺址」, 『百濟文化』 42.

131) 조법종, 2003, 「後百濟 全州의 都城구성에 나타난 四靈체계」, 『韓國古代史硏究』 29, pp. 204~208.

IV. 마무리

백제의 수도였던 현재의 공주 지역에는 다른 지역에 전해지지 않는 곰나루 전설이 곰나루, 곰굴, 웅신사熊神祠, 곰 석상石像 등의 증거물과 함께 구전되어 전해오고 있다. 여기에 등장하는 곰에 대해서는 구비曲에 해당하는 강의 만곡부彎曲部였다거나, 신神을 뜻하는 '곰'에서 온 말이므로 곰 신앙과는 관련이 없다는 견해도 있으나, 북방 만주지역 소수민족인 에벤키鄂溫克와 오로촌鄂倫春의 종족 기원 신화로서의 곰 신화와 거의 비슷한 내용을 담고 있다는 점에서, 비교적 일찍 문헌에 채록된 단군신화와 함께 한국의 곰 신앙을 보여주는 중요한 자료로 파악하였다.

그리고 이러한 곰나루 전설이 공주 지역에 특이하게 전해올 수 있었던 역사적 배경으로 백제의 웅진천도熊津遷都 후 왕실과 마한계 토착 귀족 사이에 발생했던 정치적 상황을 연결시켜 보고자 하였다. 백제百濟 웅진기熊津期는 475년에서 538년까지의 64년에 이르는 짧은 기간이었지만, 이 시기는 한성漢城 상실의 고난을 딛고 백제 재부흥의 기틀을 마련한 시기였다. 구귀족세력인 해씨解氏와 진씨眞氏의 전횡 및 연씨燕氏의 등장이라는 정치적 불안정 속에 문주왕文周王과 삼근왕三斤王이 피살되었고, 이어 즉위한 동성왕東城王은 구귀족세력인 진씨眞氏와 마한계 신귀족세력인 백씨苩氏 집단의 조화 속에 왕권의 강화를 꾀하였으나 결국 피살되었다. 여기서 마한계 토착 집단이었던 백씨 집단이 고조선의 곰 신앙 전통을 계승한 곰 신화를 가지고 있었으며, 한성기漢城期 때부터 수촌리 고분군을 조성한 유력 세력으로 보았다.

곰나루 전설은 바로 이러한 백제 웅진기의 복잡한 상황이 반영된 것으로 생각된다. 동성왕의 융합 정책 속에 토착 마한 계통의 제사체계를 백제 국가제사 체계로 편입하려는 시도가 이루어지면서, '제천지祭天地' 의례가 마한의 수확제 시기에 맞추어 거행되기도 했다. 이와 함께 백씨 집단의 곰 신화도 한때 백제의 신화체계 속에 편입되었을 것으로 파악하였다.

하지만 마한계 토착세력인 백씨 집단을 제거하고 왕위에 오른 무령왕武寧王은 토착세력을 배제하고 부여계 왕실 중심의 정치를 이끌면서 안정을 되찾게 되었고, 이를 바탕으로 성왕聖王 때에는 부여 계승 의식을 한층 강조하면서 사비로 천도한 후 재도약을 이루게 된다. 이러한 과정 속에서 곰 신화는 백제 지배층의 이데올로기에서 배제되었기 때문에 문헌자료에 기록되지 못했고, 본래의 신화 모습을 잃고 비극적 결말을 가진 곰나루 전설로 변형되어 구비 전승된 것으로 파악하였다.

이와 관련하여 공주 지역의 방위명 혈사穴寺에 존재하고 있는 동굴에 주목하였는데, 이를 곰 신앙을 지닌 마한계 토착세력의 제사처로 파악하였다. 동성왕 때에는 마한계 토착 제사의례의 국가제사 편입과 함께 이들 동굴도 국가 제사처로 중시되었을 것으로 보이나, 이후 무령왕과 성왕은 마한계를 배제한 부여계 중심의 제사체계를 중국의 영향 아래 재정비하게 된다. 그리하여 사비기인 위덕왕대威德王代에도 공주 지역의 혈사穴寺는 토착 산신山神 신앙의 근거지로만 기능하였고, 이후 신라新羅 하고기下古期에 선종禪宗의 영향 아래에서 불교 사원으로 재탄생된 것으로 보았다.

불충분한 증거를 가지고 백제百濟 웅진기熊津期의 토착신앙과 역사를 밝히려다 보니, 논리의 비약이 많았을 것으로 생각된다. 하지만, 그 동안 웅진熊津이 곰과 관련이 있다는 어렴풋한 사실에서 나아가, 백제 웅진기의 역사 속에서 곰을 바라보려 했다는 점에 의의를 찾고자 한다.

제 5 장

백제 사비기 마한 서동(무강왕) 신화 수용과 익산 미륵사

백제百濟 무왕武王은 성왕聖王 이후 약화되었던 국력을 다시 일으켜 의자왕義慈王의 권력 기반을 다져준 군주로 잘 알려져 있다.[1] 그리고 그에 대해서는 출자出自와 즉위 과정 문제, 익산益山 천도遷都, 미륵사彌勒寺, 대신라對新羅 관계를 중심으로 한 정국 운영에 이르기까지 다양한 의견들이 개진되어 있는데, 이러한 백제 무왕대의 정치사를 이해하는데 있어『삼국유사』기이紀異 무왕조武王條의 서술은 그 동안 매우 중요한 위치에 있어 왔다. 곧, 역사학계에서는『삼국유사』무왕조武王條의 서동薯童과 선화공주善花公主 이야기를 백제 무왕의 행적으로 대부분 수용하여 왕권의 동향을 설명하려 한 연구가 주를 이루면서,[2] 당시 백제와 신라가 군사적으로 충돌하고 있더라도 교류가 가능하다고 하였다.[3]

　하지만『삼국사기』의 무왕 시기 기사도 함께 고려해 보면, 무왕은 재위 42년 동안 대부분 백제의 선제 공격으로 이루어진 신라와의 전쟁 횟수가 13번이나 되므로, 백제 왕실과 신라 왕실 사이의 혼인, 미륵사 창건에 신라의 장인 파견, 백제에서 신라에 금을 보내는 것 등은 사실일 수 없다는 견해도 있

---

1) 김주성, 1998,「백제 무왕의 치적」,『百濟文化』27, p.81.
2) 盧重國, 1986,「三國遺事 武王條의 再檢討」,『韓國傳統文化研究』2.
3) 盧重國, 2000,「新羅와 百濟의 交涉과 交流-6 · 7세기를 중심으로-」,『新羅文化』17 · 18.

었다.[4] 『삼국유사』와 『삼국사기』의 서술은 이처럼 큰 차이가 있으므로, 이들을 합리적으로 이해하기 위한 다양한 시도가 있어 왔다. 이에 백제의 동성왕이 신라 이찬의 딸과 혼인했다는 역사적 사실을 들어 서동요의 작가는 동성왕이며, 『삼국유사』 무왕조武王條가 참고한 원문에 무강왕武康王이라 서술되었다는 점에서 무강왕을 무왕武王이 아닌 무령왕武寧王으로 고증한 견해나,[5] 서동 설화가 반영하고 있는 역사적 내용이 무왕武王보다 무령왕의 행적에 가깝다는 연구도[6] 있었다.

『삼국유사』 무왕조武王條에 나타난 설화와 향가 서동요에 대해서는 국문학계의 연구도 많이 이루어졌다. 서동요 및 그와 관련된 고사를 원효의 도끼 노래와 고사에 맞추어 서동을 신라의 원효대사로 본 견해가 있었고,[7] 무강왕武康王은 글자가 비슷하고 뜻이 서로 통하는 무령왕武寧王의 오기라는 견해가 있은 후,[8] 이에 동의하면서 논의를 발전시킨 견해와[9] 민간설화를 수용하여 무왕에 결부시킨 것으로 보는 견해가[10] 있었다.

그런데 2009년에 미륵사지 서탑에서 「사리봉안기舍利奉安記」가 발견되어[11]

---

4) 강봉원, 2002, 「백제 무왕과 '서동'의 관계 재검토」, 『白山學報』63.

5) 李丙燾, 1952, 「薯童說話에 대한 新考察」, 『歷史學報』1.

6) 오계화, 2004, 「百濟 武寧王의 出自와 王位繼承」, 『한국고대사연구』33.

7) 김선기, 1967, 「쑈뚱노래」, 『현대문학』151.

8) 史在東, 1974, 「「武康王傳說」의 硏究」, 『百濟硏究』5; 「「武康王傳說」의 연구(續)」, 『百濟硏究』6.

9) 나경수, 1999, 「진시황의 천하통일과 한국 신화사의 변용-탈해신화와 무강신화를 중심으로」, 『아시아문화』14; 서대석, 2001, 「백제신화」, 『한국신화의 연구』, 집문당; 김화경, 2002, 「백제문화와 야래자 설화」, 『韓國 說話의 硏究』, 영남대학교 출판부; 김종진, 2004, 「무왕설화의 형성과 〈서동요〉의 비평적 해석」, 『한국문학연구』27.

10) 현승환, 2001, 「서동설화와 무왕의 등극」, 『說話와 歷史』, 集文堂, 2000; 현승환, 「三國遺事 武王條 檢討」, 『白鹿論叢』3-1.

11) 배병선 · 조은경 · 김현용, 2009, 「미륵사지 석탑 사리장엄 수습조사 및 성과」, 『목간과 문자

미륵사지 서탑 출토 「사리봉안기(舍利奉安記)」

익산 미륵사지 서탑(해체전)

관련 학계의 엄청난 관심을 촉발시켰고, 짧은 시간에 많은 연구 성과가 쏟아지면서 이들 연구 성과들을 정리한 논문까지 나오게 되었다.[12] 이에 따라

연구』3, 주류성.

12) 김주성, 2009, 「미륵사지 서탑 사리봉안기 출토에 따른 제설의 검토」, 『東國史學』 47.

　　　　〈앞면〉　　　　　　　　　〈뒷면〉

　　竊以法王出世隨機赴　　　　年正月卄九日奉迎舍利
　　感應物現身如水中月　　　　願使世世供養劫劫無
　　是以託生王宮示滅雙　　　　盡用此善根仰資 大王
　　樹遺形八斛利益三千　　　　陛下年壽與山岳齊固
　　遂使光曜五色行遶七　　　　寶曆共天地同久上弘
　　遍神通變化不可思議　　　　正法下化蒼生又願王
　　我百濟王后佐平沙乇　　　　后卽身心同水鏡照法
　　積德女種善因於曠劫　　　　界而恒明身若金剛等
　　受勝報於今生撫育萬　　　　虛空而不滅七世久遠
　　民棟梁三寶故能謹捨　　　　蒙福利凡是有心
　　淨財造立伽藍以己亥　　　　俱成佛道

가만히 생각하건데, 法王(부처님)께서 세상에 나오셔서 (중생들의) 根機에 따라 感應하시고, (중생들의) 바람에 맞추어 몸을 드러내심은 물속에 달이 비치는 것과 같다. 그래서 (석가모니께서는) 王宮에 태어나셔서 사라쌍수 아래에서 열반에 드시면서 8斛의 舍利를 남겨 3천 대천세계를 이익되게 하셨다. (그러니) 마침내 五色으로 빛나는 舍利를 7번 繞匝(오른쪽으로 돌면서 경의를 표함)하면 그 신통변화는 불가사의할 것이다.

우리 백제 왕후께서는 佐平 沙宅積德의 따님으로 지극히 오랜 세월에 善因을 심어 今生

「사리봉안기」에 미륵사 건립이 왕비인 좌평佐平 사택적덕沙宅積德의 딸이 주도한 것으로 나오고 있으므로 신라 진평왕眞平王의 딸 선화공주는 부정되어야 한다는 시각도 있고,[13] 그럼에도 불구하고 선화공주를 인정하면서 당시의 정치 변동을 읽어내고자 하는 견해들도 있다.[14] 이러한 입장에서는『삼국유사』무왕조武王條와 「사리봉안기」의 사건을 시간 순서에 따라 병렬적으로 일어난 것으로 보아, 계기적인 상황 변화를 보고 있다. 곧, 무왕의 즉위 기간이 41년으로 길었으며, 『일본서기』권24 황극천황皇極天皇 원년元年(642) 2월조에 의하면[15] 의자왕대에 국주모國主母가 죽자 그와 관련된 인물들을 내쫓

에 뛰어난 과보를 받아 萬民을 어루만져 기르시고 불교[三寶]의 棟梁이 되셨기에 능히 淨財를 희사하여 伽藍을 세우시고, 己亥年 정월 29일에 舍利를 받들어 맞이했다.

원하옵나니, 세세토록 공양하고 영원토록 다함이 없어서 이 善根을 資糧으로 하여 大王 陛下의 수명은 산악과 같이 건고하고 치세[寶曆]는 천지와 함께 영구하여, 위로는 正法을 넓히고 아래로는 蒼生을 교화하게 하소서.

또 원하옵나니, 王后께서는 即身成佛하시고 마음은 水鏡과 같아서 法界를 비추어 항상 밝히시며, 금강 같은 몸은 허공과 나란히 不滅하시어 七世의 久遠까지도 함께 福利를 입게 하시고, 모든 중생들 함께 불도 이루게 하소서

〈익산 미륵사지 서탑 출토『사리봉안기』〉

13) 김상현, 2009, 「백제 무왕대 불교계의 동향과 미륵사」,『韓國史學報』37.

14) 이도학은 취리산 회맹문에 부여융의 先王을 성토하는 구절 중 "親姻과 화목하지 못했다"는 부분과, 「대당평백제국비명」에 의자왕의 失政을 거론하면서 "동쪽으로 親隣을 정벌했다"는 기록을 들어 무왕과 선화공주의 결혼을 인정하지 않는 견해는 설득력이 없다고 했다(이도학, 2010, 「해동증자 의자왕의 생애와 정치」,『백제 사비성 시대 연구』, 일지사, p. 161). 그러나 취리산 회맹문의 "親姻과 화목하지 못했다(不睦親姻)"는 부분은, 그 바로 앞에 "이웃과 사이좋게 지내는데 힘쓰지 못하였고(不敦鄰好)"라는 이웃나라(신라)와의 관계에 대한 언급이 이미 있으므로, 의자왕의 친위정변으로 왕실 친인척 내에 불화가 있었던 일을 가리키는 것으로 볼 수 있으며, 「대당평백제국비명」의 '親隣'은 일반석인 이웃 나라로 해석할 수 있다.

15) 去年十一月 大佐平智積卒 又百濟使人 擲崑崙使於海裏 今年正月 國主母薨 又弟王子兒翹岐 及其母妹女子四人 內佐平岐味 有高名之人卌餘 被放於嶋〈『日本書紀』卷24 皇極天皇 元年 2月〉

은 친위정변이 있었으므로,[16] 이와 관련하여 무왕비를 즉위 초의 선화공주와 의자왕대에 국주모 등으로 여럿 설정하기도 한다.[17] 심지어 『삼국사기』 백제본기 무왕 39년조에서 빈어嬪御와 함께 뱃놀이했다는 기사를 근거로 왕비가 3명 정도 있었다는 견해가 나오기도 했다.[18]

이들 견해는 정황상으로 보아 그럴 개연성이 있고, 무왕이 재위 기간이 길어 왕비가 여럿 있었다는 점 역시 인정되지만, 그것이 곧 선화공주가 실재했다는 증명이 될 수는 없다. 이는 설화적인 기술을 역사적 사실로 큰 비판 없이 곧바로 등치시켜 해석한 것으로 볼 수 있으며, 그러한 해석을 위해서는 설화說話에[19] 대한 보다 면밀한 분석이 필요하고 생각한다. 이와 관련하여 『삼국유사』 무왕조와 사리봉안기 내용을 각각 별개로 인정하면서 양자 사이의 시차를 인정하여 그 사이에 정책이 바뀌었다고 보는 태도는 사료 취급과 해석 모두에 문제가 있으며, 두 사료는 동일한 사건에 대하여 역사와

---

16) 金壽泰, 1992, 「百濟 義慈王代의 政治變動」, 『韓國古代史研究』 5.
   李道學, 2004, 「百濟 義慈王代의 政治 變動에 대한 檢討」, 『東國史學』 40.
17) 李道學, 2004, 「百濟 義慈王代의 政治 變動에 대한 檢討」, 『東國史學』 40; 2010, 『백제 사비성 시대 연구』, 일지사; 정재윤, 2009, 「彌勒寺 舍利奉安記를 통해 본 武王·義慈王代의 政治的 動向」, 『韓國史學報』 37.
18) 김수태, 2009, 「백제 무왕대의 미륵사 서탑 사리 봉안」, 『新羅史學報』 16.
19) 말리노프스키는 제의나 사회적·도덕적 규칙이 정당한 권능과 전통성의 보증이나 진실성과 신성성을 요구할 때 그 기능을 갖게 되는 것을 '神話(myth)', 이상한 현실과의 접촉에 의해 야기되는 과거의 역사적인 회상을 '傳說(legend)', 오락을 위해 이야기되는 사교성의 표현을 '民譚(tale)'으로 정의하였고, 홀트크란츠는 이 셋을 통틀어 '說話'라는 큰 범주로 정의하였다. 그리고 보아즈, 비드니, 로위, 톰슨 등 대부분의 학자들은 동일한 설화라도 민족이나 장소에 따라 신화, 민담 등으로 달리 통용되는 경우가 있다고 하였다(大林太良 著, 兒玉仁夫·權泰孝 譯, 1996, 『神話學入門』, 새문사, pp. 50~62). 본고에서는 신화적 기능을 잃고 전설로 남아 변모된 것을 말할 때는 '서동 설화'로, 본래 마한 신화였다는 점을 강조할 때는 '서동(무강왕) 신화'라 칭하고자 한다.

설화로 그 표현방식과 강조점이 다른 기술인 각편各篇(version)으로 보아야 한다는 견해가[20] 주목된다.

여기서 설화說話와 역사歷史 사이의 면밀한 관계 설정이 필요하다. 설화는 전승 과정에서 그 구성 요소 가운데 자잘한 것들은 변화할 수 있지만, 설화의 전승자들이 공유하는 인식체계가 어느 정도 유지되면서, 다른 각편各篇(version)의 이야기라 하더라도 뼈대를 이루는 주요한 구성 틀은 그대로 남아 전승되므로, 역사적인 자료로 구비문학이 가치를 가질 수 있다는 견해가 있다.[21] 이처럼 설화는 큰 구성 틀이 역사적 사실을 반영하고 있지만, 설화의 세부적인 내용까지 모두 역사적 사실이라 볼 수는 없을 것이다.

한편, 뒤메질은 신화가 무연無緣의 극적 또는 서사시적 창조물이 아니라, 정치조직, 사회조직, 의례, 법률, 관습 등의 근거를 대는 것이며, 이들을 조직하고 유지하는 대사상大思想들(great ideas)을 이미지로 표현하는 것이라 하였다. 그러므로 신화체계는 그 신화를 실행한 민족의 종교적, 사회적, 철학적 삶의 총체 속에 위치시켜야 하며, 그 풍부함과 모순들까지도 존중해야 한다고 하였다.[22]

그렇다면, 『삼국유사』, 『삼국사기』, 「사리봉안기」에서 같은 시기의 역사적 사실에 대한 기록이 서로 다르게 나타나는 모순은 어떻게 해결해야 할까? 본고에서는 이를 엘리아데Mircea Eliade의 '역사적歷史的 인물人物의 신화화神話化'라는 관점에서 접근해 보고자 한다. 엘리아데에 의하면, 역사적 사건이나 실재

---

20) 신종원, 2011, 「사리봉안기를 통해 본 『삼국유사』 무왕조의 이해」, 『익산 미륵사와 백제』, 일지사, p.72・76.

21) 함한희, 2002, 「구비문학을 통한 문화연구 방법」, 『구비문학과 인접학문』, 박이정, pp.324~331.

22) Georges Dumézils, 1968, *Mythe et épopée I, Paris, Gallimard*, pp.10-16(김현자, 2002, 「신화 연구방법의 모색을 위한 성찰」, 『구비문학과 인접학문』, 박이정, pp.283-284에서 재인용).

인물에 대한 민간의 기억을 가능하게 하는 구조는 역사적 사건이 아니라 범주이며, 역사적인 인물이 아니라 모범이 되는 원형原型으로서의 인물이라고 한다. 그리하여 역사적 인물이 그의 신화적인 모델과 동화되고(역사적 인물의 신화화), 역사적인 사건은 신화적인 행동의 범주와 일치되면서 전승이 가능해진다고 하였다. 그러므로 어떤 서사시가 역사적인 진실을 보존하고 있다 하더라도, 그것은 실제로 구체적인 인물이나 사건과는 관계를 맺고 있지 않으며, 다만 어떤 제도나 관습 혹은 풍토와 관계를 맺고 있을 뿐이라 한다.[23] 특히『삼국유사』의 서동 설화는 민간에 전승되던 기억이 고려 말에 채록된 것으로 여겨지므로, 이 이론을 적용하기에 알맞은 것으로 볼 수 있다.

그런데 이러한 일종의 왜곡은 왜 일어나는 것일까? 역시 엘리아데에 의하면, 인간의 삶은 점점 생동하던 처음이 상실되어 퇴색하게 되므로, 그러한 삶이 삶다워지려면 처음을 되살지 않으면 안된다고 한다. 이에 인간의 삶은

---

23) '역사적 인물의 신화화(mythicization)'가 이루어진 예로 엘리아데는 14세기 후반에 실존한 유고슬라비아 서사시의 주인공 '마르코 크랄예비체'를 들고 있다. 이 인물의 '역사적인 인격(historical personality)'은 백성들의 기억 속에 수용되면서 소거되었고, 그의 전기는 신화의 규범에 의해 재구성되었다. 그리스 영웅들이 女精(nymph)이나 水精(naidas)의 아들이었던 것처럼, 그의 어머니와 아내가 모두 선녀 빌라(Vila)로 설정되었고, 인드라·트레타오나·헤라클레스 등의 모델을 좇아 그는 三頭龍과 싸워 이기는 것으로 설정되었으며, 형제가 서로 적이 되는 신화를 좇아 자기 아우 안드리야(Andrija)와 싸워 그를 죽이는 것으로 설정되었다. 또한, 1394년에 사망한 그가 1450년경 터키인에게 저항하는 전쟁에서 용맹을 떨친 존 훈야디(John Hunyadi)의 친구도 되고 적도 되는 시대 착오도 나타나고 있다. 1912년에 세르비아 한 포병대의 전장병은 그가 그 자신의 영지였던 프릴레프 성의 공격을 지휘하는 것을 보았다고 한다. 이러한 사실은 그 성을 공격할 때 있었던 포병대의 어떤 특별한 영웅적인 공적이 민간의 상상력으로 하여금 그것을 전통적인 원형과 일치시킬 수 있는 소지를 마련해 주었기 때문에 일어난 현상으로 설명될 수 있다(Eliade, M., 1959, *Cosmos and History : The Myth of Eternal Return*, trans. Willard R. Trask; 鄭鎭弘 譯, 1976,『宇宙와 歷史-永遠回歸의 神話』, 現代思想社, pp.66~72).

초자연적 존재에 의하여 드러난 범례가 되는 전형을 모방함으로써 의미있게 되며, 이러한 환상이 실재한다는 믿음에서 신화가 생존한다고 하였다. 곧, 신화란 인간의 중요한 것들이 본primordial model을 지니고 있다는 것을 이야기해주는 것이라 한다.[24] 신화는 역사적 시간을 재생시켜 새로운 성현聖顯의 시간으로 변화시키며, 이에 따라 개인과 집단은 새롭게 질서화된 삶을 시작할 수 있게 된다는 것이다.

본고는 이러한 분석 틀에 따라 관련 자료들을 면밀하게 분석하여 해석하고자 한다. 「사리봉안기」와 『삼국사기』는 실제 일어난 역사적 사실事實에 대한 기록으로, 『삼국유사』는 민간에 구비 전승되던 기억이 시간이 흐른 후에 채록된 것으로 볼 수 있다. 엘리아데의 의견을 참고하면, 설화 속의 모든 사실을 그것이 부회된 역사적 인물과 바로 등치시켜 해석할 수는 없으며, 그 설화의 형성 과정을 면밀하게 검토한 후, 그것이 어떤 역사적 인물과 결부될 수 있었던 상황을 살펴야 한다고 생각한다. 곧, 설화가 살아있는 진실眞實로 작용하였을 당시의 역사적·문화적인 맥락context에 대한 고려가 무엇보다 중요하다. 특정한 이야기를 만들어낸 개인이나 집단의 인식 세계에 접근하려면, 그들이 무슨 말을 했는가 하는 텍스트의 내용에 대한 충실한 해석도 중요하지만, 그들이 무슨 말을 하고자 했는가 하는 텍스트의 맥락을 아울러 살피는 것이 더욱 중요하다는 점에[25] 유의하고자 한다.

이에 본고에서는 우선 당시의 기록으로 사료적 가치가 높은 미륵사지 서탑 「사리봉안기」 기록에 나타난 역사적 사실과 함께, 이들 기록과는 일견 모순되어 보이기도 하는 『삼국유사三國遺事』 무왕조武王條에 나타난 설화를, 단순

---

24) 정진홍, 2003, 『M. 엘리아데 종교와 신화』, 살림, pp. 44~72.
25) 함한희, 2002, 「구비문학을 통한 문화연구 방법」, 『구비문학과 인접학문』, 박이정, p. 324.

히 모두 인정하여 시간 순서에 따라 병렬시키는 방식이 아니라, 어떻게 함께 이해해야 할 것인지를 면밀히 살피고자 한다. 과연 사택적덕의 딸과 선화공주는 병렬적으로 공존共存할 수 있는 것인지, 만약 선화공주의 실존實存을 부정한다면, 서동 설화는 어떤 방식으로 이해해야 하는지에 대한 설명이 반드시 필요할 것이다. 이를 위하여 문헌만이 아니라, 익산 지역의 고고학적 발굴 양상 역시 면밀히 검토할 것이다.

특히 백제는 부여계 지배층과 마한계 피지배층으로 구성되었으며, 한성에서 건국된 후 점차 남쪽 마한 지역으로 천도遷都하면서 그들을 아우르기 위해 부여계 정체성에서 마한계로 그 정체성에 변화가 있었다고 한다.[26] 본고는 이에 주목하여『삼국유사』의 서동 설화는 백제가 마한 집단을 중시하게 된 이후 마한의 서동(무강왕) 신화가 백제의 신화로 수용된 형태이며, 그러한 신화의 수용과 함께 마한 신화의 제장祭場에 거대한 불교 사원인 미륵사彌勒寺가 건립되었음도 밝혀보고자 한다. 아울러『삼국유사』무왕조武王條는 이러한 마한 신화가 백제 멸망 이후 신라 중대의 변화를 거치면서 문헌에 정착된 설화의 형태라는 점까지 살펴볼 것이다.

본고의 분석을 통해 기존의 부여계 건국신화에 마한계 신화를 아우르면서, 특히 불교로 그들을 융화시키고자 했던 무왕 시기 백제의 정치·사상적 정체성 변화에 관한 어느 정도의 성격 구명이 이루어질 것으로 기대한다.

---

26) 김기흥, 2004,「백제의 正體性에 관한 일 연구」,『역사와 현실』54.

Ⅰ. 서동(무강왕) 설화의 여러 각편 검토와 그 배경지 익산

A-①. 무왕武王[『고본古本』에는 무강武康이라 했으나 잘못이다. 백제百濟에는 무강武康이 없다.]

A-②. 제30대 무왕武王의 이름은 장璋이다. 어머니가 과부가 되어 서울京師 남쪽 못가에 집을 짓고 살았는데, 못의 용池龍과 관계하여 태어났으며, 어릴 때 이름을 서동薯童이라 하였다. 재기와 도량이 커서 헤아리기 어려웠다. 항상 마를 캐어 팔아서 생업을 삼았으므로 나라 사람들이 이로 인하여 이름하였다.

A-③. 신라 진평왕眞平王의 셋째 공주 선화善花[혹은 선화善化]가 아름답기 짝이 없다는 말을 듣고 머리를 깎고 서울京師로 갔다. 마를 동네 아이들에게 먹이니 아이들이 친해져 그를 따르게 되었다. 이에 노래를 지어 아이들을 꾀어서 부르게 하니 그것은 이러하다. "선화공주님은 남몰래 사귀어 두고 서동방을 밤에 몰래 안고 간다." 동요가 서울에 가득 퍼져서 대궐 안에까지 들리자 백관百官들이 극력 간하여 공주를 먼 곳으로 귀양보내게 했다. 장차 떠나려 하는데 왕후王后는 순금 한 말을 주어 가게 했다. 공주가 장차 귀양지에 도착하려는데 서동이 도중에 나와 절하면서 장차 모시고 가겠다고 했다. 공주는 비록 그가 어디서 왔는지 알지 못했지만 우연히 믿고 좋아했다. 이로 말미암아 따라가면서 몰래 정을 통히였다. 그런 뒤에야 서동의 이름을 알았고, 동요의 영험을 믿었다. 함께 백제에 이르러 모후母后가 준 금을 내어 장차 살아갈 계획을 의논하니 서동이 크

게 웃으며 말했다. "이것이 어떤 물건이오?" 공주가 말하기를, "이것은 황금으로, 가히 백년의 부를 누릴 수 있습니다"라고 하였다. 서동이 말하기를, "내가 어릴 때부터 마를 캐던 곳에는 흙처럼 많이 쌓여 있소"라고 하였다. 공주가 듣고 크게 놀라면서 말했다. "이것은 천하의 지극한 보물입니다. 그대가 지금 그 금이 있는 곳을 아시면 그 보물을 부모님이 계신 궁전으로 보내는 것이 어떻겠습니까?" 서동은 좋다고 말했다. 이에 금을 모아 언덕과 같이 쌓아 놓고, 용화산龍華山 사자사師子寺의 지명법사知命法師에게 가서 금을 실어 보낼 방법을 물으니 법사가 말하기를, "내가 신통한 힘으로 보낼 수 있으니 금을 가져 오시오"라고 하였다. 공주는 편지를 써서 금과 함께 사자사 앞에 두었다. 법사는 신통한 힘으로 하룻밤에 신라 궁중으로 보내어 두었다. 진평왕은 그 신비스러운 변화를 이상히 여겨 존경함이 더욱 깊어져 항상 편지를 보내 안부를 물었다. 서동은 이로 인하여 인심을 얻어 왕위에 올랐다.

A-④. 어느 날 왕이 부인과 함께 사자사에 가려고 용화산 아래의 큰 못가에 이르니 미륵彌勒 삼존三尊이 못 가운데에서 나타나므로 수레를 멈추고 공경하였다. 부인이 왕에게 말하기를 "모름지기 이 땅에 큰 가람을 짓는 것이 굳은 소원입니다"라고 하였다. 왕은 그것을 허락했다. 지명법사에게 가서 못을 메울 일을 물으니 신력神力으로 하룻밤에 산을 무너뜨려 못을 메워 평지로 만들었다. 이에 미륵彌勒 삼회三會를 법상法像으로 하여 전殿과 탑塔과 낭무廊廡를 각각 세 곳에 세우고, 절 이름을 미륵사彌勒寺[『국사國史』에서는 왕흥사王興寺라 하였다]라고 하였다. 진평왕이 백공百工을 보내 이를 도왔는데, 지금도 그 절이 남아 있다.[『삼국사三國史』에서는 이를 법왕法王의 아들이라 하였는데, 이 전傳에서는 과부의 아들이라고 했으

니 자세히 알 수 없다.]

〈『삼국유사』권2 기이紀異2 무왕武王〉

『삼국유사』기이紀異 부분은 김부대왕金傅大王 이후 마지막 부분에 남부여南扶餘 전백제前百濟, 무왕武王, 후백제後百濟 견훤甄萱, 가락국기駕洛國記가 배치되었다. 이들 중 가락국기는 일연 이후의 추가로 볼 수 있으며,[27] 남부여 전백제, 무왕, 후백제 견훤 역시『고기古記』계통의 정보를 담고 있으므로, 이들 네 조목은『삼국사기』에서 배제된『고기古記』류의 정보를 제시하는 데 목적을 두었다고 한다.[28] 아울러『삼국유사』기이紀異에 수록된 자료는 대체로 건국 신화와 신이한 행적들이며, 백제와 관련된 세 조목 중 전백제와 후백제가 모두 국조國祖의 건국신화와 대응하는 내용들이므로, 이와 나란히 수록된 무왕조의 서동 설화도 신화의 성격을 지닌 것으로 볼 수 있다는 견해가 있다.[29]

『삼국유사』기이紀異 무왕조 기록 중 A-①은 제목으로,『고본古本』에 무강武康이라 기록된 것을『삼국유사』찬자가 백제百濟에 무강武康이 없다는 이유로 무왕武王이라 고쳤다고 한 점이 중요하다. A-④의 맨 뒤에도 역시 주를 달아『삼국사三國史』에서 법왕의 아들이라 한 것과 여기서 과부의 아들이라 한 것이 서로 맞지 않음을 지적하고 있다. 따라서『삼국유사』의 설화를 그대로 취신하여 백제와 신라가 군사적으로 충돌하고 있더라도 교류가 가능하다는 견해가 있지만,[30]『삼국사기』의 무왕 시기 기사도 함께 고려해 보면, 무왕은

---

27) 李基白, 1984,「三國遺事 紀異篇의 考察」,『新羅文化』1.

28) 이강래, 2004,「후백제의 당대 인식」,『韓國古代史硏究』35; 2011,『삼국사기 인식론』, 一志社, pp. 226~228.

29) 서대석, 2001,「백제신화」,『한국신화의 연구』, 집문당, pp. 206~209.

30) 盧重國, 1986,「三國遺事 武王條의 再檢討」,『韓國傳統文化硏究』2; 盧重國, 2000,「新羅와

재위 42년 동안 대부분 백제의 선제 공격으로 이루어진 신라와의 전쟁 횟수가 13번이나 되므로, 백제 왕실과 신라 왕실 사이의 혼인, 미륵사 창건에 신라의 장인 파견, 백제에서 신라에 금을 보내는 것 등은 사실일 수 없다는 점 역시 이치에 맞는다.[31] 그렇다면 이 설화는 어떻게 이해할 수 있을까? 이를 위해 이 설화의 다른 각편各篇들을 살펴보자.

B. 금마군金馬郡은 본래 마한국馬韓國이다.[후조선왕後朝鮮王 기준箕準이 위만衛滿의 난을 피해 바다를 건너 남쪽으로 한韓의 땅에 이르러 나라를 열고 마한馬韓이라 하였다.] 백제百濟 시조始祖 온조왕溫祚王이 그를 병합한 후에 금마저金馬渚라 이름하였고, 신라新羅 경덕왕景德王 때 지금의 이름으로 고쳐 고려高麗에 이르렀다. 충혜왕忠惠王 후오년後五年에 원元 순제順帝 기황후奇皇后의 외가가 있는 곳이라 승격시켜 익주益州라 하였다. 미륵산彌勒山에는 석성石城이 있다.[전하는 말로는 기준箕準이 처음 축성하였으므로 그것을 기준성箕準城이라 한다.] 또 후조선後朝鮮 무강왕武康王과 비妃의 능陵이 있다.[세간에서는 말통대왕릉末通大王陵이라고 한다. 한편 백제百濟 무왕武王의 어릴적 이름이 서동薯童이라고도 전한다.]

　　　　　〈『고려사』 권57 지11 지리2 전라도 전주목全州牧 금마군金馬郡〉

C. 미륵사彌勒寺는 용화산龍華山에 있다. 세상에 전하기를 "무강왕武康王이 인심을 얻어 마한馬韓을 세우고, 하루는 선화부인善花夫人과 함께 사자사獅子寺에 가고자 산 아래 큰 못가에 이르렀는데, 세 미륵彌勒이 못 속에서

　　百濟의 交涉과 交流-6 · 7세기를 중심으로-」, 『新羅文化』 17 · 18.
31) 강봉원, 2002, 「백제 무왕과 '서동'의 관계 재검토」, 『白山學報』 63.

나왔다. 부인이 왕에게 아뢰기를 이 땅에 가람을 창건하고자 원하니 왕이 허락하였다. 지명법사知命法師에게 가서 못을 메울 방술을 물었더니, 법사가 신력神力으로 하룻밤 사이에 산으로 못을 메워 이에 불전佛殿을 창건하고, 또 세 미륵상彌勒像을 만들었다. 신라新羅 진평왕眞平王이 백공百工을 보내 도왔는데, 석탑石塔이 매우 커서 높이가 여러 장丈이나 되어 동방東方의 석탑 중에 가장 큰 것이다."라고 하였다.

〈『신증동국여지승람』 권33 전라도 익산군益山郡 불우佛宇〉

C의 『신증동국여지승람新增東國輿地勝覽』과 A의 『삼국유사』 무왕조는 선화부인善花夫人, 사자사獅子寺, 지명법사知命法師가 등장하고, 미륵사를 세우는 역사役事에 신라 진평왕眞平王이 백공百工을 보내어 도왔다고 한 점이 같지만, 무강

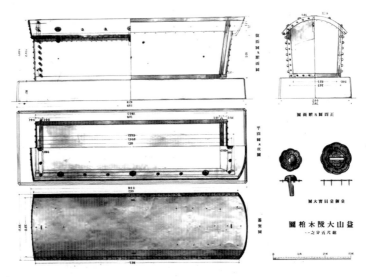

무왕릉으로 추정되는 익산 쌍릉 대왕묘 출토 목관 복원도(일제강점기 유리원판 사진)

2015년 재보고서가 발간되면서 알려진 익산 쌍릉 대왕묘 출토 20세 전후 여성 치아(위)와
7세기 전반으로 편년되는 신라계 토기 완(아래).
이를 바탕으로 신라 선화공주의 존재를 다시 인정하려는 움직임도 있으나, 20세 전후에 굴식 돌방무덤에
묻힌 인물이라면 순장된 다른 인물일 가능성이 크며, 토기 완도 익산 왕궁리 유석에서 출토된 등잔과 형태
가 비슷하여 신라계로 단정할 수 없다는 의견도 있다.

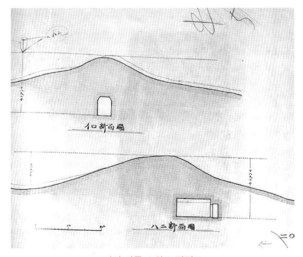

익산 쌍릉 소왕묘 단면도

왕武康王이 인심을 얻어 마한馬韓을 세우고 나서 선화부인이 무강왕에게 절을 짓기를 소망하여 미륵사를 짓게 되었다는 부분이 다르다. B의『고려사』에서는 후조선왕後朝鮮王 기준箕準이 남쪽 한韓의 땅에 이르러 마한을 세웠으며, 익산에 후조선後朝鮮 무강왕武康王 및 왕비王妃의 능陵이 있다고 하여 후조선왕 기준이 곧 무강왕과 연결될 수 있음을 언급하고 있다.[32] 준왕의 남하지에 대하여『삼국지三國志』등의 중국측 기록에는 정확한 위치가 나타나 있지 않지만, 고려와 조선시대의 많은 시문詩文 및 기문記文에는 전북 익산으로 거론되고 있다.

익산은 기준箕準과의 연관성이 언급되고 있고, 마한 54국國 중 하나인 건마국乾馬國이 있었다고도 한다.[33]『신찬성씨록新撰姓氏錄』에 의하면, 백제에서 온

---

32) 武康王의 실체와 관련하여 李德懋(1741~1793)의『靑莊館全書』卷55 盎葉記2 箕子朝鮮世系에 의하면, "哀王 準이 28년[…『輿地勝覽』에 이른바 조선 武康王은 곧 準인데, 지금 哀王이라 칭한 것은 무슨 까닭인가], 馬韓 康王 卓이 3년[本注에는 漢 惠帝 2年 戊辰(BC 193)에 왕위에 올랐다 한다.『東史』를 상고하건대, 箕準이 漢 惠帝 元年 丁未(BC 194)에 衛滿을 피해 金馬渚에 이르러 도읍했다 하였으니, 기준이 마땅히 馬韓의 始祖가 되어야 하는데, 여기서는 康王으로 시조를 삼았고 연대 역시 틀리다], 安王 龕이 32년, 惠王 寔이 13년, 明王 武가 31년, 孝王 亨이 40년, 襄王 燮이 15년, 元王 勳이 26년, 稽王 貞이 16년이다."라고 하여, 조선 후기에 武康王을 곧 準으로 보는 시각이 일반적이었음을 알 수 있다. 한편, 獨立協會 회원들이 주도적으로 편찬하여 崔景煥이 編集하고 鄭喬가 評閱한 후 1905년(光武 9)에 간행된『大東歷史』에 의하면, 箕準(=哀王)이 그 28년(BC 194)에 衛滿에게 나라를 빼앗기고 金馬郡으로 도망하였으며, 이듬해 그가 죽자 태자인 卓이 왕위를 계승하여 武康王이 되었고, 그로부터 王系가 이어져 AD 9년에 백제에 의해 멸망하는 學에 이르기까지 9王 202년간 이어졌다고 한다. 그런데 이는『淸州韓氏世譜』의 내용을 역사적 사실로 받아들여 서술한 것이므로 그대로 신뢰하기에는 아직 무리가 있다고 한다(서의식,「辰國과 辰韓, 그리고 신라의 성장」,『신라의 정치구조와 신분편제』, 혜안, 2010, 44쪽). 그렇지만 이를 통해 마한의 영웅신화에서 시조로 인식된 인물인 武康王은 고조선에서 익산 지역으로 이동하여 마한을 세웠다고 전해지는 後朝鮮王 箕準 또는 그 아들로 인식되고 있었음을 알 수 있다.

33) 노중국, 2001,「益山지역 정치체의 史的 전개와 百濟史上의 益山勢力」,『馬韓·百濟文化』15.

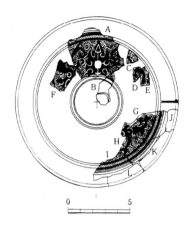

익산 연동리 태봉사 출토 반룡경(盤龍鏡)

익산 평장리 출토 반리문경(蟠螭文鏡)

기준箕準의 후예를 칭한 이들이 일본에도 있었음을 알 수 있는데,³⁴ 이는 백
제 내에 기준箕準의 후예라고 여겨지는 이들이 있었음을 보여준다.³⁵

익산益山 평장리平章里에서는 반리문경蟠螭文鏡이 발견되었으며,³⁶ 익산 연동
리蓮洞里 태봉사胎峰寺에서는 내부가 반절 이상 파손되었으나 "국가에 경하할
만한 일이 많이 있고 백성들이 편안하도다[…家人民息]. 북쪽과 서쪽 오랑캐
들이 모조리 망하여 천하가 회복되었으며[胡羌除滅天下復], 비바람이 절기
에 제대로 맞아 오곡이 잘 익었도다[風雨…]."라는 글자가 새겨진 반룡경盤龍

---

34) 麻田連 百濟國朝鮮王准之後也〈『新撰姓氏錄』右京諸蕃 下 百濟〉
35) 『三國志』卷30 魏書30 東夷傳 韓條에 의하면, 準王은 近臣과 宮人들을 거느리고 도망하여
  바다를 경유하여 韓의 지역에 거주하면서 스스로 韓王이라 칭하였으며, 注에 달린 『魏略』에
  는 그 뒤 準의 후손이 絕滅되었지만 지금 韓人 중에 아직 그의 제사를 받드는 사람이 있다
  고 기록하였다. 이로 보아 마한 지역에는 그의 후손을 칭하는 이들이 3세기경에도 있었으
  며, 이들이 뒤에 백제의 세력권내에 들게 되고 일부는 일본에까지 진출했던 것으로 볼 수
  있겠다.
36) 全榮來, 1987, 「錦江流域 靑銅器文化圈 新資料」, 『馬韓·百濟文化』10.

鏡이 발견되었다.[37] 이 태봉사 출토 동경銅鏡에 대해서는 서진西晉 태강太康 3
년年(282) 6월月 반원방형대신수경半圓方形帶神獸鏡의 명문銘文과 비교하여 이와
비슷한 시기에 제작되었다는 견해가 있고,[38] 장사長沙 월량산묘月亮山墓에서
출토된 명문銘文과 비교하여 후한경後漢鏡으로 보기도 한다.[39] 편년에 이견이
있기는 하지만, 이러한 위세품의 내용 등에서 익산 지역은 당시에 선진 문
물을 영위했던 마한의 중심지로 보기에 손색이 없음을 알 수 있다.

그런데 A의『삼국유사』무왕조를 제외하면 익산을 배경으로 나타나는 왕
은 모두 무강왕이며, B와 C의 자료를 함께 살펴보면, 후조선왕 기준의 왕비
=마한 무강왕비=선화부인으로 나타나고 있다. 따라서 사료상으로 '무강왕'
이란 표현이 우성優性이고 '무왕'이란 표현은 열성劣性이며,[40] A의『삼국유사』
찬자가 본 자료에도 원래 무강武康이라 되어 있었다고 밝힌 점에서, B와 C의
기록이 원래 고본 자료에 더 가까운 것으로 보아야 할 것이다.

『삼국유사』의 서동 설화는 A-②의 서동 출생 부분, A-③의 선화공주와 혼
인 후 금을 얻고 왕위에 오르게 된 과정 부분, A-④의 미륵사 창건이라는 세
부분으로 나누어 볼 수 있다. 그리고 그 세 부분은 각각 야래자夜來者 설화,

---

37) 반룡경은 뿔이 있는 용과 뿔이 없는 호랑이의 문양을 부조로 장식한 거울로, 용호경이라고
도 부른다. 평양의 장진리 30호, 석암리 218호, 정백동 11호, 토성동 3호, 45호묘 등에서 출
토되었고, 남부 지역에서는 익산 연동리 출토품이 있다. 연동리 출토품은 일부분이 결실되
었지만 지름 14.3㎝로, 주 문양은 2龍 1虎를 장식하였다. 원래의 명문은 "龍氏作竟四夷服 多
賀君家人民息 胡羌除滅天下復 風雨時節五 官位尊顯蒙錄食 長保二親樂無已"이다. 成正鏞·
南宮丞, 2001,「益山 蓮洞里 盤龍鏡과 馬韓의 對外交涉」,『考古學誌』12 참조.

38) 柳佑相, 1966,「胎峰寺出土 晋鏡에 對한 小考」,『호남문화연구』4.

39) 金貞培, 1986,「三韓社會의 "國"의 解釋問題」,『韓國古代의 國家起源과 形成』, 高麗大學校出
版部.

40) 신종원, 2011,「사리봉안기를 통해 본『삼국유사』무왕조의 이해」,『익산 미륵사와 백제』, 일
지사, pp.48-49.

내복에 사는 막내딸 민담, 미륵사 창사전설 등 각각 따로 전승되어 오던 것이 하나로 엮어지게 된 것으로 볼 수 있다.[41]

그 중 서동 설화의 가장 앞부분인 A-2는 야래자夜來者 설화說話 유형으로 보고 있다.[42] 백제사와 관련된『고기古記』류 자료가 인용된『삼국유사』에서 무왕은 지룡池龍이 아들이고 견훤은 지렁이(구인蚯蚓)의 아들로 나타나는데, 이들의 출생담이 건국신화의 요건을 갖춘 야래자夜來者 신화神話로 마한의 신화였을 가능성에 주목한 것이다. 야래자夜來者 신화神話는 지모신地母神과 수부신水父神의 결합으로 시조가 탄생한다는 신화로, 농경 생산신인 수신水神을 숭앙했던 집단의 신화였으며, 농경의 풍요를 비는 제의祭儀를 통해서 전승되었다고 한다. 그리고 이처럼 부계父系보다 모계母系를 존중하는 수부水父-지모형地母型의 마한 신화가 그 신화적 기능을 잃고 전설로 남아 변모된 것이 오늘날 전하는 야래자夜來者 설화說話라 하였다.[43] 그렇다면, 야래자夜來者 신화神話의 화소話素를 가진 마한의 신화가 어떻게 백제왕의 이야기가 되었는지 살펴볼 필요가 있는데, 이는 2절에서 중점적으로 살펴보겠다.

여기서 한 가지 짚고 넘어가야 할 점은, 이처럼 백제 왕실과 밀접한 관련이 있는 설화의 배경이 왜 당시 수도였던 사비 지역이 아닌 익산이었나 하는 점이다. 이와 관련하여 백제사에서 익산의 위치에 대해서도 간략히 살펴보고자 한다. 백제사에서 익산의 위상은 사비도성 이외의 별도別都로 보는

---

41) 현승환, 2000,「서동설화와 무왕의 등극」,『說話와 歷史』, 集文堂, p.239; 나경수, 2009,「薯童 說話와 百濟 武王의 彌勒寺」,『韓國史學報』36, pp.403~409.

42) 徐大錫, 1985,「百濟神話의 研究」,『百濟論叢』1, p.52; 김화경,『韓國 說話의 研究』, 2002, 영남대학교출판부.

43) 서대석, 2001,「백제신화」,『한국신화의 연구』, 집문당, pp.189~206.

견해,[44] 사비도성 5부 이외의 별부別部로 보는 견해,[45] 천도한 신도성新都城으로 보는 견해,[46] 천도遷都의 의도가 있어 익산을 경영經營했으나 좌절된 것으로 보는 견해,[47] 천도 계획이 진행된 것으로 보는 견해,[48] 행궁 또는 이궁離宮으로 보는 견해,[49] 신도神都로 보는 견해[50] 등 매우 다양하다.

여기서 익산이 수도首都였을 가능성과 639년에도 여전히 익산이 중시되고 있던 상황을 아우를 수 있는 견해는 익산을 별부別部, 별도別都, 신도神都로 보는 견해이다. 『관세음응험기觀世音應驗記』에 의하면,[51] 백제 무광왕武廣王이 지모밀지枳慕蜜地로[52] 천도遷都하여 정사精舍를 경영했으며, 정관貞觀 13년(639년, 백제 무왕 40년)인 기해己亥 겨울 11월에 하늘에서 뇌성벽력과 함께 큰 비가 내려 제석정사帝釋精舍에 재해를 입혔다는 기록이 있으니, 이는 백제 무왕 시

---

44) 今益山武王置別都於此〈金正浩,『大東地志』益山〉; 李丙燾, 1952,「薯童說話에 대한 新考察」,『歷史學報』1.

45) 김주성, 2001,「백제 사비시대의 익산」,『韓國古代史研究』21.

46) 金三龍, 1977,「百濟의 益山遷都와 그 文化的 性格」,『馬韓·百濟文化』2; 李道學, 2003,「百濟 武王代 益山 遷都說의 再檢討」,『慶州史學』22.

47) 盧重國, 1986,「三國遺事 武王條의 再檢討」,『韓國傳統文化研究』2; 盧重國, 2003,「百濟史에 있어서의 益山의 위치」,『益山의 先史와 古代文化』, 마한·백제문화연구소·익산시.

48) 김수태, 2004,「백제의 천도」,『韓國古代史研究』36.

49) 유원재, 1999,「백제사에서 익산문화유적의 성격」,『馬韓·百濟文化』14; 박현숙, 2009,「百濟 武王의 益山 경영과 彌勒寺」,『韓國史學報』36, pp. 338~340.

50) 조경철, 2008,「백제 무왕대 神都 건설과 彌勒寺·帝釋寺 창건」,『百濟文化』39.

51) 百濟武廣王 遷都枳慕蜜地 新營精舍 以貞觀十三年 次己亥冬十一月 天大雷雨 遂災帝釋精舍〈觀世音應驗記〉

52) '枳慕蜜地'는 백제 멸망 후 당나라가 설치한 9주 가운데 하나인 魯山州에 속한 枳牟縣에 해당되고, 攴馬馬只라고도 하며, 지금의 익산 金馬 지역으로 비정된다(黃壽永, 1973,「百濟 帝釋寺址의 연구」,『百濟研究』4). 최근 미륵 경전에서 미륵이 출생한 지역으로 나타나는 '翅頭末'의 산스크리트 원어와 '枳慕蜜地'를 연결시킨 견해도 나왔다(최연식, 2011,「백제 후기 미륵사상의 전개과정과 특성」,『韓國思想史學』37, pp. 21-22).

익산 왕궁리유적 출토 '首府'銘 인각와

익산 왕궁리유적 대형건물지(건물지22)　　　　　부여 관북리유적 '라'지구 대형건물지

기에 익산의 위상을 잘 보여주고 있다.

　아울러 익산에는 왕도의 기본 조건으로 왕궁 유적인 왕궁리王宮里 유적遺蹟 (왕궁평성王宮坪城), 왕실 사찰인 제석사帝釋寺, 지배 이데올로기의 표상인 미륵 사彌勒寺와 무왕릉武王陵으로 확실시되고 있는 쌍릉雙陵의[53] 존재가 완벽하게 확인되고 있다. 특히 왕궁리 유적에는 왕실 공방지가 존재하며, 궁성의 공 간 구획을 계획적으로 한 점, 오부五部의 명칭이 있는 인장와印章瓦와 함께 왕 이 사는 수도首都의 의미인 '수부首府' 명銘 인장와가 출토된 점에서 이곳이 당

53)　李南奭, 2001,「百濟古墳과 益山 雙陵」,『馬韓·百濟文化』15; 최완규, 2001,「익산지역의 백 제고분과 무왕릉」,『馬韓·百濟文化』15.

시의 왕성王城이었음을 알 수 있다.[54] 왕궁리 유적의 대형 건물지는 사비도성 추정 왕궁지에서도 확인된 정전급正殿級 대형 건물이므로 사찰 건립 이전에 있었던 일련의 건물들은 궁宮을 구성하던 전각殿閣들로 볼 수 있다는 점에서,[55] 익산이 왕도王都의 위치에 있었음은 분명하다고 하겠다.

이에 실제 무왕이 즉위 전반기에 익산으로 천도했고, 무왕 31년(630) 2월에 사비궁을 중수하면서 왕이 웅진성에 행차했다가 한발이 들어 사비의 역役을 정지하고 7월에 돌아온 곳 역시 익산이었으며, 이후 사비궁 중수가 완료되었을 630년 7월에서 631년 사이에 사비성으로 환도했다는 견해가 제기되기도 했다.[56] 하지만 부여와 익산 중 어느 한쪽만을 수도로 보아 천도遷都와 환도還都가 이루어졌다고 보지 않을 수도 있다. 곧, 『구당서舊唐書』 권199 동이東夷 백제조百濟條에 의하면, 백제는 동서東西 양성兩城에 왕이 거처했다고 했을 정도로 2개의 도성 체제였다고 볼 수 있는 것이다. 특히 동성東城을 웅진성으로 간주하기도 하나, 익산을 동성東城으로 볼 수 있다는 견해가 있으므로,[57] 본고에서는 이 견해를 따르고자 한다.

백제 왕실이 사비 천도 이후 익산 지역을 중시한 이유는, 익산이 옛 가야 지역으로 진출하는 중요한 군사적 거점이면서 넓은 평야를 통한 경제적 기반이 풍부한 곳이라는 점에서 대신라전을 위한 인적 · 물적 자원의 제공처

54) 김용민, 2007, 「益山 王宮城 發掘成果와 그 性格」, 『馬韓 · 百濟文化』 17, p. 38.

55) 박순발, 2010, 「사비도성」, 『백제의 도성』, 충남대학교출판부, pp. 285~319.

56) 李道學, 2010, 「百濟 武王代 益山 遷都說의 再檢討」, 『慶州史學』 22; 2003, 『백세 사비성 시대 연구』, 일지사, pp. 145~149.

57) 宋祥圭, 1976, 「王宮坪城에 對한 研究-金馬의 百濟末期 王都可能性의 諸問題-」, 『百濟研究』 7, p. 121.

운봉 아막산성

로 중요했기 때문이라는 견해와,[58] 무왕 3년(602)에 있었던 아막산성阿莫山城 전투의 패전이라는 절박한 사건[59] 이후 패전을 이겨낼 새로운 희망의 공간 으로 중시되었다는 견해가 있다.[60] 하지만 이러한 조건보다는 마한의 중심 지를 정신적으로 장악한다는 이데올로기적 측면이 더 강했을 것으로 생각 된다. 이에 본고에서는 익산을 사비와 함께 2개 도성 체제의 하나로 이해하 면서, 마한계를 정신적으로 장악하려 했다는 점에서 신도神都의 성격도 있었 던 것으로 이해하고자 한다.

58) 김수태, 2010, 「백제 무왕대의 대신라관계」, 『百濟文化』 42, pp. 78~81.
59) 김병남, 2004, 「백제 무왕대의 아막성 전투 과정과 그 결과」, 『全南史學』 22.
60) 박현숙, 2009, 「百濟 武王의 益山 경영과 彌勒寺」, 『韓國史學報』 36, pp. 338~340.

Ⅱ. 백제 무왕대 마한 서동(무강왕) 신화 수용과 후대의 변용

서동 설화의 주인공 '무강왕'의 원형은 마한과 관련된 야래자 신화의 주인공이었는데, 이 신화가 백제 무왕에 대한 것으로 결부되었다는 점을 살펴보았다. 한편, 미륵사지 서탑西塔 「사리봉안기」에서는 "우리 백제의 왕후께서는 좌평佐平 사택적덕沙宅積德의 딸로"라는 구절과 "정재淨財를 희사하여 가람伽藍을 세우시고 기해년己亥年(639) 정월 29일에 사리를 받들어 맞이하셨다"는 문구가 나오고 있어,[61] 역사적 사실事實에 가까운 것은 「사리봉안기」의 기록으로 볼 수 있다. 그렇다면 마한 무강왕 신화가 백제 무왕에 결부된 이유는 무엇인지 살펴보고자 한다.

이러한 부회가 일어난 이유에 대해서, 마한 사회가 백제에 통합된 이후 중앙 지배세력으로 성장하여 무령왕대武寧王代에 왕위를 차지했기 때문이라는 견해가 있었다.[62] 하지만 무령왕은 중국사서에 '여융餘隆'이라는 부여씨扶餘氏로 나타나고, 행적에 있어서도 마한계로 보기는 힘들며, 무령왕릉 등의 고고학적 성과와도 맞지 않는다. 다만, 서동 설화에서 견훤 설화로 이어지는 야래자夜來者 설화說話를 부여계 신화 계통과 다른 마한 신화로 보았다는 점은 주목할 필요가 있다. 엘리아데의 의견을 적용하여 해석한다면, 마한계가 직접 백제의 왕위를 차지했을 가능성보다는 백제인들이 마한인들을 아우르면서 그 지역의 원형 신화라 할 수 있는 마한 신화가 백제의 왕권 신화

---

61) "我百濟王后 佐平沙乇積德女 種善因於曠劫 受勝報於今生 撫育萬民 棟梁三寶 故能謹捨淨財 造立伽藍 以己亥年正月十九日 奉迎舍利"〈益山 彌勒寺址 石塔 舍利奉安記〉

62) 서대석, 2001, 「백제신화」, 『한국신화의 연구』, 집문당, pp. 213~215.

로 수용되어 전승된 것이라 볼 수 있을 것이다. 마한 신화가 백제에 수용된 면모는 다음 후백제 견훤의 발언을 통해서도 확인할 수 있다.

  D. 견훤甄萱이 인심人心을 얻은 것을 기뻐하며 좌우左右에 일렀다. 내가 삼국三國의 시원을 상고해 보건대, 마한馬韓이 먼저 일어나고 후에 혁거세赫居世가 발흥하였으므로 진辰·변卞이 그에 따라 일어났다. 이에 백제百濟는 금마산金馬山에서 개국開國하여 육백여 년이 되었다.

〈『삼국사기』권50 열전列傳10 견훤甄萱〉

이는 견훤이 왕건에게 보낸 글인데, 여기에는 마한馬韓이 삼한三韓 중 가장 먼저 일어났다는 점과, 백제가 현재의 익산지역을 가리키는 금마산金馬山에서 개국했다는 내용이 들어있어, 견훤이 마한 및 백제의 정통성을 염두에 두고 한 발언이라 할 수 있다. 특히 922년(후백제 견훤 31년, 신라 경명왕 6년)에는 익산 미륵사의 개탑開塔이 이루어졌는데,[63] 이 역시 후백제가 마한과 백제의 정통성을 이었다는 점을 드러내기 위함이었을 것이다. 견훤의 백제 익산 개국설은 이곳이 백제의 왕도급王都級 위치에 있었기 때문에 가능한 것이었으며, 이는 백제 무왕대에 있었던 마한 신화의 수용과 관련이 있을 것이다. 특히 견훤의 세력권은 옛 마한 지역인 전라도 광주에서 시작하여 익산에 가까운 전주에 이르러 도읍을 삼았기 때문에, 마한을 포용한 백제의

---

63) 龍德二年(922)夏, 特被彌勒寺開塔之恩, 仍赴禪雲選佛之場, 登壇說法時, 天花繽紛〈「葛陽寺 惠居國師碑」〉; 許興植, 1986,「惠居國師의 生涯와 行績」,『韓國史研究』52; 許興植, 1990,「葛陽寺 惠居國師碑」,『高麗佛敎史研究』, 一潮閣; 金壽泰, 2000,「甄萱政權과 佛敎」,『후백제와 견훤』, 서경문화사.

정체성을 이었다는 사실의 강조가 무엇보다 중요했을 것이다.

영웅신화는 집단 인격의 중심축으로 개인이 따라야 할 '이상적 자아ideal ego'가 되며, 그를 모방함으로써 시간을 초월하여 영원성에 참여하게 된다. 프로이트는 개인이 이상적 자아와 하나가 되려는 것을 동일화라 불렀고, 프로이트의 제자 오토 랑크Otto Rank는 개인이 신화적 영웅의 삶을 모방하고 재현하면서 '차용 인격borrowed personality'을 갖게 된다고 하였다. 이처럼 영웅은 신화적 전통을 따라서 역사를 형성하기 때문에, 실제로 역사적 인물이 아닐지 모르지만 역사보다 더욱 실재적이라고 한다.[64]

역사가 신화적 원형을 모방함으로써 의미를 갖는다는 말은, 역사적 인물이 신화적 원형을 통해서 기억된다는 진술을 가능하게 한다. 곧, 역사적 인물의 개인적인 자취들이 신화라는 구조에 붙어서 신화적 원형과 동일한 형태로 재형성되는 것이다. 이처럼 역사적 인물이 신화화됨과 함께, 개인의 역사적 인격이나 사소한 자취들은 집단의 기억 속에서 점차 사라지며, 역사적 인물은 신화의 원형에 따라 재구성된 신화적 인물로 완성된다고 한다.[65]

이러한 점에서 마한의 무강왕 신화는 마한 지역사회에서 영웅신화의 원형이라 할 수 있으므로, 이것이 후에 이 지역을 중시한 백제의 무왕 신화에 결부되었고, 이후 후백제 견훤도 신화의 원형에 따라 마한 신화와 같은 행적을 한 인물로 재구성된 것으로 볼 수 있다.

『삼국유사』기이紀異 무왕조 기록 중 셋째 딸인 선화공주가 궁궐에서 쫓겨

---

64) Otto Rank, 1941, *"The Creation of Personality"*, Beyond Psychology, NY:Dover, p.170; 이경재, 2002, 「엘리아데의 신화」, 『신화해석학』, 다산글방, p.167에서 재인용.

65) 페르시아의 왕 다리우스는 이란의 신화적 영웅 트레타오나와 자신을 동일시함으로써 원초적 역사를 재현하려 하였고, 이집트의 왕 파라오는 용을 정복한 태양신 레와 자신을 동일시하였다(이경재, 2002, 「엘리아데의 신화」, 『신화해석학』, 다산글방, p.168).

나 금을 얻어 잘산다는 A-③ 부분 역시 같은 관점에서 접근할 수 있다. 이 유형의 설화는 '내 복에 산다',[66] '쫓겨난 여인 발복설화發福說話',[67] '숯구이 총각의 생금장生金場'[68] 등으로 불리는 정형화된 설화이다. 내 복에 사는 셋째 딸 이야기는 전국적으로 전승되어 있으며, 특히 제주도에 전해오는 무가「삼공본풀이(감은장 애기)」가 선화공주 이야기와 닮아 있다. 이에 의하면, 셋째 딸인 감은장 애기는 누구 덕에 사느냐는 아버지의 질문에 하나님이나 부모님이 아니라 자신의 덕으로 산다고 대답하여 쫓겨난 뒤, 산에서 마를 캐다가 팔아서 생계를 유지하는 세 아들(마퉁이)이 있는 가난한 집 셋째 마퉁이와 연분을 맺었는데, 마퉁이가 마를 파는 곳에 가보니 자갈이라 던져버린 것들이 금덩이와 은덩이였으므로 이것들을 팔아서 일시에 큰 부자가 되었으며, 이후 부모를 찾게 된다고 한다.[69] 이 이야기의 감은장 애기는 삶의 본질이 하나님이나 부모님에 있는 것이 아니라 자기 자신에게 있다는 자각과 용기를 모두 갖추고 이를 스스로 실현시키고 있다는 점에서[70] 영웅신화의 범주에 위치시킬 수 있다.

서동 설화의 이 부분과 비슷한 이야기로는 쫓겨난 공주가 어리석은 남편을 만나 부富와 명예를 쥐어 주는 온달이야기도 아울러 들 수 있다.[71] 서동

---

66) 황인덕, 1988, 「'내 복에 먹고 산다'형 민담과 '삼공본풀이' 무가의 상관성」, 『어문연구』 18; 현승환, 2000, 「서동설화와 무왕의 등극」, 『說話와 歷史』, 集文堂.

67) 崔雲植, 1973, 「쫓겨난 여인 發福說話考」, 『韓國民俗學』 6.

68) 이인경, 2008, 『'한국구비문학대계'소재 설화 해제』, 민속원, pp.356-357.

69) 현용준, 1988, 『제주도신화』, 서문당, 1976; 金大淑, 『女人發福 說話의 研究』, 梨花女子大學校 박사논문.

70) 정운채, 1995, 「선화공주를 중심으로 본 「무왕설화」의 특성과 「서동요」 출현의 계기」, 『建國語文學』 19·20合, p.336.

71) 임기환, 1993, 「온달·서동설화와 6세기 사회」, 『역사비평』 22.

이나 온달 모두 '바보사위(치서痴壻)'로[72] '내 복福' 화소와 함께 이들 설화를 구성하는 두 축이다. 이로 보아 남편을 출세시킨 공주도 이미 정형화된 이야기이므로, 서동설화는 사실史實의 기록이 아니라 무왕이라는 역사적 인물을 성화聖化시키기 위해 기존의 구전설화를 차용借用하여 주어진 패턴에서 장소와 인명 등 고유명사만 바뀌고 거기에 맞는 시대 설정이 이루어진 것이다.[73] 따라서 이 부분도 '역사적 인물의 신화화'가 이루어진 것으로 볼 수 있겠다.

그렇다면 선화공주가 신라 진평왕의 딸일 가능성은 있는 것일까? 당시 신라 왕실은 자신들이 석가족釋迦族이라는 석종의식釋宗意識을 드러내고 있다.[74] 진평왕眞平王의 이름은 백정白淨으로 석가의 아버지 이름이며, 왕비 김씨는 마야부인摩耶夫人으로 석가의 어머니 이름이다. 진평왕의 두 동생은 백반伯飯과 국반國飯인데, 이는 모두 석가 삼촌의 이름들이다. 만약 진평왕에게서 왕자가 태어났다면 그는 석가로 불리웠을 것이다. 그런데 선화공주는 이러한 관념과는 달리 미륵신앙과 관련된다는 점에서 진평왕의 딸이 될 수 없다고 하는데,[75] 이러한 지적은 매우 타당한 것으로 생각된다. 『삼국유사』권3 탑상塔像4 미륵선화彌勒仙花 미시랑未尸郞 진자사眞慈師에 의하면, 신라 진지왕대(576~579) 흥륜사 승려 진자眞慈가 미륵선화彌勒仙花를 친견하기 위해 백제 땅의 공주 수원사水源寺로 찾아왔다고 하므로, 당시 백제 땅 공주 지역이 미륵신앙의 성지로 여겨졌으며, 미륵선화彌勒仙花는 그 명칭에서 미륵彌勒인 불교

---

72) 孫晉泰, 1947, 『韓國民族說話의 硏究』, 을유문화사; 신연우, 2001, 「〈바보사위〉 설화의 神話的 素因」, 『淵民學志』9.

73) 신종원, 2011, 「사리봉안기를 통해 본 『삼국유사』무왕조의 이해」, 『익산 미륵사와 백제』, 일지사, pp. 59~62.

74) 金杜珍, 1987, 「新羅 眞平王代의 釋迦佛信仰」, 『한국학논총』10, p. 33.

75) 문경현, 2010, 「백제 武王과 선화공주고」, 『新羅史學報』19.

신앙과 선화仙花인 토착신앙을 아울러 갖춘 무불巫佛 융화신앙을 상징한 것으로 볼 수 있다. 이런 시대적 분위기로 보아 선화공주는 미륵선화의 또 다른 상징으로 파악하는 것이[76] 옳을 것이다. 아울러 3은 죽음과 생명을 동시에 충족하는 완전수이고 신비수이며 거룩한 성수聖數이므로,[77] 선화공주와 감은장 애기가 셋째 딸로 설정되었다고 여겨진다.

이제 마한의 서동(무강왕) 신화가 백제와 연결될 수 있었던 역사적 배경에 대해 살펴보겠다. 백제는 북방으로부터 남쪽으로 이동해 온 부여족扶餘族의 일파가 마한馬韓 지역에서 지배권을 확립한 국가로 외래 집단과 토착 집단 간에 문화적 차이가 있었으니, 백제사는 이와 같은 이중성二重性을 극복하는 과정이라 할 수 있다.[78] 온조溫祚는 건국 원년(BC 18)에 동명왕묘東明王廟를 세워 국가의 정신적 기초를 놓았고, 고구려 역시 대무신왕大武神王 3년(AD 20)에 동명왕묘東明王廟를 세우면서 양국 왕실은 천신天神의 아들 동명東明의 계승자를 다투는 경쟁 구도를 갖게 되었다. 천손天孫의 건국 이데올로기인 동명신앙東明信仰은 백제 왕실의 존재 이유로 정체성의 핵심 요소였던 것이다. 그러나 전지왕 2년(406) 동명묘東明廟 배알拜謁 이후, 한성漢城 상실과 웅진熊津 천도遷都(475)로 백제는 동명묘東明廟 숭배를 더 이상 보이지 못하고 있다. 이는 남천南遷 이후 마한계의 정치적 위상이 높아지고 유교와 불교 사상이 정착하면서[79] 부여계 중심의 역사 계승 의식과 신앙에 변화가 따른 듯하다.

---

76) 金杜珍, 1994, 「百濟의 彌勒信仰과 戒律」, 『百濟佛敎의 硏究』, 서경.
77) 이경재, 2002, 「별의 심리학」, 『신화해석학』, 다산글방, p.69.
78) 李基東, 1996, 「백제사의 특성」, 『百濟史硏究』, 一潮閣, p.2.
79) 이와 관련하여 熊津 遷都로 마한계의 정치적 위상이 높아지면서 그들의 신화가 왕실 신화로 수용되었다는 견해(이장웅, 2010, 「百濟 熊津期 곰 신앙의 역사적 전개와 穴寺」, 『史叢』71)와 泗沘 遷都 후 유교와 불교 신앙을 바탕으로 제사 체계를 정비했다는 견해(이장웅, 2010,

백제百濟가 성왕聖王 16년(538) 사비泗沘 천도遷都와 함께 국호國號를 남부여
南扶餘로 바꾼 것은, 부여계 왕실이 마한의 터전에 한걸음 더 들어가면서 정
체성의 위기 앞에 부여족임을 국호 개정을 통해 천하에 선포한 듯하지만,
이는 국내외적으로 널리 사용되지 못하였다.[80] 아마 한성 수복 작전이 실패
하고 성왕이 전사하면서 부여계의 정체성 회복 운동이 약화된 것으로 생각
된다.

그런데 이 시기 백제 왕실이 한편으로 주민의 다수를 차지하고 있는 마한
토착세력의 진정한 복속과 협력을 받아내기 위하여, 국호를 마한 선주민과
관련이 있는 명칭으로 짐작되는 응준鷹準을 표방했다는 견해가 있다.[81] 곧,
『제왕운기帝王韻紀』권하卷下 동국군왕개국연대東國君王開國年代 백제기百濟紀의 기
록에 의하면, "후왕後王이 혹은 남부여南扶餘라 하였고 자칭 응준鷹準 나투羅鬪
라 하였다[後王或號南扶餘 我稱鷹準羅鬪]"고 하여, 백제의 별칭으로 남부여
南扶餘와 함께 응준鷹準과 나투羅鬪가 존재했음을 보여주고 있는데, 응준鷹準 혹
은 응유鷹遊는[82] 광의의 '매'로 대표되는 맹금류猛禽類를 포괄하는 표현이며,
백제 이전부터 존재한 마한의 문화 성격과 관련된 명칭이라 한다.[83] 이와 관
련하여 나주 복암리에서 출토된 녹유탁잔綠釉托盞의 '응鷹'자 묵서를 '응준鷹準',

「百濟 泗沘期 五帝 祭祀와 陵山里寺址」,『百濟研究』42)가 참고된다.

80) 聖王의 아들 威德王은 北齊로부터 使持節 侍中 車騎大將軍 帶方郡公 百濟王으로 인정되었다
(二月 癸亥 以百濟王餘昌爲使持節侍中驃騎大將軍帶方郡公 王如故〈『北齊書』卷8 帝紀8 後主
武平 元年〉). 같은 기사가 『三國史記』卷27 百濟本紀5 威德王 17년(570)에도 실려 있다.

81) 趙法鍾, 1989,「百濟 別稱 鷹準考」,『韓國史硏究』66.

82) 『三國遺事』卷3 塔像4 皇龍寺九層塔조에 의하면, 당에서 귀국한 자장의 요청에 의해 이웃 나
라가 침범하는 재앙을 진압하고자 황룡사구층탑을 건립하게 되는데, 그 이웃 나라로 들고
있는 九韓 중 하나로 '鷹遊'가 언급되고 있다.

83) 趙法鍾, 1989,「百濟 別稱 鷹準考」,『韓國史硏究』66, pp. 19~27.

나주 복암리 1호분 연도 출토 녹유탁잔과 묵서된 '응(鷹)'

익산 왕궁리 유적 출토 청자 연화준(蓮花樽) 파편

'응유鷹遊'와 관련시켜 보기도 한다.[84]

그렇다면 마한 신화가 백제에 정착된 시기는 언제일까? 이는 백제의 익산 경영 시기와 관련이 있을 것으로 생각되는데, 이에 대해서는 법왕法王 때부터 계획적으로 진행된 것으로 보기도 하고,[85] 고고학 자료로 보아 무왕武王 이전에 이미 익산 경영이 시작되었으며,[86] 구체적으로 왕궁리 유적 출토 청자 연화준蓮花樽 파편의 편년을 통해 6세기 중엽경 이전인 위덕왕威德王 때부터 익산에 이궁이 조성되었다는 설이 있다.[87]

5세기 후반에서 6세기 전반에 이르기까지는 마한의 잔여세력이라 할 수 있는 영산강유역의 옹관 고분 사회가 나름의 독자성을 유지하고 있었는데, 동성왕 내지는 무령왕 때부터 백제가 이 지역에 본격적으로 진출하여 이를 제압하기 시작한다. 이때부터 영산강 유역에 대한 지배를 이전의 간접 지배

---

84) 국립청주박물관, 2000, 『한국 고대의 문자와 기호유물』, 통천문화사.

85) 최완규, 2009, 「고대 익산과 왕궁성」, 『익산 왕궁리유적의 조사성과와 의의』, pp. 249-250.

86) 김선기, 2009, 「地支銘 印刻瓦를 통해서 본 미륵사 창건과 몇 가지 문제」, 『대발견 사리장엄 미륵사의 재조명』, 원광대학교 마한백제문화연구소.

87) 박순발, 2010, 「사비도성」, 『백제의 도성』, 충남대학교출판부, pp. 319~324.

聖龍寺刹柱本記　傳護聖軍大監兼省公ㅣ朴居勿奉

詳夫皇龍寺九層塔者
善德大王代之所建也
昔有善宗郎
眞骨貴人也少好殺生放鷹擊雉雉出淚
而泣感此發心請出家入道法號慈藏
大王卽位七年大唐貞觀十二年歲次戊戌隨我使神通入於西
於平五年代戌
正之十二年癸卯歲欲歸本
國頂辭南山圓香禪師謂曰
觀心觀公之國皇龍寺建九層窣堵波
海東諸國渾降汝國
開乃命監君干龍樹
非乃率小匠二百人造斯塔焉

大匠○○○

나주 복암리 유적 출토 관등명 목간　　황룡사 9층 목탑 찰주본기 1면 판독문(○○○은 '百濟阿'로 추독됨)

에서 직접 지배 체제로 전환하였으며, 6세기 중반 이후 영산강 유역에서는 옹관 고분과 전기 횡혈식석실분, 그리고 전방후원형 고분 등이 모두 소멸되고, 전형적인 백제식 후기 횡혈식석실분이 '옹관고분사회'의 중심부와 주변부에 두루 축조된다고 한다.[88]

이에 따라 본고에서는 백제가 이들 마한 세력을 정신적으로 포용하고자 하는 시도가 성왕聖王의 부여계 정체성 회복 운동이 힘을 잃게 된 위덕왕威德王 때부터 시작되었을 것으로 보고자 한다. 이후 610년경에 제작된 것으로 추정되는 나주 복암리 유적 출토 목간들에 의하면, 무왕 초에 해당하는 이 시기에 백제의 중앙 관등인 덕솔德率, 나솔奈率, 한솔扞率을 지닌 지방관이 이

---

88) 강봉룡, 1998, 「5-6세기 영산강유역 '甕棺古墳社會'의 해체」, 『百濟의 地方統治』, 학연문화사, pp. 223~254.

지역에 직접 지배를 행한 흔적도 보이고 있다.[89] 무왕 이후 백제는 신라와 더불어 옛 변한(가야)의 땅을 두고 쟁패하였으며, 이때 백제의 영향력 확대는 4세기 근초고왕의 영토 확장 때와는 다르게, 마한계의 국정 참여 속에서 이루어진 것으로 보기도 한다.[90]

　서동 설화는 백제의 멸망 이후에 약간의 변화 과정을 더 거쳐『삼국유사』에 채록된 것으로 보인다. 서동 설화에는 진평왕이 백공을 보내 미륵사 건립을 도와주었다는 부분이 있다. 그런데「황룡사구층목탑찰주본기皇龍寺九層木塔刹柱本記」에 의하면, 645년 무렵에 오히려 백제 대장大匠 아비阿非가 신라에 초청되어 황룡사 9층 목탑을 만들었다는 기록이 있으며,[91] 당시의 기술 수준으로 보아 이것이 사실에 맞을 것이다. 이에 서동 설화는 신라가 백제를 통합한 이후 백제인을 회유하기 위한 사상 통합 정책의 일환으로, 신라 중심의 입장에서 진평왕대 신라와 백제가 매우 우호적이었다는 것이 크게 강조된 이야기로 전개되었다는 견해가 있다.[92] 아울러 서동 설화에는 서동이 선화공주를 꼬시기 위해 백제에서 신라 서울로 가는 것을 '내경사來京師'라 표현하고 있으며, 선화공주를 데리고 백제로 돌아온 것도 '동지백제同至百濟'라 하는 등, 백제 무왕의 이야기임에도 불구하고 신라인의 입장에서 표현한 부

---

89) 表面: □年自七月十七日至八月廿三日
　　　　　[ ]□ 毛羅
　　　　牟邪比高墻人等若□□
　　　裏面: 尤戶智次 前巷奈率烏胡留
　　　　　夜之間徒 釼非頭扞率麻進
　　　　　□將法戶䂐次 又德率□
　　　金聖範, 2010,「羅州 伏岩里 木簡의 判讀과 釋讀」,『木簡과 文字』5, 한국목간학회.
90) 김기흥, 2004,「백제의 正體性에 관한 일 연구」,『역사와 현실』54.
91) 監君伊干龍樹 大匠百濟阿非等 率小匠二百人 造斯塔焉〈皇龍寺九層木塔刹柱本記〉
92) 강민식, 2003,「薯童說話의 생성과 전개」,『先史와 古代』19, p.374.

분이 많다는 점에서, 원래 백제 설화였던 것이 신라의 백제 통합 후에 신라의 입장이 많이 첨가되었음을 살피기도 한다.[93]

한편, 향가 서동요를 신라 금석문의 용례와 비교하여 '주±'라는 존칭어, '은隱'이라는 주격 조사, '을乙'이라는 목적격 조사의 예가 신라에서 보이지 않는다는 점에서 고려 초에 후백제인과 신라인을 고려인화하기 위해 지어진 것으로 판단하는 견해도 있다.[94] 이러한 점은 고려 말 『삼국유사』에 채록되기까지 구비 전승되었을 서동 설화가 역사의 흐름 속에서 약간의 변용을 거친 것으로 볼 수 있을 것이다.

---

93) 李乃沃, 2005, 「미륵사와 서동설화」, 『歷史學報』 188, pp. 41-42.
94) 김창호, 2002, 「三國遺事 武王條의 새로운 해석」, 『新羅學硏究』 6, pp. 163~169.

III. 마한 토착신앙 제장의 백제 불교화와 익산 미륵사

이제 마지막으로 서동 설화에 나타난 제의祭儀와 제장祭場의 문제를 살펴보고자 한다. 신화에 의해 전해진 사건은 의례의 행위로 반복 재현되며, 신화의 진실은 제의의 분위기를 통해 밝혀질 수 있다. 아메리카의 민족학자 클라크혼C.Kluckhohn은 신화와 의례가 서로 밀접하게 영향을 주면서 사회의 연대성과 통합성을 증진시키고 문화의 많은 부분을 전달하는 수단을 제공한다고 하였다.[95] 몸동작의 제의 행위와 이미지에는 이미 특정한 이야기인 신화가 내포되어 있다는 점에서, 제의와 신화는 선후를 따질 수 없는 동시적 사건이라 하겠다.[96]

엘리아데에 의하면, 시간의 흐름에 따라 유발된 공간과 시간의 카오스chaos(혼돈)를 거룩한 절대 타자가 자신을 드러내는 성현聖顯에 의해 코스모스cosmos(질서)의 공간과 시간으로 창조하는 이야기가 신화神話이며, 시공간의 혼돈을 신적神的 질서의 시공간으로 재창조하기 위해 신들의 행위를 모방하고 재현하는 행위가 제의祭儀의 본질이라 하였다.[97]

서동 설화의 마지막 부분인 A-4의 미륵사 창사 설화는 못 가운데에서 미륵삼존彌勒三尊이 나타나 지명법사의 신력으로 못을 메운 후 3탑 3금당의 절을 지었다는 내용이다. 미륵삼존이 출현한 못은 A-②의 마한 건국신화에서 용이 살던 못과 관련되므로, 토착신앙의 제장이 불교 사찰로 변화된 것

---

95) 大林太良 著, 兒玉仁夫・權泰孝 譯, 1996, 『神話學入門』, 새문사, pp.144-145.
96) 이경재, 2002, 「제의와 신화」, 『신화해석학』, 다산글방, pp.82-83.
97) 이경재, 2002, 「엘리아데의 신화」, 『신화해석학』, 다산글방, pp.162~164.

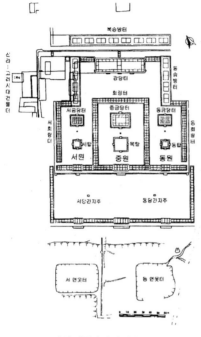

익산 미륵사지 가람배치도

이 미륵사라 할 수 있다.[98] 곧, 마한의 신화가 제의祭儀로 구현되었을 토착 지룡池龍 신앙의 제장祭場에 백제 불교 미륵신앙의 대제장大祭場인 미륵사가 들어서는 과정을 보여주고 있다.

그런데 미륵사 창사 설화를 비롯한 서동 설화를 불교 미륵신앙의 영향만으로 해석하기도 한다. 미륵경전에 의하면,[99] 도솔천兜率天의 미륵이 칠보대내七寶臺內 마니전상摩尼殿上의 사자상獅子床에 좌정해 있다가 땅이 금사金沙로 덮여 있고 곳곳에 금은金銀이 쌓여 있는 시두말성翅頭末城의 바라문가婆羅門家에 하생한

후 용화수龍華樹 아래에서 성불成佛하고 3회의 법회法會를 열어 중생을 계도한다고 했으며, 시두말성翅頭末城 가까이에 있는 못에는 용왕龍王이 사는데 밤마다 비가 오게 하여 땅이 윤택하다고 하였으니, 그 내용이 미륵사 창건 과정의 내용과 연결될 수 있다. 곧, 도솔천의 사자상獅子床은 사자사師子寺와, 미륵이 하생한 시두말성翅頭末城의 금은金銀은 서동이 마를 캐며 흙더미 같이 쌓아놓았다는 황금과, 용화수는 용화산과, 용화삼회龍華三會는 미륵삼존상을 본

98) 서대석, 2001, 「백제신화」, 『한국신화의 연구』, 집문당, p. 216.
99) 『新修大藏經』 卷14 「佛說觀彌勒菩薩上生兜率天經」 및 「佛說彌勒下生經」 참조.

용이 들어와 머물 수 있도록 설계된 익산 미륵사지 금당지 하부구조

따 전殿·탑塔·낭무廊無를 3개씩 건립하였던 점과 각가 대응된다고 한다.[100] 이때 전륜성왕轉輪聖王은 미륵이 용화수 아래에서 성불成佛하였다는 소식을 듣고 그를 맞이하러 갔다고 하므로, 미륵사 창건 설화에 보이는 왕이 용화산 아래의 큰 못가에서 미륵 삼존을 만났다는 사실과 대응되고 있다. 미륵 신앙은 전륜성왕과 결부된 정복군주의 통치를 돕고, 혼란한 사회를 개혁하고 계율을 강조하며 이상사회를 건설한다고 하는데, 무왕 역시 신라와의 전투에서 여러 차례 승리한 정복군주였다.

『삼국유사』무왕조 전체를 미륵신앙으로 해석하는 입장에서는, 서동 설화의 앞부분(A-2)에서 과부 서동모薯童母가 상대한 지룡池龍까지도 미륵 경전에서 미륵 하생이 가까워진 때 시두말성翅頭末城 가까이에 있는 못에 살았다는

---

100) 金煐泰, 1975, 「彌勒寺 創建 緣起說話考」, 『馬韓·百濟文化』 創刊號, pp.99~103.

경주 월지(안압지) 출토 신심용왕(辛審龍王) · 용왕신심(龍王辛審)명 토기

용왕龍王과 연결시켜 불교의 미륵과 관련된 용으로 보고 있다.[101] 하지만 이 못은 마한의 토착신앙과 관련될 수 있는 용龍이 출현했던 장소이며, 백제 무왕은 지룡池龍의 아들이면서 못을 메워 미륵신앙을 일으키고 미륵사를 창건한다. 실제 미륵사 발굴 결과 동 · 서 금당 하부구조에 용龍의 처소인 감실을 두었음이 밝혀졌고, 그 상부에 미륵불을 봉안한 것으로 볼 수 있다. 따라서 이러한 매지형埋池型 창사 전설은 재래의 용신 신앙이 불교 신앙으로 대체되는 모습을 보여주는 설화로 보아야 할 것이다.

이러한 용신창사설화龍神創寺說話를 용신 신앙이 우위에 서게 되는 용신현현형龍神顯現型, 불교가 우위에 서게 되는 용신호법형龍神護法型, 불교가 용신 신앙을 축출하고 사찰을 창건하는 용신구축형龍神驅逐型으로 구분해 보는 견해

---

101) 홍윤식, 2009, 「益山 彌勒寺 창건과 선화공주의 역사적 의미」, 『대발견 사리장엄 미륵사의 재조명(학술대회자료집)』, 원광대학교 마한백제문화연구소, p.31.

가 있는데,[102] 미륵사 창사 전설은 못을 메워 미륵사를 세운 점에서 재래의 용신 신앙이 불교의 미륵 신앙으로 대체되는 용신호법형으로 볼 수 있을 것이며, 못을 메운 것은 이전의 용신 신앙과 결별하고 미륵신앙을 통치 이념으로 삼겠다는 의지의 표현일 것이다.

용은 지신地神에 속하면서 특히 물과 관련되어 있으니, 용을 의미하는 우리말 '미르'는 물을 가리키는 고유어이다.[103] 농경사회에서 변화의 신이자 수신水神인 용은 광범위하게 신앙되면서 왕권을 상징하였다. 이와 관련하여 신라에서는 동궁관東宮官에 소속된 관청으로 용왕전龍王典이 보이며, 태자의 동궁東宮이 있던 월지(안압지)에서는 용두龍頭와 함께 '용왕신심龍王辛審'의 명문이 새겨진 토기가 출토되었다. 『삼국유사』권2 기이紀異2 만파식적조萬波息笛條에는 신문왕神文王 2년(682)에 태자太子가 용을 알아본 후 용이 승천昇天했다는 기림사祗林寺 근처의 용연龍淵 설화가 나오는데, 이를 통해 왕위 계승권자인 태자가 동궁東宮 때 관장해야 할 직무로 용왕龍王에 대한 제의祭儀가 거행되었음을 알 수 있다.[104] 현재에도 용연龍淵으로 명명된 곳은 용이 살고 있어 가물었을 때 기우祈雨하면 비를 내려준다는 전설을 가지고 있으므로, 용 신앙의 제장으로 볼 수 있다고 한다.[105]

서동 설화에 나타난 마한 신화의 용은 백제 멸망의 상징으로 소정방이 용을 낚았다는 조룡대釣龍臺(용암龍嵒) 설화에도 나타나고 있으니,[106] 조룡대 설

---

102) 李準坤, 2010,『韓國龍神創寺說話의 歷史民俗學的 研究』, 문헌, pp.61~66.

103) 강영경, 2002,「한국고대사회에서의 龍의 의미」,『용, 그 신화와 문화(한국편)』, 민속원, p.119.

104) 姜英卿, 1997,「新羅의 龍王信仰에 대한 考察」,『韓國文化의 原本思考』, 民俗苑, pp.341-342.

105) 李恩奉, 1984,『韓國古代宗敎思想』, 集文堂, p.187.

106) 又泗沘河邊有一嵒 蘇定方嘗坐此上 釣魚龍而出 故嵒上有龍跪之跡 因名龍嵒〈『三國遺事』卷2 紀異2 南扶餘 前百濟〉

부여 부소산성 아래 조룡대(釣龍臺, 용암(龍嵓))　　김제 벽골제에 조형물로 만들어놓은 쌍룡

화에서 용은 곧 백제왕의 상징이며, 용의 죽음은 백제의 완전한 죽음을 뜻한다.[107] 또한, 견훤의 후백제 건국신화로도 재현되고 있으니, 이 역시 야래자 설화형에 속하는 것으로, 밤에 찾아온 지렁이(지룡池龍)에 광주光州 북촌北村 부인富人의 딸이 감응되어 태어났다고 한다.[108]

　용신앙과 미륵신앙의 결합은 용신의 섬김으로 풍년을 이루고 풍요로운 미륵세계가 도래한다고 보는 것으로, 백제 지역 중에서도 전라도권인 익산, 김제, 정읍, 고창, 부안, 영광으로 이어지는 지역을 중심으로 현재까지 지속되어 왔다. 이들 지역 줄다리기의 용龍줄은 수신룡水神龍 또는 미륵 경전에 등장하는 강우降雨 능력을 가진 도솔천兜率天의 용왕龍王을 상징적으로 형상화한 것이며, 기旗놀이의 농기를 용신기龍神旗라 부르는 것도 평야 지대 토착민들의 정신적 중심에 용이 자리잡았기 때문이라 한다.[109]

---

107) 정병헌, 1994, 「백제 용신 설화의 양상과 전개」, 『口碑文學硏究』1; 황인덕, 2004, 「의자왕 관련 전설의 전개 양상」, 『百濟文化』30, pp. 194~197.
108) 又古記云 昔一富人居光州北村 有一女子姿容端正 謂父曰 每有一紫衣男到寢交婚 父謂曰 汝以長絲貫針刺其衣 從之 至明尋絲扵北墻下 針刺扵大蚯蚓之腰 後因姙生一男 年十五自稱甄萱〈『三國遺事』卷2 紀異2 後百濟甄萱〉
109) 김방룡, 2002, 「한국불교의 龍신앙 수용」, 『용, 그 신화와 문화(한국편)』, 민속원, pp. 237~241.

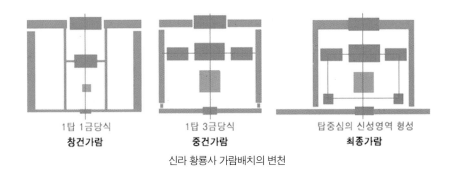

1탑 1금당식	1탑 3금당식	탑중심의 신성영역 형성
창건가람	**중건가람**	**최종가람**

신라 황룡사 가람배치의 변천

미륵사의 건립은, 이에 비견되는 신라 황룡사가 오랜 과정을 거쳐 완공되었듯이 역시 많은 시간이 걸려 완성되었을 것이다. 신라 황룡사의 경우『삼국사기』에 의하면, 진흥왕 14년(553)에 착공하여 27년(566)에 완공되었고, 진흥왕 35년(574)에 황룡사 장육존상丈六尊像을 주조하였다고 한다. 『삼국유사』에서는 진흥왕 30년(569)에 절의 주위에 담을 돌려 절이 완공된 것으로 기록하였다. 이후 진평왕 6년(584)에 금당金堂을 조성하여 삼금당三金堂이 이루어졌으며, 선덕여왕善德女王 14년(645)에 9층 목탑을 세워 대가람을 완성하였다.

미륵사의 건립에 대해 이전까지는 미륵사지에서 출토된 기축명己丑銘 인각와印刻瓦를 근거로 629년(무왕 30)에 미륵사가 완공되었다고 보았지만,[110] 기해년己亥年인 639년(무왕 40)이라는 「사리봉안기」의 내용으로 보아, 이때 이후에 미륵사 서탑이 완공되어 감을 알 수 있게 되었다.[111] 그렇다면 639년에 서탑 1층 심초석 상면 심주에 사리를 봉안한 것으로 보아, 동탑까지 축

---

110) 盧重國, 1999,「百濟 武王과 知命法師」,『韓國史研究』107.

111) 이도학, 2009,「彌勒寺址 西塔「舍利奉安記」의 分析」,『白山學報』83; 2010,『백제 사비성 시대 연구』, 일지사, p.115.

성되는 미륵사의 완공은 무왕의 재위 기간을 넘은 어느 시점에 이루어졌을 것이다.[112]

미륵사의 탑 건립 순서는 중원의 목탑이 먼저 건립되었으며, 서탑이 그 다음, 동탑이 마지막에 건립된 것으로 보고 있다. 서탑에서는 기둥석과 면석을 별개의 석재로 조립하였으나, 동탑은 2층 이상의 탑신석에서 기둥과 면석을 같은 부재로 하여 탑신에 기둥의 모양을 모각模刻하여 나타내는 기법을 사용했기 때문이다.[113] 이러한 건립 순서는 발굴보고서의 토층을 면밀하게 살핀 결과에서도 동일하게 나타나고 있다.[114]

그리고 이러한 미륵사의 단계적 건립 가능성을 통해, 미륵사 창건의 발원 주체를 단계별로 나누면서 선화공주를 끌어들여 사상적 차이까지 보려는 견해가 있다.[115] 이들 견해에서는 특히 「사리봉안기」에 미륵신앙의 요소가 보이지 않고, 과거불인 석가모니를 가리키는 법왕法王과 관련한 불사리 신앙과 함께, 왕후 가문에서 발원하여 가람을 조성하였다는 점 및 왕과 왕비의 장수長壽와 안녕安寧을 기원하는 내용이 언급되고 있다는 점이 중시되었다.

먼저, 「사리봉안기」의 내용에서는 석가불인 법왕과 사리 봉양의 석가불 신앙을 찾을 수 있다면서, 미륵사의 중원은 미륵신앙자인 선화공주가, 동원과 서원은 법화신앙자인 사택왕후가 건립하였다는 견해가 있다. 이는 사택지적砂宅智積의 '지적智積'이 법화경에 등장하고, 법화경의 석가 계보와 백제 왕실 계보가 서로 비슷하다는 점에서 사택왕후를 법화신앙자로 본 것이

---

112) 양정석, 2009, 「彌勒寺址 塔址의 調查過程에 대한 檢討」, 『韓國史學報』 36.
113) 장경호, 2004, 『아름다운 백제건축』, 주류성, p. 228.
114) 양정석, 2009, 「彌勒寺址 塔址의 調查過程에 대한 檢討」, 『韓國史學報』 36.
115) 길기태, 2009, 「彌勒寺 創建의 信仰的 性格」, 『韓國思想史學』 30; 조경철, 2009, 「백제 익산 彌勒寺 창건의 신앙적 배경-彌勒信仰과 法華信仰을 중심으로」, 『韓國思想史學』 32.

다.[116]

한편, 미륵신앙과 석가신앙의 대립으로 파악한 견해도 있다. 이는 법왕이 석가모니를 가리키고 사리는 석가모니 몸에서 나온 것이므로 미륵사 건립을 위한 사리봉안기를 석가신앙으로 파악하면서, 국왕과 사씨 세력이 주축이 된 사비 중심의 석가신앙 세력이 익산 중심의 미륵신앙을 구축驅逐하기 위한 것으로 파악한 것이다.[117]

하지만 「사리봉안기」 발견 이후 선화공주는 실존 인물로 볼 수 없고, 하나의 사찰을 법화신앙과 미륵신앙으로 나누어 보거나, 사리 봉안을 석가불 신앙으로 이해하여 이를 미륵불 신앙과 구별해 볼 수는 없으며, 미륵사 3원 3탑의 가람 구조는 처음부터 백제 왕후 사택적덕의 딸에 의하여 일정한 기획 의도 아래 건립된 것이라는 견해가 있다. 이 견해에서는 무왕 40년(639)에 이루어진 미륵사 서탑의 불사리 봉안이 탑을 세워 사리를 공양한 공덕으로 미래세에는 미륵불의 처소에 이를 수 있다는 『미륵하생성불경』의 내용과 관계되는 것으로 보았다.[118] 필자 역시 「사리봉안기」와 『삼국유사』 기록을 모두 인정하면서 시간 순서에 따라 병렬적으로 보는 것에 회의적이므로, 이 의견에 따르고자 한다. 다만, 「사리봉안기」에 의하면 미륵사를 창건한 주체가 선화공주가 아니긴 하지만 설화와 마찬가지로 왕비로 나온다는 점에서, 역사적 사실이 설화와 결부될 개연성이 보이고 있다는 점에 주목하고자 한다.

미륵사의 9층 3탑-3금당 가람배치는 백제의 천하관을 표현한 것으로, 이

---

116) 조경철, 2009, 「백제 익산 彌勒寺 창건의 신앙적 배경-彌勒信仰과 法華信仰을 중심으로」, 『韓國思想史學』 32.

117) 김수태, 2009, 「백제 무왕대의 미륵사 서탑 사리 봉안」, 『新羅史學報』 16.

118) 김상현, 2009, 「백제 무왕대 불교계의 동향과 미륵사」, 『韓國史學報』 37.

들이 각각 고구려, 백제, 신라를 상징하면서 백제를 중심으로 한 통합을 상징한다는 견해가 있다.[119] 비록 「사리봉안기」의 내용 등에서는 유추할 수 없지만, 신라 황룡사 9층 목탑의 건립 배경과 비슷하게 보아, 마한의 통합과 아울러 삼한을 통합하겠다는 일통삼한—統三韓 의식을 신라보다 앞서 보여주고 있는지도 모른다.[120] 미륵사지 석탑은 초창기 석탑이면서 목조 가구기법 架構技法으로 지나치게 큰 규모로 설계되어 대부분의 수평 부재들이 그 하중을 견디지 못하고 무너져 내린 것이라 하며,[121] 기술적인 약점에도 불구하고 백제에서 거대한 규모와 새로운 창작으로 미륵사 탑을 건립한 것에는 치열한 열정과 절박한 요구가 있었을 것이라 한다.[122] 바로 그러한 치열한 열정은 마한을 정신적으로 영유하고자 했던 정치적 이데올로기 문제와 관련될 것이다.

익산 지역에 미륵불이 출현하였다는 사실은, 이곳이 미륵이 하생하여 성불하는 이상세계의 새로운 중심지로 관념화되었다는 것이므로, 정치적·사상적으로 커다란 의미를 지닌다. 백제 왕권은 익산 지역 주민들에게 미륵사 창건을 통해 미륵신앙의 유포를 통치 이데올로기로 내세운 것이다.[123] 특히

---

119) 盧重國, 2000, 「新羅와 百濟의 交涉과 交流 -6·7세기를 중심으로-」, 『新羅文化』17·18合, pp.155~162.
120) 2011년 12월 17일에 있었던 한국역사민속학회 발표에서 이 논문에 대해 토론해주신 조경철 선생님께서는 미륵신앙을 통해서 一統三韓을 찾을 수는 없으며, 법화신앙의 會三歸一이 이에 연관될 수 있다고 지적하셨다. 이 글에서는 황룡사 9층 목탑의 건립 배경에도 법화신앙이 반영되었다고 보기는 힘들다는 점에서, 9층이라는 완전수를 통해 천하를 아우를 수 있다는 정도로만 해석하고자 한다. 선생님의 지적에 감사드린다.
121) 김경표·김형래, 2002, 「익산 미륵사 서납에 나타난 목조탑형식」, 『建設技術論文集』19-2, p.12.
122) 李乃沃, 2005, 「미륵사와 서동설화」, 『歷史學報』188, p.36.
123) 송화섭, 2000, 「韓國의 龍信仰과 彌勒信仰」, 『韓國文化의 傳統과 佛敎(蓮史洪潤植教授停年退任紀念論叢)』, pp.221~250.

마한의 중심지로 토착신앙의 제장이 자리했던 익산의 연못에 불교의 미륵 이념을 바탕으로 미륵사를 창건한 것은, 마한 지역에 대한 확실한 백제 왕실의 정신적 영유를 보여준다는 정치적 이데올로기의 측면이 강하다고 볼 수 있을 것이다.

백제 불교 문화의 지역적 흐름을 도식화하면 서산·태안→공주→부여→익산이 될 것인데, 금강 이남의 백제 영토 가운데 익산 지역을 제외한 전남 지역에는 불교 유적이 발견되지 않고 있다.[124] 이에 대하여 전남 지역에는 나주 반남 고분군 등 백제 왕도王都보다 큰 고분군이 자리잡고 있는 등 이데올로기적 지배를 위해 절을 세울 수 없었으므로, 절을 세울 수 있는 남쪽 하한선인 익산에 사비의 정림사보다 더 규모가 큰 백제 최대의 가람을 세워 정치적 승부수를 던진 것이라는 견해가 있다.[125] 나주 복암리 유적에서 목간과 함께 태극 문양과 동심원 문양이 묵서된 목제품이 나온 것은[126] 이 지역에 도교적 토착신앙이 강하게 자리잡고 있어 불교의 침투가 어려웠음을 잘 보여주고 있다. 그렇지만 최근 강진 월남사지月南寺址에서 백제 기와류와 전돌 등이 발굴되어[127] 전남 지역에도 백제 사원이 존재했을 가능성이 커지고 있다.[128]

124) 李乃沃, 2005, 「미륵사와 서동설화」, 『歷史學報』188, p.31.
125) 김창호, 2002, 「三國遺事 武王條의 새로운 해석」, 『新羅學研究』6, pp.166~169.
126) 金聖範, 2010, 「羅州 伏岩里 遺蹟 出土 木簡의 判讀과 意味」, 『震檀學報』109, pp.70~72.
127) 이수경, 2013, 「월남사지 조사 성과와 고대 기와」, 『강진의 고대문화와 월남사지』(한국고대학회 정기학술대회 자료집), 한국고대학회.;정정혁·천득염, 2015, 「강진 월남사지 가람배치 형식 연구」, 『한국건축역사학회 학술발표대회논문집』.;김진희, 2016, 「월남사지 발굴조사의 현황과 조성시기에 대한 재검토」, 『한국중세사연구』44.;李炳鎬, 2016, 「康津 月南寺址 出土 百濟 기와의 製作時期와 그 性格」, 『한국중세사연구』44.
128) 필자는 이를 慧顯이 머물렀다는 達拏山寺로 볼 가능성이 크다고 본다. 이에 대해서는 이장웅, 2016, 「百濟 西岳 旦那山과 慧顯의 修德寺·達拏山寺」, 『韓國古代史研究』84 참조.

나주 복암리 유적 출토 태극 문양 목제품

강진 월남사지 출토 백제 와당

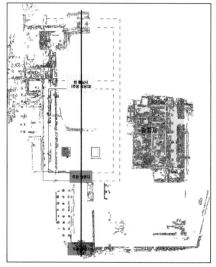

월남사지 창건기 쌍탑 가람배치도(김진희, 2016)

익산 지역에는 미륵사 외에도 대관사大官寺와 제석사帝釋寺가 자리잡고 있으며, 이들 3대 사찰은 600년 이전으로 소급되는 거의 같은 시기에 왕실이 관여하여 기획된 것으로 보고 있다. 대관사는 관사官寺의 기능을 갖고 불교계를 통괄하는 현세적 의례의 기능을 담당하였으며, 제석사는 내불당內佛堂의 성격을 가지면서 과거적 의례의 기능을 담당한 사찰로 파악된다.[129] 미륵사는 미래불을 통해 왕실과 국가의 발전

---

129) 「觀世音應驗記」에 의하면, 武廣王이 만든 帝釋精舍의 탑에 사리와 함께 銅으로 紙를 만들어 『金剛波若經』을 써서 木漆函에 넣어 봉안하였는데, 貞觀 13년(639) 11월에 全燒되었다고 한다. 이처럼 동판 『반야경』을 탑 속에 봉안한 것에 대하여, 후대에 미륵이 출현할 때까지 온전하게 보존되어 사용되기를 바라는 미륵신앙의 증거로 파악하기도 한다(최연식, 2011, 「백제 후기 미륵사상의 전개과정과 특성」, 『韓國思想史學』 37, p.18).

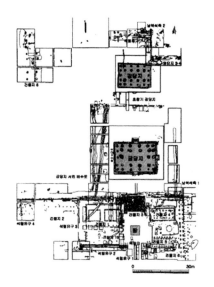

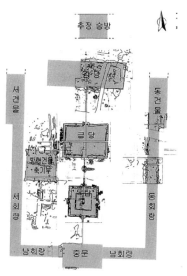

익산 왕궁리 유적의 대관사지 가람배치도   익산 제석사지 가람배치도

제석사지 폐기장 출토 소조상

익산 미륵사지 명문 금판

을 기원하는 사찰이므로, 과거와 현재와 미래 관념을 바탕으로 하여 대관사를 중심에 두고 동쪽에 제석사를, 서쪽에 미륵사를 배치한 것이며, 이들 삼세기원사찰은 삼세삼불신앙三世三佛信仰에서 그 모티브를 찾을 수 있다는 견해도 있다.[130]

「사리봉안기」의 "정재淨財를 희사하여 가람伽藍을 세우시고[捨淨財 造立伽藍]"라는 구절은 왕후 사택적덕의 딸이 재물을 희사하여 서탑西塔만이 아니라 미륵사 가람(사찰) 전체를 조성했음을 알 수 있다.[131] 물론 미륵사 건립은 사택씨 왕후 세력의 경제적 지원에만 의지한 것은 아니었고, 국왕 및 왕실의 지원과 더불어 여타 귀족 세력들이 일종의 공양供養 형식으로 대거 참여하였다. 서탑 사리공에 매납埋納된 500여 점의 물품, 은제관식銀製冠飾 2점을 비롯하여 "중부中部 덕솔德率 지율支栗이 금 한 냥을 보시한다[中部德率支栗施金壹兩]", "하부下部의 비치부非致夫와 부모 처자가 함께 보시한다[下部非致夫及父母妻子同布施]"는 금판金版의 문구를 통해 이 사실을 알 수 있다.

사리봉안기에 등장하는 사씨(사택씨)는 『북사北史』 등의 대성大姓 8족 기록 중 가장 먼저 언급되고 있으며, 사택지적과 왕후의 아버지인 사택적덕 등

---

130) 김선기, 2010, 「發掘調査 成果를 통해 본 益山의 百濟 寺刹」, 『百濟文化』 43, pp. 182~186.
131) 무왕의 재위기간을 넘어 미륵사가 완공되었을 것이라고 하여 사택왕후가 가람 전체를 창건한 것으로 볼 수 없는 것은 아니다. 3탑 3금당을 세울 계획을 세웠다면, 이를 두고 가람을 창건했다고 말할 수 있을 것이다.

좌평직에 많이 보이면서 왕실과 혼인관계를 맺어 사비기 내내 권력의 중추에 있었다.[132] 그 동안 사택씨는 사비 천도와 관련해서 주로 언급되면서 그 재지기반은 부여 지역으로 비정되어 왔다.[133] 그러나 백제 멸망 이후 사타상여沙吒相如가 주류성을 거점으로 하고 있던 복신과 호응하여 부흥운동을 전개하였으므로, 그의 재지 기반도 이와 가까운 금강 하류 지역인 서천 일대에 위치한 것으로 보아야 한다는 견해도 있다.[134] 다만, 주류성은 부안 위 금암산성으로 볼 여지가 크므로,[135] 사택씨의 재지기반을 이에 가까운 익산으로 보는 것은 어떨까 한다. 이와 관련하여 무왕대에 가장 주목받은 공간인 익산 지역과 사택씨 세력과의 관련을 생각해볼 여지가 있다는 견해가[136] 참고된다.

한편, 앞서 서동 설화가 백제 멸망 후 신라에 의해 약간의 변화가 있었을 것이라 보았는데, 익산 지역의 대관사와 미륵사도 백제 멸망 후 신라에 의해 중시되었다. 『삼국사기』 권5 신라본기5 태종 무열왕 8년(661)조에 의하면, 대관사大官寺의 우물물이 변하여 피가 되고 금마군金馬郡에서 땅에 피가 흘러나와 너비가 5보步나 되더니 왕이 돌아갔다고 하여, 금마군의 이변과 태종 무열왕의 죽음을 관련시켜 무열왕과 익산 사이의 특별한 관계를 보여주고 있는데, 이는 익산 지역이 백제 멸망 후 신라 중대 왕권이 꾸준히 관심을 가지면서 백제 불교에 대한 통제책 등으로 새롭게 의미를 가지게 된 곳으로

---

132) 이용현, 2009, 「미륵사 건립과 사택씨-〈사리봉안기〉를 실마리로 삼아」, 『新羅史學報』 16.
133) 盧重國, 1988, 『百濟政治史研究』, 一潮閣, p.186.
134) 강종원, 2007, 「百濟 沙氏勢力의 中央貴族化와 在地基盤」, 『百濟研究』 45, p.31.
135) 노중국, 2003, 『백제부흥운동사』, 일조각; 양종국, 『백제 멸망의 진실』, 주류성, 2004.
136) 박현숙, 2009, 「百濟 武王의 益山 경영과 彌勒寺」, 『韓國史學報』 36, p.348.

익산 미륵사지 석탑 해체시 발견된 "대백사봉성(大
伯士奉聖)" 신라 납석제(蠟石製) 소호편(小壺片)

익산 미륵사지 출토
신라 금동수각향로(金銅獸脚香爐)

보는 견해가 있다.[137]

　이와 관련하여 미륵사지 석탑 해체 과정 중 2층 옥개받침석 내부 심주석 부근에서 발견된 '대백사봉성大伯士奉聖' 명문이 새겨진 신라의 납석제蠟石製 소호편小壺片을 통해, 미륵사가 신라 왕경의 성전사원인 봉성사奉聖寺에 의하여 통제·관리되었다는 사실을 알 수 있으니, 대사찰 봉성사 소속으로 장인匠人과 관련된 박사博士의 역할을 가진 대백사大伯士가 지방의 사찰인 익산 미륵사 석탑을 개축하였으며, 그 시기는 신라 경덕왕대에 진표계 백제 불교의 회유를 위한 것이었다는 견해도 있다.[138]

　또한, 미륵사지에서는 발굴조사 완료 후 2000년에 통로를 정비하는 과정에서 우리나라 유일의 수각향로獸脚香爐 실물로 평가받는 신라 8세기 전·중

---

137) 김수태, 2010, 「백제 무왕대의 대신라관계」, 『百濟文化』 42, pp. 87~91.
138) 김창겸, 2004, 「彌勒寺址 石塔 발견 銘文의 大伯士奉聖」, 『白山學報』 70, pp. 237~258.

반의 금동수각향로金銅獸脚香爐가 발견되어,[139] 신라가 백제인들을 정신적으로 통합하기 위한 의도로 미륵사를 중시했음을 방증해 주고 있다.

---

139) 최응천, 2008, 「彌勒寺址 出土 金銅獸脚香爐의 造形과 特性」, 『東岳美術史學』 9, pp. 190~193.

Ⅳ. 마무리

역사歷史는 연속적으로 흐르는 사건의 기술記述이며, 정치적 상황, 경제 및 사회 구조, 문화적 조건 등에 의하여 야기되는 인간 경험의 총체總體이다. 그런데 인간은 시간에서 벗어날 수 없다는 실존적 공포에 직면해 있으므로, 원형原型이 되는 탈시간적인 구조를 통해 시간을 지우고 역사로부터 벗어나려는 구원을 희구한다고 한다. 따라서 이러한 인간의 심성까지 종합하여 역사를 서술하려면 단순히 시간 속의 사건을 나열하는 것으로는 부족하며, 시간을 해체하여 어떤 사건을 경험 주체가 실존實在하는 사건으로 수용한 일련의 구조와 표상까지 아울러 기술해야 한다고 엘리아데는 말하고 있다. 역사적 인물이 신화 속의 인물로 부회되어 나타나는 '역사적歷史的 인물人物의 신화화神話化'는 바로 이러한 인간의 심성이 잘 반영되어 나타난 현상이며, 이번 장은 이에 따라 서동薯童 설화說話가 담고 있는 이면의 역사와 사상을 복원하려고 시도하였다.

이번 장에서는 「사리봉안기舍利奉安記」에 나타나는 사택적덕沙宅積德의 딸이라는 역사적 사실事實과 『삼국유사三國遺事』의 서동 설화에 나타나는 선화공주善花公主를 동일한 사건의 인물에 대하여 다른 각도에서 표현된 각편各篇으로 보았으며, 두 기록의 내용을 모두 사실事實로 인정하여 서로 병렬되어 일어난 사건으로 보지 않았다. 다만, 두 기록에서 모두 왕과 왕비(사택적덕의 딸 혹은 선화공주)가 함께 발원하여 가람을 조영하고 있다는 공통점에 주목하여 이를 해석하고자 하였다. 중요한 것은 두 기록의 모순을 시간의 병렬에 따라 나열하여 해결하려는 것이 아니라, 역사적 사실事實과는 거리가 멀게 보일 수도 있는 서동 설화가 왜 등장하게 되었는지에 대한 인문학적人文學的 검토인 것이다.

이에 익산益山 지방이 마한馬韓의 중심지였다는 점에 착안하여, 익산 지역에서 뛰어난 인물에 대한 기억은 '역사적 인물의 신화화'에 따라 마한을 세운 인물로 알려진 무강왕武康王과 관련된 영웅신화로 환원되었을 것으로 볼수 있으며, 백제百濟 무왕武王이 바로 여기에 부회된 역사적 인물로 보았다. 그리고 이처럼 마한의 무강왕 신화가 백제 무왕의 서동 설화로 재탄생되어 나타난 것은, 무왕을 전후한 시기에 백제가 마한의 신화를 받아들여 그들을 포용하려 했던 점과 관련이 있을 것으로 보았다. 익산益山 미륵사彌勒寺 역시 마한 토착신앙의 제장祭場에 백제 불교의 제장祭場을 세워 그들을 정신적으로 아우르려는 시도로 파악하였다.

역사적 사실事實은 법왕法王의 아들인 무왕武王이 왕비인 사택적덕의 딸과 함께 익산에 미륵사를 세운 것이겠지만, 설화 속에서는 지룡池龍의 아들로 마한의 영웅이었던 무강왕과 동일시된 무왕이 신라 진평왕의 딸 선화공주와 함께 익산에 미륵사를 세웠다고 하여, 탈시간적 구조 속에서 이를 역사적 진실眞實로 받아들인 것이다. 이러한 해석은 고대의 역사적 사실事實과 설화의 논리 속 진실眞實을 어떻게 함께 이해할 수 있는지에 대한 하나의 가설이 될 수 있으리라고 본다.

아울러 현재 전승되고 있는 서동 설화를 이루는 화소들이 최소한 백제 이전부터 전해 내려온 것이라는 사실이 어느 정도 증명되었다는 점에서, 현재 구비 전승되고 있는 설화의 장구성과 역사성 문제 역시 다시 생각해 볼 수있는 여지를 주었다고 하겠다.[140]

---

140) 이와 관련하여, 현재 구비 전승되고 있는 공주 곰나루 전설의 역사성 문제를 살핀 다음의 논고가 참고된다. 이장웅, 2010, 「百濟 熊津期 곰 신앙의 역사적 전개와 穴寺」, 『史叢』 71.

나오며

(1) 백제 신화의 변화와 역사

한국 고대에 건국신화와 국가제사는 나라의 권위를 유지하기 위한 중요한 이데올로기였다. 고구려의 경우 「광개토왕릉비廣開土王陵碑」와 「모두루묘지牟頭婁墓誌」에서 부여 동명신화를 바탕으로 한 주몽신화를 서두序頭에 내세웠으며, 백제는 부여 동명을 직접 시조로 표방하여 왕실의 신성함을 과시하였다. 신라도 박혁거세, 6촌장, 사소娑蘇(선도성모仙桃聖母) 신화의 위상 변화와 국가제사의 변화를 통해 왕실의 권위를 유지하였다.[1]

백제에서 온조는 건국 원년(BC 18)에 동명왕묘東明王廟를 세워 국가의 정신적 기초를 놓았다. 앞에서 살펴보았듯이 백제 동명묘에서 건국시조로 모셔진 인물은 국내 사서의 해모수이자 범부여계汎扶餘系의 시조인 동명東明으로 보는 것이 합리적이다. 이후 온조의 모친 소서노가 죽자 백제에서는 사당을 세워 국모로 숭앙하고 있다.[2] 고구려는 백제보다 늦은 대무신왕 3년(AD 20)에 동명묘를 세웠으니, 이로써 양국 왕실은 천신天神의 아들인 부여 동명의 계승자를 다투는 경쟁 구도를 갖게 되었다.

건국신화상의 시조는 특정한 족族이나 가家를 넘어서는 인물이다. 따라서

---

1) 신라 국가제사의 변화에 따른 건국신화의 변화에 대한 모습은 이장웅, 2016, 「신라 娑蘇(仙桃聖母) 神話의 변화와 國家祭祀」, 『新羅史學報』38 참조.
2) 十三年 春二月 王都老嫗化爲男 五虎入城 王母薨 年六十一歲 十七年 夏四月 立廟以祀國母 〈『三國史記』卷23 百濟本紀1 溫祚王〉

시조묘 제사는 단순한 인격신이 아니라 하늘의 자손에 대한 제사가 되며,[3] 시조묘에 제사한 새로운 왕王은 천손天孫으로서 그 제사가 자연히 천신天神에까지 소급된다.[4]

건국신화는 한번 형성된 후 변화없이 계속 이어가는 것이 아니라, 건국 시기에 형성된 이후 역사적 상황에 따라 변화하는 과정을 거치게 된다. 어떤 집단이 국가 권력을 잡으면, 자기 집단의 시조를 신화화하려는 것이 건국신화를 형성하는 일반론이기에,[5] 왕실 계보의 변동이 있을 경우에는 그들 집단의 시조를 신화화하는 과정에서 건국신화의 변화가 일어난다.

그러므로 지금까지 살펴본 백제 건국신화와 관련된 자료들 사이에 모순이 발견되거나, 일반적인 상식으로 이해되기 어려운 여러 요소들이 있다는 것은, 백제의 왕실 계보가 변동하면서 그들 집단 간의 서로 다른 신화들이 백제 건국신화 체계에 들어와 결합하면서 일어난 현상으로 보아야 할 것이다. 따라서 그것은 비합리적인 것이 아니라 역사적 진실을 내포하고 있는 사실寫實이며, 그 진실을 밝혀낼 수 있다면 보다 사실事實에 가까운 역사상을

3) 최광식, 1994, 「시조묘 제사」, 『고대한국의 국가와 제사』, 한길사, p. 194.
4) 辛鍾遠, 1992, 「新羅 祀典의 成立과 意義」, 『新羅初期佛教史研究』, 民族社, pp. 71-72.
5) 조현설, 2003, 『동아시아 건국 신화의 역사와 논리』, 문학과지성사, p. 264.

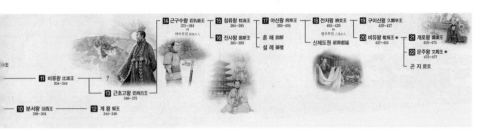

<백제 한성기 왕계표(한성백제박물관)>

그려낼 수 있을 것이다.

고이왕계 왕실의 등장과 해부루-우태-비류 전승의 유입

복잡하게 보이는 백제 건국신화 관련 내용을 정리해 본 결과, 백제 당시에 시조로 인식된 인물은 온조溫祚가 아닌 동명東明이었으며, 그가 국내 사서에는 북부여 시조 해모수라는 이름으로 전승되고 있음을 살펴보았다. 이와 함께 전해지고 있는 해부루-우태-비류 설화와 구태 전승은, 동부여 계통이면서 고구려와 관련을 가진 집단이 공손씨 시절에 한반도 중부 지역에 정착한 후, 먼저 정착하여 백제를 세웠던 동명-온조 집단과 연합한 사실을 반영한 것이며, 이렇게 출현한 백제왕이 고이왕이었다는 점을 살펴보았다.

고이왕계의 출현으로 해부루-우태-비류 집단이 등장하면서 백제 건국신화 중 비류 관계 전승이 의미를 가지게 되었다.[6] 곧, 고이왕계 왕실이 지배해 가는 시기에 비류는 온조의 형兄으로 자리하면서 해부루-우태-비류 전승을 백제의 신화체계 속에 성립시켰다.

---

6) 金杜珍, 1990, 「百濟始祖 溫祚神話의 形成과 그 傳承」, 『韓國學論叢』 13, pp. 18-19.

백제 한성기에는 동명묘東明廟와 함께 천지天地에 대한 제사가 이루어졌는데, 제단을 쌓고 천지天地에 제사지내는 것은 고구려와 신라에서는 확인할 수 없는 백제만의 특징으로, 중국의 교사郊祀제도를 수용·모방한 것이라는 의견도 있다.[7] 제단을 쌓았다는 기록은 없지만 고구려에서도 동맹제東盟祭와 별도의 관념적 '천天'이 형성되어 제사를 지냈는데,[8] 백제는 동명묘東明廟 제사祭祀와 함께 별도로 제단을 쌓고 '제천지祭天地' 의례를 왕王이 주제主祭한 것이다.

백제의 '제천지祭天地'는 국가와 사회의 질서를 갱신한다는 의미를 지닌다. 시간의 경과에 따라 우주의 리듬이 깨지고 질서가 흐트러지기 쉽기 때문에, 이를 주기적으로 재정립할 필요가 있으므로 '제천지祭天地'가 거행된 것이다. 특히 '제천지祭天地'가 정월에 많이 거행되었다는 점, 중신 임명이나 대사大赦가 함께 이루어졌다는 점, 제사 때마다 제단을 새로 축조하였다는 점이 그러한데,[9] 신전이나 희생 제단의 건축은 우주 창조를 반복하는 행위라고 한다.[10]

이와 관련하여 백제의 '제천지祭天地' 기록들을 살펴보면, 맏아들로 계승된 한성기의 왕들은 천지天地에 제사한 기록이 없는데 비해, 왕실의 계보가 달라진 왕들은 천지天地에 제사를 행하고 있다.[11] 이는 왕실 계보가 옮겨진 왕

7) 井上秀雄, 1978,「高句麗·百濟の祭祀儀禮」『古代朝鮮史序說 王者と宗教』, 寧樂社, p.134.
   李基東, 1996,「백제국의 정치이념에 대한 일고찰」,『百濟史研究』, 一潮閣, pp.166-167.

8) 古記云…又云 高句麗 常以三月三日 會獵樂浪之丘 獲豬鹿 祭天及山川〈『三國史記』卷32 雜志 1 祭祀〉; 辛鍾遠, 1992,「新羅 祀典의 成立과 意義」,『新羅初期佛敎史研究』, 民族社, pp.64-65.

9) 최광식, 1994,「시조묘 제사」,『고대한국의 국가와 제사』, 한길사, p.187.

10) Eliade, M., 1959, Cosmos and History : The Myth of Eternal Return, trans. Willard R. Trask; 鄭鎭弘 譯, 1976,『宇宙와 歷史-永遠回歸의 神話』, 現代思想社, pp.111~114.

11) 車勇杰, 1994,「百濟의 崇天思想」,『百濟의 宗敎와 思想』, 충청남도, pp.12~17.

들의 정통성 확보를 위해, 흐트러진 우주의 질서를 재정립한다는 특별한 의미로 '제천지祭天地' 의례가 이루어진 것으로 볼 수 있을 것이다. 특히 고이왕대에는 동명묘 제사 기록이 없으면서 중국의 영향을 받은 것으로 보기도 하는 천지天地에 대한 제사가 3회나 나타나고 있다는 점이[12] 주목된다.

『삼국사기』 백제본기百濟本紀에 둘째아들(第二子)이라고 표기된 8대 고이왕, 11대 비류왕, 13대 근초고왕, 25대 무령왕은 비정상적인 왕위계승을 한 것으로 보인다. 특히 고이왕은 초고왕과 형제임에도 불구하고, 형인 초고왕의 아들인 구수왕을 이어서, 초고왕의 손자인 사반왕을 대신하여 왕위에 올라 53년 간이나 통치하고 있다. 만약 백제 왕실 계보를 작성한 사람이 왕의 세대 수를 조정할 필요가 있다고 생각했거나, 즉위 순서를 마음대로 조정할 수 있었다면 이러한 불합리한 현상이 백제본기百濟本紀에 그대로 기재되기는 어려웠을 것이다. 곧, 다른 방법이 있음에도 불구하고 왕위계승상의 불합리성을 그대로 방치한 것은 적어도 ⑤초고왕-⑥구수왕-⑦사반왕, ⑪비류왕-⑬근초고왕과 ⑧고이왕-⑨책계왕-⑩분서왕-⑫계왕으로 이어지는 세대 계승은 비교적 분명하게 기억된 계보였음을 시사한다.[13]

초고왕계와 고이왕계를 구분짓는 한가지 요인으로, 『삼국사기』 백제본기百濟本紀에 초기부터 꾸준히 등장하는 말갈鞨鞨에 대한 양 계통의 대응 태도가 조금 다르다는 점도 참고된다. 곧, 백제가 건국될 때부터 끊임없이 이어지던 말갈과의 전투기사가 구수왕 16년(229)을[14] 끝으로 일단락되고, 그로부

---

12) 古記云 溫祖王二十年春二月 設壇祠天地 三十八年冬十月 多婁王二年春二月 古尒王五年春正月 十年春正月 十四年春正月 近肖古王二年春正月 阿莘王二年春正月 腆支王二年春正月 牟大王十一年冬十月 並如上行〈『三國史記』卷32 雜志1 祭祀〉

13) 김기섭, 2000, 「백제의 왕실 계보와 근초고왕」, 『백제와 근초고왕』, 학연문화사, pp. 46~59.

14) 十一月 大疫 鞨鞨入牛谷界 奪掠人物 王遣精兵三百拒之 賊伏兵夾擊 我軍大敗〈『三國史記』

터 158년이나 지난 진사왕 3년(387)에 다시 나타나게 되는데,[15] 고이왕계의
등장은 그 사이에 이루어지고 있다. 한편, 동명-온조-초고왕계 왕들은 한산
漢山을 중시하였는데 비해,[16] 해부루-우태-비류-고이왕계 왕들인 고이왕, 책
계왕, 분서왕, 계왕에 이르는 시기에는 한산漢山에 대한 기사가 전혀 나타나
지 않는다는 점도 지적할 수 있다.

또한, 『삼국사기』 백제본기百濟本紀에는 낙랑 관련 기사가 온조왕, 고이왕,
책계왕, 분서왕대에만 실려있는데, 시조인 온조왕을 제외하면 모두 고이왕
계이다. 이로 보면, 고이왕계는 한군현의 영향을 많이 받았음을 알 수 있다.
『삼국사기』의 고이왕 기사들이 중국화된 모습을 많이 보여주는 이유도 여기
에서 비롯된 것으로 보인다. 고이왕 27년(260)조에 기록된 6좌평의 설치와
16관등 및 공복公服의 제정,[17] 29년조의 뇌물을 받은 관리에 대한 처벌 규정
[18] 등 잘 정비된 국가체제를 확립하였다는 기사는 이런 점에서 이해할 수 있
을 것이다.

卷24 百濟本紀2 仇首王〉

15) 秋九月 與靺鞨戰關彌嶺 不捷〈『三國史記』卷25 百濟本紀3 辰斯王〉

16) 金杜珍, 1990, 「百濟始祖 溫祚神話의 形成과 그 傳承」, 『韓國學論叢』 13, pp. 22-23.

17) 春正月 置內臣佐平掌宣納事 內頭佐平掌庫藏事 內法佐平掌禮儀事 衛士佐平掌宿衛兵事 朝
廷佐平掌刑獄事 兵官佐平掌外兵馬事 又置達率・恩率・德率・扞率・奈率及將德・施德・
固德・季德・對德・文督・武督・佐軍・振武・克虞 六佐平並一品 達率二品 恩率三品 德率
四品 扞率五品 奈率六品 將德七品 施德八品 固德九品 季德十品 對德十一品 文督十二品 武
督十三品 佐軍十四品 振武十五品 克虞十六品 二月 下令六品已上服紫 以銀花飾冠 十一品已
上服緋 十六品已上服青〈『三國史記』卷24 百濟本紀2 古尒王 27年〉

18) 春正月 下令 凡官人受財及盜者 三倍徵贓 禁錮終身〈『三國史記』卷24 百濟本紀2 古尒王 29年〉

고이계의 왕위 계승과 비류왕

⑧고이왕 이후 ⑬근초고왕近肖古王이 즉위하기 전까지는 한동안 고이계가 왕위를 차지하였다. 그런데 ⑪비류왕比流王은 고이계인 ⑩분서왕汾西王의 아들이 어리다는 이유로 왕위에 오르면서 초고계인 ⑥구수왕의 제第2자子를 표방한 것으로 보아, 고이계와 일정한 관련을 가진 초고계로 볼 수 있겠다. 그는 재위 이전에 오랫동안 민간에 있으면서 신민臣民의 추대에 의해 왕위에 오른 점에서,[19] 강력한 정치세력을 형성하지는 못했지만 명성이 널리 퍼져 있었음을 알 수 있다. 그는 고이왕에 의해 폐위되었던 초고계인 ⑦사반왕의 직계는 아니면서 고이계와도 일정한 정치적 관계에 있었다는 점에서, 인척세력이 고이계일 가능성이 있다. 이는 비류왕 18년에 고이계로 생각되는 우복優福을 내신좌평內臣佐平으로 임명하면서 '왕서제王庶弟'라고 기록한 사실을[20] 통해서도 추정할 수 있다. 곧, 비류왕은 범초고계(초고계 방계)이면서 고이계와 인척관계에 있었는데, 고이계가 중국 군현세력에 의해 해를 당하는 과정에서 정치적 입지를 강화시키면서 왕위에 오르게 된 것으로 연구되었다.[21]

⑪비류왕比流王이 초고계의 직계가 아니었다는 점은, 그를 이어 다시 고이계인 ⑫계왕契王이 즉위하고 있는 사실을 통해서도 알 수 있다. 계왕은 분서왕 사후 어려서 즉위하지 못했다가 이때 즉위한 것이다. 비류왕 사후 그의 아들이 즉위하지 못하고 계왕이 즉위했다는 사실은, 왕위 계승의 서열상 계

19) 仇首王第二子 性寬慈愛人 又强力善射 久在民間 令譽流聞 及汾西之終 雖有子 皆幼不得立 是以 爲臣民推戴卽位〈『三國史記』卷24 百濟本紀2 比流王 卽位〉
20) 春正月 以王庶弟優福爲內臣佐平〈『三國史記』卷24 百濟本紀2 比流王 18年〉
21) 강종원, 2002, 「초고계의 왕위계승권 확립」, 『4세기 백제사 연구』, 서경문화사, pp.45~47.

왕이 비류왕의 장자長子보다 높았기 때문으로 볼 수 있다.

비류왕比流王 재위시에는 고이계인 우복優福이 내신좌평內臣佐平에 임명된 후 반란을 일으켰다가 토벌되었는데,[22] 이 사건으로 고이계가 타격을 받았을 것임에도 불구하고 계왕이 왕위에 오를 수 있었다는 점과, 계왕이 만 2년만에 죽고 왕위가 다시 초고계로 바뀐 점은 이해하기 힘든 의문이다. 이는 ⑬근초고왕의 출현과 관련지어 이해해야 할 것으로 보인다. 곧, 근초고왕이 비류왕의 직계로 왕위가 계승되는 것을 차단하기 위하여 계왕을 즉위시켰고, 계왕이 왕위에 오르게 되자 진씨세력을 지지기반으로 하여 계왕을 축출하고 왕위를 차지했다는 견해가 있다.[23]

근초고왕의 집권과 동명-구태 전승의 확립

근초고왕은 고이왕계의 왕위계승이 보편적으로 받아들여지던 시기에 즉위했다는 점에서 비정상적인 방법을 통해 왕위에 올랐을 가능성이 높다.[24] 『삼국사기』 백제본기에 근초고왕의 형, 혹은 계왕의 아들에 대해 전혀 언급이 없다는 사실이나, 백제에서 제第 2자子로 왕위에 오른 인물이 대부분 비정상적인 방법을 통해 즉위했다는 점에서도 그러하다.[25]

근초고왕과 그의 부父로 기록된 비류왕의 출자에 대하여 고이왕 이전의 온조-초고왕계로 보는 것에 의문을 제기하면서, 근초고왕의 왕명王名이 반드

---

22) 九月 内臣佐平優福據北漢城叛 王發兵討之〈『三國史記』卷24 百濟本紀2 比流王 24年〉
23) 姜鍾元, 1997,「百濟 近肖古王의 王位繼承」,『百濟研究』27, p.20.
24) 金杜珍, 1990,「百濟始祖 溫祚神話의 形成과 그 傳承」,『韓國學論叢』13, p.21.
25) 金起燮, 1993,「漢城時代 百濟의 王系에 대하여」,『韓國史研究』83, pp.7~13.

시 초고왕을 습명襲名한 것으로 볼 수는 없으며, 근초고왕이나 그 父王인 비류왕이 부여족의 남하 이동에 의한 정복왕조의 창시자일 가능성을 제기하기도 한다.[26] 그렇지만 그의 왕명에 '근近'자字를 관칭하여 초고왕과의 계승관계를 강조했다는 사실은[27] 그가 온조-초고왕계와 관련을 가지고 있다고 보아야 할 것이다.

정리해 보면, 비류왕比流王은 초고계의 방계이면서 고이계와 인척 관계에 있었으며, 근초고왕은 초고계의 직계를 표방하였다. 따라서, 근초고왕의 즉위는 왕위계승에서 경쟁관계였던 고이계를 배제시키고 왕계를 다시 초고계로 고정시킨 것으로 볼 수 있다.[28]

고이계 왕들이 한군현의 정치·군사적 견제로 인해 세력 확장에 지장을 크게 받는 동안 온조·초고왕계 집단의 활동범위는 점차 확대되었을 수 있다. 이후 근초고왕으로 대표되는 온조溫祚·초고왕계肖古王系에 의해 비류沸流·고이왕계古尒王系가 흡수되면서 백제는 상당한 동력을 받아 발전하였다.

이렇게 근초고왕 때 초고계 왕실이 재등장하면서 백제 건국신화도 동명-온조계 중심으로 재구성된 것으로 볼 수 있다. 이와 관련하여 근초고왕 때 역사서의 편찬이[29] 주목된다. 국사國史의 편찬은 강화된 왕권과 정비된 국가의 면모를 과시하려고 한 데서 나온 것으로 이해된다.[30] '서기書記'를 백제사

---

26) 李基東, 1981, 「百濟 王室交代論에 대하여」, 『百濟研究』 12, pp.60~64.

27) 千寬宇, 1989, 「三韓攷-三韓의 國家形成-」, 『古朝鮮史·三韓史研究』, pp.325~326.

28) 姜鍾元, 1997, 「百濟 近肖古王의 王位繼承」, 『百濟研究』 27, pp.7~10.

29) 『三國史記』卷34 百濟本紀2 近肖古王 30年 기사 말미의 "古記云 百濟開國以來 未有以文字記事 至是得博士高興 始有書記 然高興未顯於他書 不知其何許人也"란 기사를 해석함에 있어서 '書記'를 책 이름으로 간주하기 어렵다는 견해가 있지만, '문자로 쓴 기록이 있게 되었다'고 해석하더라도 역사서의 존재는 상정할 수 있을 것이다.

30) 李基白·李基東, 1982, 『韓國古代史講座』 1, 古代篇, p.140.

서百濟史書의 이름으로 파악하던지, 일반 기록을 지칭하는 보통명사로 파악하던지 간에 근초고왕대에 국가적인 사업으로 공식적인 기록을 남겼다는 것은, 이 시기에 근초고왕 이전의 왕실 계보나 각 왕대의 치적 등이 어느 정도 정리되었을 가능성이 충분하다.

이때 근초고왕 이전의 모든 왕계는 단일 왕통으로 정리되면서 모두 동명의 혈통을 계승한 것으로 처리되었을 것이다. 현전하는『삼국사기』나『삼국유사』의 왕계王系와 기년紀年은 근초고왕 때부터 기본적인 구조가 형성되었을 가능성이 높은데, 여기에 보이는 백제 초기의 왕계가 비합리적으로 보이는 이유는 바로 이런 점에서 찾아야 할 것이다.[31]

백제 한성기 왕실 계보의 변동은 건국신화상의 계보에 반영되었으니, 부여계이면서 고구려와 관련을 가진 해부루-우태(구태)-비류 세력이 고이왕대에 유입하였을 때에는 그들이 우세하여 형으로 위치되면서, 부여에서 먼저 남하하여 한강유역에 정착한 동명(해모수)-온조-초고계를 아우로 설정한 건국신화의 계보가 마련되었다.

이후 동명-온조 계통의 초고계와 해부루-우태(구태)-비류 계통의 고이계는 한동안 대립하게 되는데, 근초고왕이 집권하면서부터는 초고왕을 추모한다는 그의 왕명에서 알 수 있듯이 초고왕계의 정통성을 표방하면서 건국신화를 재정비하였다. 이에 따라 근초고왕대에는 범부여계凡扶餘系의 시조로 인식되고 있던 해모수(동명)를 해부루의 아버지로 설정하였기 때문에, 해부루의 서손庶孫으로 나타나는 우태優台(구태仇台)의 계보 역시 동명東明(해모수)의 후예로 연결시키는 신화의 계보가 마련되었다. 곧, 동명-온조-초고왕계

---

31) 李鍾泰, 1998,「百濟 始祖 仇台廟의 成立과 繼承」,『韓國古代史研究』13, p.120.

의 동명(해모수)이 해부루-우태(구태)-비류-고이왕계의 아버지로 설정된 신화 계보로 정리된 것이다.

여기서 한가지 가질 수 있는 의문은 왜 근초고왕계가 집권한 이후 건국신화를 재정비하면서 온조를 비류의 형으로 가탁시키지 않았는가 하는 점이다. 이에 대한 해결 역시 건국신화의 형성과 변천 과정에서 찾아야 할 것인데, 이는 앞 세대에 만들어진 건국신화의 구조는 최대한 왜곡시키지 않는 한에서 재정비를 꾀하였다는 점에서 그 실마리를 찾아야 할 것이다. 곧, 이미 만들어져 국가의 이념이 되어 있는 건국신화의 계보 자체를 변형시킨다는 것은 건국신화와 그에 따른 국가의 권위에도 손상이 가는 것이기 때문에, 이미 만들어진 신화의 계보는 그대로 인정하면서 한가지를 더 추가시킴으로써 자신의 권위를 과시하고자 했던 것이다. 이에 온조는 비록 비류의 동생으로 남았지만, 온조의 선조인 해모수(동명)는 비류의 선조인 해부루와 우태優台(구태仇台)의 조상이 된다는 건국신화상의 계보가 성립된 것이다.

백제의 건국신화와 왕실 계보가 정리된 후에 근초고왕은 고구려와 전쟁을 전개한다.[32] 백제와 고구려는 모두 동명의 법통을 계승한 국가라는 의식을 지니고 있었으므로, 양보할 수 없는 경쟁의식을 가지고 있었다. 고구려는 주몽이 졸본에서 건국한 이래 꾸준히 주변국을 흡수하면서, 부여의 동명신화를 토대로 한 주몽신화의 유포를 통해 자신들이 부여를 계승한 국가라는 정통성을 확립하고 독자적인 천하관을 확립하고자 힘썼다.[33] 게다가 예맥계의 모국母國이라 할 수 있는 만주의 부여扶餘가 쇠퇴하고 고구려가 계속 팽창하게 되자, 부여의 계승자라는 정통성을 놓고 오랫동안 고구려와 경쟁

---

32) 『三國史記』卷24 百濟本紀2 近肖古王 24年.
33) 노태돈, 1999, 「금석문에 보이는 고구려인의 천하관」, 『고구려사 연구』, 사계절, p.361.

관계에 있던 백제 왕실의 권위에 큰 위협이 되었다고 생각된다.

그러므로 양국간의 각축전에는 물론 농경지의 확보와 같은 실리적인 문제도 크게 작용하였을 것이지만,[34] 285년 선비鮮卑 모용외慕容廆의 침입과 346년 전연前燕 모용황慕容皝의 침입 이후 쇠락의 길을 걷고 있던 부여의[35] 계승권을 장악하기 위한 패권 다툼의 성격이 더 강했던 것으로 생각된다.[36] 그리고 이를 수행하기 위해 건국신화는 이데올로기로 중요한 역할을 했을 것이다. 고대사의 중요 키워드인 전쟁과 의식(이데올로기)은 이렇게 상호 관계를 가졌던 것이다.

근초고왕이 한수漢水 남쪽에서 열병하면서 사용한 깃발이 모두 황색이었다는 점은[37] 국왕의 군사통수권 확립을 시사하는 것으로 이해된다.[38] 당시의 열병은 대규모 정복전쟁을 승리로 이끈 직후에 행해졌는데, 이는 고양된 왕권을 토대로 귀족의 군사적 기반을 흡수하려는 국왕의 의도가 반영된 것으로 볼 수 있다. 근초고왕은 고구려와의 전쟁 외에도 가야 7국 평정, 마한 잔여세력 정벌을 진행하였다.[39] 삼국시대의 전쟁이 국내 정치 변화를 촉진한다는 견해를[40] 받아들인다면, 정복전쟁 이후 여러 정치세력의 부침이 예견된다. 전쟁의 상벌 과정에서 진씨의 정치적 지위는 이전보다 더욱 확고해

---

34) 朴性鳳, 1979, 「廣開土好太王期 高句麗 南進의 性格」, 『韓國史硏究』 27, p. 27.

35) 朴京哲, 1992, 「扶餘史 展開에 關한 再認識 試論」, 『白山學報』 40, pp. 56~62.

36) 李道學, 1995, 『백제 고대국가 연구』, 一志社, p. 67.

37) 冬十一月 大閱於漢水南 旗幟皆用黃 〈『三國史記』 卷24 百濟本紀2 近肖古王 24年〉

38) 金瑛河, 1990, 「百濟·新羅王의 軍事訓練과 統帥」, 『泰東古典硏究』 6, pp. 28~30.

39) 『日本書紀』 卷9 神功皇后 49年.
李丙燾, 1976, 「近肖古王拓境考」, 『韓國古代史硏究』, 박영사, pp. 507~516.

40) 申瀅植, 1984, 「三國時代 戰爭의 政治的 意味」, 『韓國古代史의 新硏究』, pp. 298-299.

졌지만, 고이계와 해씨 등은 정치적으로 소외되었을 가능성이 높다.[41]

해씨解氏는 백제 초기의 유력세력이었는데, 근초고왕이 즉위하면서 사료 상 그 활동이 확인되지 않는다. 이는 해씨가 근초고왕 및 진씨와 다른 정치 적 입장에 있었기 때문으로 보인다. 이후 한동안 진씨 왕비족이 이어지다가 전지왕 때에 이르러 이를 부정하면서 해씨 왕비족이 등장하는데, 이로 보아 진씨와 해씨는 대립 관계였음을 알 수 있다.[42]

개로왕대 부여 계승 의식의 강화

근초고왕 때 마련된 백제 건국신화의 틀은 개로왕蓋鹵王 때에 더욱 강화된 것으로 보인다. 개로왕은 즉위 초부터 왕권 강화 정책을 강력히 추진해나갔 으니, 458년에 송宋에 대하여 11명의 관작 제수를 요청할 때 왕족인 부여씨 扶餘氏가 8명으로 대다수를 차지하였다.[43] 특히 여기餘紀와 여곤餘昆이 각기 좌 현왕左賢王과 우현왕右賢王의 왕호를 칭하고 있었던 점은 부여씨扶餘氏 왕족의 최성기이자 백제왕의 지위가 왕王, 후侯 등의 위에 군림하는 이른바 대왕大王 으로 격상되어 있음을 보여준다.[44] 뿐만 아니라 최고위직인 상좌평上佐平에

---

41) 梁起錫, 1990, 「百濟專制王權成立過程研究」, 檀國大學校 史學科 博士學位論文, p.66.

42) 전우식, 2005, 「백제 근초고왕대 '移都漢山' 기사의 해석과 그 의미」, 『韓國古代史研究』40.

43) 慶遣使上表曰 臣國累葉 偏受殊恩 文武良輔 世蒙朝爵 行冠軍將軍右賢王餘紀等十一人 忠勤 宜在顯進 伏願垂愍 並聽賜除 仍以行冠軍將軍右賢王餘紀爲冠軍將軍 以行征虜將軍左賢王餘 昆・行征虜將軍餘暈並爲征虜將軍 以行輔國將軍餘都・餘乂並爲輔國將軍 以行龍驤將軍沐 衿・餘爵並爲龍驤將軍 以行寧朔將軍餘流・麋貴並爲寧朔將軍 以行建武將軍于西・餘婁並 爲建武將軍〈『宋書』夷蠻列傳 百濟〉

44) 坂元義種, 1968, 「五世紀の'百濟大王'とその王・侯」, 『朝鮮史研究會論文集』4; 1974, 『古代の 朝鮮』, 學生社, pp.64~66.

개로왕대 욱리하에서 돌을 가져다가 곽을 만들어 부왕의 뼈를 장사지내면서 단장한 것으로 추정되는
석촌동고분군의 2016년도 발굴 항공사진(한성백제박물관, 2016)

는 동생 문주文周가 임명되었다.[45]

또한, 선왕의 해골이 맨 땅에 임시로 매장되어 있어, 욱리하郁里河에서 큰
돌을 가져다가 곽槨을 만들어 부왕의 뼈를 장사했다는 기록이 있다.[46] 개로
왕대의 왕릉 수즙 기사는 대부분 비유왕毗有王의 죽음이 비정상적이었으며
개로왕이 정변으로 왕위에 올랐을 가능성이 크다는 의미로만 보고 있으
나,[47] 역대 원릉을 단장한다는 것은 왕통王統 계보系譜의 정리와도 관계가 있
다고 한다.[48] 그렇다면 이는 당시 왕실이 왕통 계보 정리를 통해 왕위계승권

45) 初毗有王薨 蓋鹵嗣位 文周輔之 位至上佐平〈『三國史記』卷26 百濟本紀4 文周王 卽位〉
46) 先王之骸骨 權攢於露地…又取大石於郁里河 作槨以葬父骨〈『三國史記』卷25 百濟本紀3 蓋
鹵王 21年〉
47) 千寬宇, 1976, 「三韓考 3부-三韓의 國家形成」, 『韓國學報』2·3; 1989, 『古朝鮮史·三韓史研
究』, 一潮閣, p.330 이후 대부분 이 견해를 따르고 있다.
48) 나희라, 2003, 「神宮의 설치와 그 배경」, 『신라의 국가제사』, 지식산업사, pp.134-135.

을 강화시키려는 의도를 가지고 벌인 작업으로 해석할 수도 있다.

개로왕蓋鹵王의 이칭異稱이 근개루왕近蓋婁王였다는데서도[49] 개로왕대에 왕실 전승에 대한 의식이 강조되고 있었음을 볼 수 있다. 개로왕이 고이계古爾系와 초고계肖古系 분립 이전인 ④개루왕蓋婁王의 이름을 계승했다는 것은 자신이 양 계통의 통합군주라는 의미를 강조한 것으로 볼 수 있다.

고구려는 주몽이 졸본에서 건국한 이래 꾸준히 주변국을 흡수하면서, 부여의 동명신화를 토대로 한 주몽신화의 유포를 통해 자신들이 부여를 계승한 국가라는 정통성을 확립하고 독자적인 천하관을 확립하고자 힘썼다.[50] 그런데 예맥계의 모국母國이라 할 수 있는 만주의 부여扶餘가 쇠퇴하고[51] 고구려가 계속 팽창하면서 백제를 압박하자, 부여의 계승자라는 정통성을 놓고 오랫동안 고구려와 경쟁관계에 있던 백제 왕실의 권위에 큰 위협이 되었다고 생각된다. 전지왕 2년(406) 동명묘 배알[52] 이후 동명묘東明廟 제사 기록이 나타나지 않는 것도 이와 관련될 수 있다.

이에 개로왕은 대내적으로 부여씨 왕실 중심으로 세력을 재편하여 반고구려反高句麗 의식을 강조해 나갔던 것과 함께, 북위北魏에 보낸 표문(472)에서 "백제가 고구려와 더불어 부여로부터 나왔다"고 말하면서[53] 백제가 고구려

---

49) 蓋鹵王 一云 近蓋婁王〈『三國遺事』王曆〉

50) 노태돈, 1999,「금석문에 보이는 고구려인의 천하관」,『고구려사 연구』, 사계절, p.361.

51) 扶餘는 346년 전연의 공격으로 5만명의 주민이 이주되는 등 궤멸하였고, 일부세력이 農安 부근에서 명맥을 잇는 수준이었다(盧泰敦, 1989,「扶餘國의 境域과 그 變遷」,『國史館論叢』4).

52) 春正月 王謁東明廟 祭天地於南壇 大赦〈『三國史記』卷25 百濟本紀3 腆支王 2年〉

53) 臣與高句麗 源出扶餘 先世之時 篤崇舊款 其祖釗輕廢隣好 親率士衆 陵踐臣境 臣祖須整旅電邁 應機馳擊 矢石暫交 梟斬釗首 自爾已來 莫敢南顧 自馮氏數終 餘燼奔竄 醜類漸盛 遂見陵逼 構怨連禍 三十餘載 財殫力竭 轉自屠趼〈『魏書』列傳 百濟;『三國史記』卷25 百濟本紀3 蓋鹵王 18年〉

에 못지 않은 부여계扶餘系 전통을 유지하고 있다는 사실을 대외적으로 알리고, 부여扶餘 계승繼承의 종주권이 백제에 있음을 강조하였다.

웅진기와 사비기의 백제 건국신화

백제 웅진기는 고구려 장수왕의 침입에 의한 개로왕의 죽음과 급작스런 천도遷都, 불안한 왕위 계승으로 인하여 매우 혼란한 정치 상황이 전개되었다. 이에 따라 부여계 동명신화가 급격히 쇠퇴하였고, 이 지역에 먼저 자리 잡은 집단이 가지고 있던 고조선·마한계 곰 신화를 백제 건국신화 속에 편입시켜 그들을 아우르고자 하였다.

그러나 성왕이 다시 부여계의 중흥을 꾀하고 사비로 천도하면서 고조선·마한계 곰 신화의 백제 신화로의 편입은 완전히 이루어지지 못하고 버려지게 되었으니, 이러한 상황이 바로 곰나루 전설에 반영된 비극으로 나타나게 되었다.

성왕은 사비 천도로 마한의 땅에 한걸음 더 들어가면서, 국호를 남부여南扶餘로 개칭하여 부여 계승 의식을 내세우면서도 웅준鷹準 나투羅鬪라는 마한 계통 국호도 받아들여 조화를 이루고자 하였다. 이에 따라 백제 사비기에는 국가 체제를 전반적으로 재정비하면서 건국신화보다는 보편적인 사상을 추구한 것으로 보인다. 중국에서 받아들인 유교와 불교가 중시되었고, 이들 사상으로 포장된 국가제사가 중요시되었다.[54]

---

54) 백제 泗沘期인 성왕 시기 유교적 국가제사 체계의 확립과 위덕왕, 법왕, 무왕 시기 불교화된 국가제사에 대해서는 이장웅, 2015, 『百濟 泗沘期 國家祭祀와 佛敎寺院』, 고려대 박사논문 참조.

무왕대武王代 무강왕武康王 신화神話의 대두와 익산益山 미륵사彌勒寺의 건립은 백제 왕실이 마한계 신화를 포용하면서 불교 사상을 이용한 면모를 잘 보여주고 있다. 마한과 백제의 계승 의식인 무강왕武康王 신화神話는 이후 후백제 견훤에까지 영향력을 미쳤다.

(2) 신화와 역사에 대한 단상

신화는 신의 이야기이지만 그 신은 실상 인간의 영웅과 그 생활을 신화화한 것이므로, 인간의 지식과 꿈을 반영하고 있다. 그러므로 신화는 인간이 발견한 정치, 사회, 과학, 문학, 역사의 원형으로서의 의의를 지닌다. 따라서 신화를 통해 인간의 심리와 민족적 사고방식의 원형을 찾을 수 있고, 한 민족의 역사적 풍토와 민족문화의 성격 내지 이념의 방향을 추출할 수 있다.[55]

엘리아데는 민중의 기억 속에서 역사적 사건이 범주로, 역사적 인물이 원형原型(태초 신적神的 존재들의 활동과 행위)으로 바뀐다는 '역사적歷史的 인물人物의 신화화神話化'를 말하였고, 뒤메질은 신화적 소재들이 인간의 사건들로 전위轉位된다고 하였다. 이처럼 탁월한 능력을 지닌 영웅은 신처럼 여러 시대와 장소를 넘나들며 활동하는 신화적 인물이 된다. 그는 역사적으로 실재했다 하더라도 그와 관련된 사건들과는 무관하게 다른 시대와 상황 속에서 달리 활약하면서 역사 속에서 끊임없이 재탄생하는 존재가 되는 것이다.

신화화된 인물의 역사적 인격은 민중의 집단 기억 속에 들어가면서 소거

---

55) 趙芝薰, 1996, 「한국사상사의 기저」, 『韓國文化史序說』(趙芝薰 전집 7), 나남, p.57.

되고, 그의 전기는 신화적 규범들에 의해 재구성된다. 이에 따라 민중들에게 역사적 진실로 여겨진 것은 신화이고, 실제 있었던 사실은 오히려 곡해된 것으로 이해된다. 사람들은 사실을 파헤쳐 알려고 하기보다는 믿고 싶은 것을 믿고자 한다. 집단의 기억은 역사적 사건을 이렇게 기억하며, 역사서에 기록된 역사적 인물에 대한 민중의 관심도 이렇게 보존하고 있는 것이다. 최근의 국정교과서 문제는 민중의 집단 심성에 반하여 이를 인위적으로 국가가 개입하여 고착화시키려는 것이기 때문에 문제가 된다고 생각한다.

그렇다면 왜 신화적 인물은 이처럼 역사 속에서 부단히 재탄생하는가? 역사적 사실이 실제와 다르게 각색되어 전해지는 이른바 '역사 왜곡' 현상은 왜 일어나며, 이 '왜곡된 역사'가 민중의 삶 속에서 장구한 세월 동안 생생하게 살아있는 이유는 무엇일까?

민간의 기억 속에서 역사적 인물에 대한 회상은 2~3세기 이상 존속하지 못하며, 개인적 사건들과 진짜 모습들을 잘 간직하지 못한다고 한다(집단 기억의 비역사성). 그러므로 기억을 잊지 않기 위해 민중은 신화를 구전하며 전해 내려왔고, 지식인은 기억을 매체에 기록해온 것이 인간의 역사로 볼 수 있다.

말리노프스키는 신화가 조상을 영광되게 하려는 사람들의 욕망을 만족시키기 위해 봉사하면서 생명력을 지닌다고 하였다. 소우주인 인간의 삶은 대우주의 질서에 따라야 한다는 점에서, 영웅인 조상이 우주의 질서에 부합되는 삶을 살았다고 이야기함으로써 후손들은 민족적 자긍심을 갖는다는 것이다. 그러므로 신화적 인물은 역사에 있는 그대로 후대에 기억되는 것이 아니라, 부지불식간에 그 공동체의 이념에 부합되는 이야기로 엮어져 전해지게 된다. 역사적 사건은 오랜 시간이 지나면서 집단 심성에 맞춰 변형되어 기억되며, 계속해서 거기에 새로운 이야기들이 덧붙여진다. 따라서 다양한 영웅 이야기 속에는 공동체의 안녕과 질서를 지키기 위한 전통적 가치, 규율, 지혜가 내포된다.[56] 신화는 정당성과 신성성을 필요로 할 때 이야기되는 태고적 진실의 부활이므로, 살아있는 생명력을 지닌 신화는 그 사회 구성원의 종교적, 도덕적, 사회적 행위에 활동적이고 실용적인 힘을 발휘한다.[57]

탈역사화된 역사, 의식화된 집단 무의식인 이 집단 심성의 역사는 역사적 진실로 따지자면 왜곡이지만, 잊혀져가는 역사, 소외된 역사를 기억하게 하여 공동체의 문화적 정체성을 구축해 나가는 역할을 한다.[58]

군중은 환상을 필요로 하고 신화를 요청하기 때문에, 이데올로기가 신화의 옷을 입게 되면 집단 행동의 강력한 도구가 된다. 니체의 말처럼 이데올로기는 하나의 환상이지만 거친 삶을 살아가면서 이를 의미있는 고난으로 수용해야 하는 군중에게는 '유용한 거짓말'로 필요한 환상을 제공하는 것이다. 따라서 롤랑 바르트는 모든 이데올로기는 신화요, 신화는 실재를 가리는 거짓의식이라고 하였다.[59] 역사의 신화화는 정치적 선전이나 허풍으로 이해할 수도 있고, 역사적 현실을 감내하기 위해 신화라는 희망적 사고 속에서 피난처를 찾아 스스로 위로하는 행위로 파악할 수도 있다. 하지만 터무니없어 보이기도 하는 신화의 내용 속에는 이처럼 다양한 메시지가 담겨 있다. 신화는 인간이 왜 현재와 같은 삶을 누리게 되었는지를 이야기하여, 인간이 자신의 유한한 조건들을 받아들이게 하는 것이다.

---

56) 김현자, 2004,『신화, 신들의 역사 인간의 이미지』, pp. 139~151.
57) 말리노우스키, 서영대 옮김, 1996,『원시신화론』, 민속원, p. 25.
58) 김현자, 2004,『신화, 신들의 역사 인간의 이미지』, pp. 156~160.
59) 이경재, 2002,「신화의 원리」,『신화해석학』, 다산글방, p. 155.

최근 다시 부각된 유사類似 역사학의 문제도 이러한 관점에서 접근해야 할 것이다. 기본적으로 사람들은 사실이 무엇인지를 탐구하기보다 믿고 싶은 것들을 믿고자 하는, 신화적 집단 심성을 가지고 있는 것이다. 그들에게 『환단고기桓檀古記』 등 위서僞書의 판본과 유통 과정의 문제점을 아무리 이야기해보았자 통하지 않는 것이다. 이런 인간 심성의 본질을 제대로 이해한 뒤에 세계인과 그 속의 우리가 함께 잘 살아갈 수 있는 방안을 논의하는 것이 역사학의 방향이라고 생각한다.

신화를 역사의 윤색으로만 간주하면, 우리는 긴 전통의 손길을 거친 신화를 곧 역사적 사실로 보려는 오류를 범하게 된다. 신화화된 인물의 이야기를 역사적 사실로 받아들이게 되면, 그들에 대한 상반된 진술과 연대기적 불일치를 동명이인이라는 설정으로 해결하려는 등의 오류가 나타난다. 선화공주 설화를 역사적 사실로 받아들였던 사람들에게 사택적덕의 딸이라는 당대 금석문 속 인물의 등장은 매우 혼란스러운 것이다.

하지만 그렇다고 신화를 문학의 한 장르로 보아 허구로만 간주한다면, 우리는 신화 속에 담겨 있는 고대인들의 삶의 소중한 실재들을 놓쳐버리게 된다.

신화는 꿈과 비슷한 성격을 가지고 있다. 융은 꿈을 정신의 무의식적 활동의 표상으로 이해한 프로이트의 견해에 공감했으나, 무의식의 내용을 억압된 소망이나 욕구의 축적으로만 파악하지는 않았다. 융은 무의식의 가장 깊은 심층 속에는 우주 전체와 교감하며 살았던 태고 인류의 영적 지혜가 담긴 이미지들이 본능적 성향처럼 저장되어 있는데, 그 무의식이 이미지로 표출된 것이 꿈이라 하였다. 무의식은 꿈을 통해 억압된 욕구를 배출하여 과거의 정신적 상처를 치유하도록 해줄 뿐만 아니라, 역동적이고 창조적인 자신의 내적 생명 에너지를 자발적으로 표출하여 마음 전체의 평형을 회복하도록 도와준다는 것이다. 이러한 융의 태도는 역사적 요소와 신화적 요소들이 혼재된 신화를 역사의 왜곡이나 문학적 허구가 아닌 신화 자체로 받아들이고, 신화의 연구를 통해 역사적 정신성과는 다른 정신성을 이해함으로써 인간에 대한 이해의 폭을 넓히려 노력하려는 태도와 유사하다고 볼 수 있다.[60]

그러한 점에서 신화 및 고대사 연구에서 원전의 검토는 기본적으로 중요하지만, 거기에 매몰되는 것은 잘못이라고 생각한다. 중국의『시경詩經』,『상서尙書(서경書經)』등 선진先秦 문헌들의 전승 과정을 살펴본 연구를 보면,[61] 긴 역사 속에서 착종되거나 의도적 변형이 이루어진 부분이 많아 어느 것이 원전에 가까운 것이며 당시 시대의 진짜 역사는 과연 무엇이었는지 알기가 매우 힘들다. 중국에서 전통적으로 권위를 이어온 유교 경전류의 전승 과정이 그러할진대, 다른 역사서들의 내용도 얼마만큼 당시의 실제 진실을 담고 있을지 의심이 드는 것은 당연하다. 현전하는 문헌에 정착된 형태의 고대 역사 기록과 신화는 기록자에 의해 어느 정도 변형된 것이고, 그것이 전해 내려오면서 또 변화된 것이다. 그러므로 문헌을 너무 글자 그대로 파헤쳐 보는 것보다는, 그 큰 맥락을 이해하면서 그 속에 남겨진 진실이 무엇인지를 바라보아야 한다고 생각한다.

역사歷史는 연속적으로 흐르는 사건의 기술記述인데, 인간은 시간에서 벗어날 수 없다는 실존적 공포에 직면해 있으므로, 원형原型이 되는 탈시간적인 구조를 통해 시간을 지우고 역사로부터 벗어나려는 구원을 희구한다고 한다. 역사의 소거는 역사적 사건이나 인물들을 신화적 원형들로 변형시키

---

60) 김현자, 2004,『신화, 신들의 역사 인간의 이미지』, pp. 128~131.
61) 박대재, 2013,『(중국 고문헌에 나타난) 고대 조선과 예맥』, 경인문화사.

는 메커니즘 속에서 발견된다. 하나의 행위가 원형(본)이 되는 행동을 반복하여 실재를 획득하게 된 경우, 그곳은 속俗의 시간이 소거되고 지속성이 정지되며, 역사의 소거가 이루어진다. 모범이 되는 행동을 재현한 사람은 그 스스로가 그 모범이 되는 행위가 나타났던 신화 시대로 전이轉移된다. 이는 지속적인 역사의 시간을 거슬러 태초의 신화적 순간을 지금 이곳에서 다시 사는 것이다. 인간은 원형과 반복을 통해 속俗의 시간을 소거하고 신화적 시공간 속으로 전이轉移하여 초월적 모델의 행위를 모방하여 삶의 실재성을 획득한다.

따라서 이러한 인간의 심성까지 종합하여 역사를 서술하려면 단순히 시간 속의 사건을 나열하는 것으로는 부족하며, 시간을 해체하여 어떤 사건을 경험 주체가 실존實在하는 사건으로 수용한 일련의 구조와 표상까지 아울러 기술해야 한다고 엘리아데는 말하고 있다.

의례를 통해 주기적으로 신의 행위를 모방하며 신화를 살았던 고대인들에게, 시간이란 한번 흘러가면 되돌릴 수 없는 것이 아니라 탄생과 순환을 반복하는 순환적인 것이다. 우주의 구성물들은 탄생-성장-소멸-재탄생을 주기적으로 반복한다. 창조의 신화적 순간을 지금 이곳에서 다시 사는 주기적 창조, 순환적 재생의 모티브를 담고 있는 의례는 곧 원형의 반복이다. 우주 창조의 반복을 통해 삶과 세계가 갱신되는 것이다.

제야의 종소리와 해맞이 등을 통해 새로운 마음으로 새해를 시작하는 현재의 우리도 고대인의 신화와 의례 관념을 가지고 있다. 연속되는 시간을 마디지어 일정한 기간의 끝과 새로운 기간의 시작을 구분한 것이 새해라는 개념이기 때문이다.

역사학은 흘러가야 할 올바른 방향을 제시하는 사회과학적인 학문이기도 하지만, 인간의 근원과 본질에 대해 탐구하고자 하는 인문학적인 학문이기도 하다. 그런 점에서 고대사는 단지 옛것을 좋아하여 마한의 위치나 연구하는 학문이 아니라, 민족 문화의 근원과 우리 민족이 가진 사상의 근원까지 탐구해 나가는 스케일이 매우 크고 중요한 학문이라고 생각한다.

역사는 과연 발전하는가. 현대인은 시간의 흐름을 '과거→현재→미래'라는 진보와 변화를 중시하는 '길(→)의 시간'으로 생각하는데 비해, 고대인은 시간을 상·중·하로 시초부터 면면히 이어지는 지속으로 인식하는 '줄(↓)의 시간'으로 인식하였다.[62] 『삼국유사』의 '상고-중고-하고'와 『삼국사기』의 '상대-중대-하대'라는 시대 구분이 그러하다. 중국에서도 전설상의 요순堯舜 시대가 태평성대로 상징된 이상향이었고, 중세 유럽에서도 과거 그리스 로마 시대를 이상향으로 보면서 그 부흥을 재현하자는 르네상스가 일어났다. 이러한 고대인의 인식은 역사가 끊임없이 발전해 나가는 것이 아니라, 근원을 바라보고 그곳을 이상향으로 삼아 시간의 흐름에 따라 변화된 역사상을 바로잡으려 했음을 알 수 있다.

진정한 보물은 우리 자신의 가장 내밀한 구석에 묻혀 있다. 이 내면의 목소리는 새로운 땅으로 여행을 하면서 이방인과의 참된 만남을 통해 드러난다. 그동안 우리가 서양의 신화에 많은 관심을 보이면서 그를 따르고자 했다면, 이제는 그러한 만남을 통해 우리의 살아있는 신화와 의례에 좀 더 관심을 기울일 때이다.

부르크하르트에 의하면, 역사는 인간의 의식이 각성함으로써 생긴 자연과의 단절이다. 하지만 모든 현상계 배후의 여러 힘들은 위와 아래, 과거와 현재와 미래가 서로 얽혀 있다. 그러므로 치병 의례와 기우제 등의 의례는

---

62) 박대재, 2003, 『의식과 전쟁 - 고대 국가를 바라보는 새로운 시각』, 책세상, pp.107-108.

대자연, 우주와 인간의 조화를 회복하려는 원융회통圓融回通의 몸짓과 노래를 통해 잘못 얽혀 있는 매듭들을 풀어내고자 한다.

앞으로는 기존 정치사 중심의 단선적인 발전 개념이 아니라, 진보와 지속이 공존하는 통합적인 인문학의 시간 관념에서 역사의 실체에 접근해야 할 것이다. 이를 위해서는 신화 속에 담겨진 인간의 심성에 대한 탐구가 중요한 역할을 하리라고 본다. 그리고 진리란 고정 불변의 것이 아니라 특정 시대의 지배적 사고 체계(집단 심성)에 따라 결정되는 것임을 알고, 좀 더 유연한 사고로 역사의 진실을 탐구하고자 노력해야 할 것이다.

찾아보기